Auxiliando a humanidade a encontrar a Verdade

Roger Bottini Paranhos

UNIVERSALISMO CRÍSTICO

O futuro das religiões

Obra mediúnica
orientada pelo espírito
Hermes

Universalismo Crístico
O futuro das religiões
Roger Bottini Paranhos

CONHECIMENTO EDITORIAL LTDA.
Caixa Postal 404
CEP 13480-970 - Limeira - SP
Fone/Fax: 19 34510143
www.edconhecimento.com.br
conhecimento@edconhecimento.com.br

Preparação e revisão:
Ideale Assessoria em Comunicação
Projeto Gráfico:
Sérgio Carvalho

ISBN 978-85-7618-130-9
1ª EDIÇÃO — 2007

• Impresso no Brasil • Presita en Brazilo

Produzido no departamento gráfico da
Conhecimento Editorial Ltda
Rua Prof. Paulo Chaves, 276 - Cep 13485-150
Fone/Fax: 19 34515440 - Limeira - SP
e-mail: grafica@edconhecimento.com.br

Dados Internacionais de Catalogação na Publicação (CIP)
(Câmara Brasileira do Livro, SP, Brasil)

Paranhos, Roger Bottini
Universalismo Crístico : O futuro das religiões / Obra mediúnica orientada pelo espírito Hermes ; [psicografada por] Roger Bottini Paranhos. — 1ª ed. — Limeira, SP : Editora do Conhecimento, 2007.

ISBN 978-85-7618-130-9

1. Espiritismo 2. Carma 3. Movimento da Nova Era 4. Médiuns 5. Psicografia 6. Reencarnação 7. Religiões 8. Universalismo I. Paranhos, Roger Bottini II. Título.

07-7188 CDD - 133.93

Índice para catálogo sistemático:
1. Universalismo crístico : Mensagens mediúnicas psicografadas : Espiritismo 133.93

Roger Bottini Paranhos

UNIVERSALISMO CRÍSTICO

O futuro das religiões

Obra mediúnica
orientada pelo espírito
Hermes

1ª edição - 2007

Obras do autor editadas pela Editora do Conhecimento:

- A HISTÓRIA DE UM ANJO
A vida nos mundos invisíveis
2000

- SOB O SIGNO DE AQUÁRIO
Narrações sobre viagens astrais
2001

- AKHENATON
A revolução espiritual do antigo Egito
2002

- A NOVA ERA
Orientações espirituais para o Terceiro Milênio
2004

- MOISÉS
O libertador de Israel
2004

- MOISÉS II
Em busca da terra prometida
2005

- UNIVERSALISMO CRÍSTICO
O futuro das religiões
2007

- ATLÂNTIDA
No reino da luz
2009

- ATLÂNTIDA - VOL. 2
No reino das trevas
2010

- UNIVERSALISMO CRÍSTICO AVANÇADO
2012

O homem nada sabe, mas é chamado a tudo conhecer.

HERMES

Agradecimento

Obrigado, meu Deus, por me tornar o intérprete de Tua vontade na Terra para a Nova Era.

ROGER

Sumário

Prefácio

Todo o trabalho que realizamos até aqui teve como objetivo principal proporcionar aos leitores uma melhor compreensão do conteúdo deste livro. Assim como é necessário subir os degraus de uma escada para se chegar a um objeto que está além de nosso alcance, os nossos seis livros anteriores buscaram preparar a humanidade para uma Nova Era de compreensão espiritual, que a partir deste instante apresentaremos de forma clara e acessível.

Com o passar dos anos, décadas e séculos, a humanidade foi pouco a pouco ampliando a sua consciência, o que exigiu um novo modelo espiritual para tentar responder a eterna pergunta: "quem somos, de onde viemos e qual o objetivo da vida?"

Neste atual momento, no limiar de um novo ciclo de evolução para a humanidade física, torna-se urgente compilar uma atualização dos tratados espirituais da humanidade, de todas as culturas, de todos os povos, de forma irrestrita e universal.

Os seres eleitos para habitar a Terra do terceiro milênio – entre eles nossos filhos e netos – tratam-se de almas mais avançadas, que possuem uma compreensão maior do Criador e da finalidade de sua obra. Logo, temos a obrigação de oferecer-lhes um terreno espiritual fértil e livre de dogmas, para que eles possam expandir as suas mentes e corações em busca de uma evolução ainda não obtida em nosso mundo, em função das limitações impostas por aqueles que, ao longo da História, se auto-intitularam "os donos da verdade".

O verdadeiro sábio é aquele que reconhece suas limitações, e compreende que ainda está na busca da verdade: "quanto mais sei, mais sei que nada sei", disse-nos Sócrates, estimulando-nos a cultivar a humildade frente à magnânima obra do Criador. Deus é a suprema sabedoria; no entanto, ainda somos muito limitados para compreendê-Lo em toda a Sua glória.

Sendo assim, o que possuímos são verdades relativas que precisam ser estimuladas, passo a passo, em direção ao progresso, para lentamente diminuirmos a longa distância que nos separa do Criador. Acreditar que toda a filosofia espiritual já foi descoberta, ou ditada por determinado guru ou líder religioso, é escravizar-se a ignorância. Os grandes avatares da humanidade foram divinos professores que ensinaram, em seu tempo, aquilo que a humanidade tinha capacidade de absorver. Observando através deste enfoque, percebemos que o processo de aprendizado está em aberto. Todo aquele que deseja ser livre e busca procurar a verdade por suas próprias mãos, sendo senhor de seu próprio destino, que nos siga nas próximas páginas...

Hermes
Porto Alegre, 10/08/2006.

Primeira Parte

O despertar da consciência
Rompendo com o mundo das ilusões

1
No reino da Luz

Alguns minutos depois de me deitar, percebi que aquela não seria uma noite comum. O meu corpo físico começou a entrar naquele torpor típico que antecede às viagens astrais conscientes. Em questão de poucos segundos, os sons e as imagens do mundo dos homens foram ficando cada vez mais distantes.

Isso não me preocupava, pois, de certa forma, com o passar dos anos, fui me acostumando a essa rotina tão incomum para aqueles que nessa encarnação estão com a visão encoberta pelo "véu de Ísis". O que me causava certo receio era o fato de que, nos últimos dias, eu não me encontrava em um estado espiritual equilibrado. Sem dúvida alguma, aquela viagem me levaria para o outro lado – o lado negro – e era isso que eu temia!

Resolvi apelar para a oração, pedindo aos protetores que interviessem no desdobramento de meu espírito no Mundo Maior. Seria mais prudente que o meu "eu imortal" ficasse em repouso naquela noite, alguns centímetros acima da máquina física, sob a proteção dos amparadores espirituais. O sentimento de angustia que me assaltava só me levaria a um endereço: às zonas de trevas. Mas não seria a trabalho, e sim por pura sintonia com a desordem e o caos.

Depois de alguns longos minutos de orações atribuladas, que pareceram não surtir efeito algum, senti que era tragado por um labirinto escuro, como se estivesse escoando por uma interminável tubulação de esgoto. Resolvi respirar fundo e conformar-me, pensando: "a oração não funcionou! Deus me proteja!". Não haveria outro jeito.

Enquanto aquele acontecimento se desenrolava, fiquei meditando sobre como é difícil realizar uma simples oração quando a nossa mente e coração encontram-se desarmonizados. Nesses momentos, somente uma leitura edificante pode trazer-nos paz e, ainda assim, muitas vezes não conseguimos nem mesmo concentrarmo-nos nos textos de Luz.

Algum tempo depois – não saberia precisar quanto, exatamente – me vi correndo, em espírito, por um longo corredor escuro decorado com vasos sinistros, de onde saltavam serpentes sacolejantes, semelhantes às temíveis najas. Desde minhas encarnações no antigo Egito, sempre tive um bloqueio com relação a essas serpentes, mesmo elas sendo representadas como símbolo de sabedoria nas escolas iniciáticas que tanto frequentei.

Assustado, saí em disparada em direção ao fim do estreito corredor, me esquivando dos botes calculados das enigmáticas cobras, que pareciam antever as minhas ações, como se fossem capazes de ler meus mais íntimos pensamentos. Nas paredes, era possível perceber grandes quadros negros, com cenas dantescas emolduradas por singulares teias de aranhas, onde esses aracnídeos peçonhentos deslizavam rapidamente, de um lado ao outro, de forma mecânica. Os olhos das aranhas, assim como os das cobras, eram vermelhos e irradiavam um sentimento demoníaco.

Foi enorme o meu alívio quando cheguei em um amplo salão e lá encontrei Ramiro, o meu guia protetor nessa encarnação, conforme narrei no livro *Sob o Signo de Aquário – Narrações sobre Viagens Astrais*. Joguei-me, então, em seus braços, e gritei:

— Socorra-me, Ramiro! As serpentes estão me atacando! Esse local é muito sinistro!

Ele fechou a porta que nos separava do corredor com um simples gesto mental, e depois tentou acalmar-me com palavras serenas.

Eu me apoiei na parede escura daquela sala e fiquei respirando, ofegante, por vários segundos. Depois de alguns instantes, em que tentei de toda forma me recompor, disse-lhe, um tanto contrariado:

— Em que maldito inferno estamos?

Ele sorriu de forma tranquila, e falou com sua voz mansa e pausada:

— Estamos no Império do Amor Universal!

Não podia ser! Pensei sem nada dizer. Como poderíamos estar em uma das cidades astrais mais elevadas da Terra, se eu só via ao meu redor sombras e criaturas malévolas? No livro *A História de um Anjo*, descrevemos a paz e a beleza inigualável dessa cidade maravilhosa, mas naquele momento havia somente escuridão e caos. Como aquilo poderia estar acontecendo? "Era impossível", pensei.

Ramiro não permitiu que a minha dúvida perdurasse por mais tempo:

— Roger, tu bem sabes que o mundo é mental! Ele nada mais é do que uma construção exterior do nosso próprio interior.

Como Hermes nos ensinou há séculos: "o que está fora é igual ao que está dentro".

Depois dessas palavras, Ramiro riu, discretamente, e sacudiu a cabeça. Aquela era uma atitude de se estranhar. O meu guia protetor era muito tímido e comedido. Olhei para ele com indignação e perguntei:

— Não entendi. Qual é a graça?

Ele caminhou em minha direção e falou-me, com uma voz pausada, talvez tentando desacelerar o meu coração, que palpitava de forma descompassada:

— Achei divertida a tua atitude, porque quem me ensinou isto que eu agora lhe disse foi tu mesmo, quando retornei do mundo espiritual em minha última existência.

Meditei sobre suas palavras e concordei com um gesto sereno. Quando mergulhamos em uma nova encarnação no mundo físico, a nossa mente fica aprisionada à realidade do mundo material, o mundo das ilusões!

Certamente o meu espírito liberto da matéria teria uma consciência mais ampla. No entanto, a ação coercitiva do "fio prateado" me aprisionava aos limitados conceitos do mundo das formas.

Ramiro então se voltou para mim e disse com serenidade:

— Olha pela janela e me dize o que vê.

Andei os poucos metros que me separavam da ampla janela e vi, aterrorizado, pessoas caminhando, encolhidas, com longos mantos e capuzes cobrindo as suas cabeças, enquanto intensas rajadas de vento quase as arrastavam. As árvores estavam secas e sem folhas. O belo gramado não mais existia. Apenas se via uma mata agreste a ser desbravada, e uma pequena trilha por onde os peregrinos caminhavam receosos, como se algum ataque iminente estivesse para acontecer. Somente a parca luz dos astros no céu iluminava o intrigante caminho.

Coloquei as mãos no rosto e balbuciei:

— Não pode ser! Isso é uma loucura. Não podemos estar no Império do Amor Universal. Eu devo estar vivendo um pesadelo, ou sofrendo uma poderosa hipnose dos magos das trevas.

Naquele instante, Ramiro pousou a mão sobre o meu ombro e falou de forma convicta:

— Lembra-te, Roger: o mundo é mental. Tudo o que nos cerca é apenas uma projeção de nosso próprio interior. Liberta a tua mente dos "monstros" que te aprisionam e verás a Luz!

Compreendi a mensagem do nobre amigo e resolvi sentar-me no chão gelado daquela sala sombria para melhor me concentrar. Em seguida, fechei os olhos e procurei orar com todas as minhas forças. No entanto, foi muito difícil não me dispersar. As imagens aterradoras das cobras não saíam de minha mente, e um profundo sentimento de angústia sufocava o meu peito. Por longos minutos lutei, procurando manter-me focado em pensamentos nobres e enriquecedores, e pouco tempo depois a imagem do sublime mestre Jesus surgiu em minha mente como um anjo salvador.

Lembrei-me de sua mensagem de Luz, que às vezes escapa do coração de criaturas invigilantes como eu, e só assim senti a paz de espírito tão necessária naquele momento. Respirei profundamente três vezes, e quando abri os olhos o impossível havia acontecido!

Levantei-me com passos vacilantes e presenciei uma cena completamente antagônica àquela que fora vivenciada pouco antes: desta vez, a paisagem era uma tarde ensolarada em que pessoas felizes caminhavam tranquilamente pelos belíssimos parques da cidade astral Império do Amor Universal. As trevas haviam desaparecido, e tudo estava muito sublime, como era de se esperar naquele local paradisíaco.

O meu anjo guardião colocou a mão sobre o meu ombro e apenas disse:

— Agora tu estás percebendo a realidade deste lugar. Antes estavas olhando para dentro do teu próprio coração. Assim é o mundo! Ele é único, mas as pessoas o vêem de formas diferentes, por causa de sua limitada percepção das coisas. Os cinco sentidos físicos e a limitada consciência espiritual fazem com que o homem enxergue uma falsa realidade, completamente deturpada da verdade. Mas esse é o mundo de cada um, de acordo com o seu avanço espiritual. O homem bom vê a beleza da obra de Deus; já o mau e aquele que ignora a existência do Criador encontram só dor e sofrimento.

Não me restou alternativa a não ser expressar minha admiração:

— Fantástico!

Caminhei de um lado ao outro do amplo salão, agora amplamente iluminado, e percebi que se tratava de um outro ambiente. Corri até a porta que Ramiro tinha fechado e, ao descerrá-la, espantei-me! Onde outrora vi cobras najas, naquele novo momento somente era possível observar vasos ornamentados com as mais belas flores que a mente humana pode conceber. Nas paredes, quadros belíssimos retratando a beleza e a graça da vida de seres iluminados. Havia muita luz por todo o local, e uma beleza deslumbrante. Sacudi a cabeça, fiquei pensando na complexa realidade em que vivemos, e disse para mim mesmo:

"o homem enxerga apenas a sombra do real!"

Em seguida, meditei por alguns instantes e depois me sentei em uma ampla poltrona, próxima de uma estátua muito semelhante à escultura "Davi", de Michelangelo. Eu, que não havia nem notado a presença daquela obra, talvez por causa do pânico pelo qual fui tomado, agora reparava em seu precário acabamento. O estranhamento foi ainda maior quando levei em consideração a alta elevação dos moradores daquele ambiente, que primavam pela máxima perfeição. De tão rústica, aquela estátua me parecia ter sido esculpida por um aluno primário. E pela sua precária aparência deveria estar em algum lugar discreto das oficinas de arte, não naquela nobre sala da região central da cidade luz.

Ramiro percebeu os meus pensamentos, mas manteve-se calado. Também resolvi nada falar a respeito. Depois de alguns minutos em silêncio, perguntei ao nobre amigo:

— Já que estamos nesse ambiente iluminado, local de encontro para elevados projetos, será que teremos a agradável companhia de nosso mestre?

Ramiro sorriu mais uma vez, divertindo-se com as minhas dificuldades de percepção, e falou:

— Hermes, Akhenaton e Ramatís já se encontram aqui presentes. Eles regressaram a pouco de uma reunião com os mais importantes dirigentes do planeta e os soberanos Jesus e Saint Germain. Não os percebe porque ainda tu não conseguiste ascender a tua mente à faixa vibratória em que eles se encontram.

Eu abaixei a cabeça, envergonhado, e procurei mais uma vez purificar a minha mente, coração e alma, para tornar-me digno daquele banquete de luz. Lembrei-me da parábola de Jesus sobre a "túnica nupcial" e pensei: "devo estar mais maltrapilho do que o mendigo desse sublime ensinamento proferido pelo Mestre dos mestres".

Recordei-me de meus melhores momentos, quando meu coração irradiou os sentimentos mais nobres e, em poucos instantes, a natureza do mundo ao meu redor modificou-se novamente. Minha consciência então deu um novo "salto" para uma dimensão espiritual ainda mais superior.

A primeira coisa que observei foi a estátua de Michelangelo ao meu lado, que parecia absolutamente soberba. Eu poderia afirmar que, naquele momento, o trabalho artístico ultrapassava em muito o original no mundo físico.

Ramiro percebeu os meus pensamentos e apenas disse-me:

— Roger, tu bem sabes que este exemplar à tua frente é o

original! O mundo das formas é somente uma pálida sombra do Mundo Maior.

Fiz um gesto afirmativo com a cabeça, expressando no rosto o meu assombro e indignação por não perceber questões tão óbvias. Mas o que mais me impressionou ainda estava por vir.

Ao virar-me para o lado direito, percebi os três grandes mestres sentados em confortáveis poltronas de material vítreo, próximas à grande janela que dava para os magníficos jardins, onde vários beija-flores, de todas as cores e tamanhos, executavam um espetáculo à parte com seus movimentos encantadores.

A luz resplandecente e a beleza daqueles seres iluminados rapidamente energizaram o meu abatido espírito. Segundos depois, entrei em um estado de êxtase, e libertei-me por completo das sensações sombrias que me acompanharam até aquele momento. Parecia que pesadas algemas haviam sido retiradas de meus pés e mãos, desatando-me de um peso e um sofrimento inexplicável. A estranha sensação de cansaço, que me causava desânimo há dias, simplesmente desapareceu como em um passe de mágica. A minha mente, até então envolta em confusão e abatimento, retomou a lucidez de sempre.

Só pude dizer a mim mesmo:

— Graças a Deus!

Com passos tímidos - cambaleantes, mesmo - dirigi-me aos mestres, que me receberam com efusivos abraços. O brilho no olhar de Akhenaton era contagiante, e suas sempre simpáticas palavras me trouxeram, finalmente, a paz:

— Que bom rever-te, querido amigo! Espero que estejas obtendo êxito em tua luta contra os teus próprios dilemas. A vida humana é o palco ideal para vencermos as nossas imperfeições e fraquezas da alma.

Retribuí a saudação um pouco constrangido, ainda me punindo por estar em um deplorável estado de espírito naquele dia tão importante. Em seguida, Hermes e Ramatís levantaram-se e me abraçaram com inenarrável cordialidade, o que provocou em mim mais vergonha. Talvez fosse melhor se eles tivessem me repreendido com severidade, ou questionado o meu inexplicável desequilíbrio, mas tal postura não condiz com a natureza espiritual desses seres que impõem respeito por sua simplicidade e inesgotável sabedoria. Ao contrário dos arrogantes líderes da vida humana, que precisam demonstrar um poder que não possuem, os mestres espirituais impõem respeito por sua própria virtude.

Akhenaton, esguio e alto, mantinha as mãos próximas do peito e a coluna levemente curvada - em sinal de humildade -

e irradiava uma energia que parecia incompreensível a seres imperfeitos como eu. Com lágrimas que não consegui conter, agradeci sinceramente pelo gesto discreto do amável amigo de longa data que tentava, sem alarde, ajudar-me com a sua fulgurante luz. Parecia que, perto dos mestres, o mundo das formas não conseguia exercer domínio sobre mim, o que me levou a uma felicidade incontrolável, em um misto de sorriso e lágrimas.

Entretanto, na dura realidade da vivência material, a minha história é outra, porque as minhas forças fraquejam e termino sofrendo a ação impositiva de meu passado. Que Deus me proteja! Que eu consiga ver claramente a luz e viver em sintonia com o seu brilho fulgurante. Não me refiro aqui às medíocres convenções sociais e religiosas, mas sim ao verdadeiro e sincero sentimento de amor ensinado pelo Cristo, que está muito distante do que a humanidade prega de forma vazia. Hipócritas! Pobres Criaturas! Cegos conduzindo outros cegos...

Em estado pleno de alegria, virei-me para Ramatís, o mais baixo dos mestres, embora grande na sabedoria. Como é típico dos grandes sábios, que se despem de qualquer ostentação, Ramatís vestia uma simples túnica branca e tinha o cabelo preso à moda rabo de cavalo. Ele se mantinha sereno e aguardava as palavras de Hermes. Parecia que eu podia ver em seus tranquilos olhos negros um sublime sentimento de compreensão com relação ao fardo que eu ainda precisava vencer, o que denotava a indescritível sabedoria desse querido mentor. As palavras foram realmente dispensáveis naquele instante maravilhoso.

Virei-me então para Hermes, o meu nobre orientador. Ele vestia uma túnica azul e sua tradicional tiara preta para prender os longos cabelos negros, que repousavam majestosamente sobre os seus largos ombros, como de costume. O rosto moreno de Hermes irradiava uma expressiva energia, que iluminava o seu semblante de uma maneira singular. Era impossível não se curvar à majestade daqueles seres já libertos dos dolorosos ciclos reencarnatórios da vida humana. A glória e a paz em seus rostos eram um convite para vencermos as imperfeições e obtermos definitivamente a vitória sobre os caprichos da vida humana.

Hermes então colocou as mãos sobre os meus ombros e falou, com seu jeito inconfundível:

— Pronto para mais essa tarefa, meu amigo?

O que eu poderia responder? Fiz apenas um gesto afirmativo com a cabeça, como se fosse uma criança assustada. Tenho certeza de que não lhe passei muita segurança mas, como sempre, ele apenas sorriu satisfeito, indiferente às minhas limitações, e convidou-me a sentar junto dos mestres.

Hermes age algumas vezes como se não percebesse o precário instrumento que tem nas mãos para fazer brilhar no mundo físico a luz do Cristo. Talvez aja assim também por piedade ou caridade. Pode ser, ainda, que ele compreenda que uma postura positiva é mais eficaz do que críticas que apenas desmotivam e fazem com que muitas pessoas deixem de realizar grandes obras por não se sentirem capazes. Eu, por exemplo, se fosse esperar alcançar a santidade para começar a minha missão, já teria desistido.

Ramiro, então, retirou-se para tratar de outros assuntos. A sua tarefa de me preparar para aquele encontro já havia sido realizada, e tenho certeza de que lhe dei muito trabalho naquela noite!

Sentei-me entre os mestres com a mente povoada de pensamentos e dúvidas. Ramatís, ao perceber os meus dilemas, falou com serenidade, com um tom de voz impregnado de uma energia que este que vos escreve qualificaria como muito carinhosa:

— Creio que já percebi a dúvida que te angustia. E por um acaso é o tema central de nosso novo trabalho, meu querido irmão.

Olhei para o fulgurante mestre e não ousei emitir uma só palavra. Percebendo o meu silêncio, ele completou:

— Procuras saber o que é real. O que podemos definir como a "Verdade". O caminho da iluminação! As religiões cada vez menos apresentam respostas satisfatórias à medida que tua consciência se expande. Não estou certo?

— Sim! — Falei sem muita convicção. — Nessa caminhada que estou realizando na atual encarnação, pude perceber que todas as religiões intitulam-se as "donas da verdade", mas a verdade absoluta de Deus ainda é incompreensível aos homens no atual estágio de evolução da Terra. As religiões algumas vezes estabelecem dogmas que beiram o ridículo. São afirmações tão ingênuas e incoerentes que, atualmente, não sensibilizam nem uma criança, menos ainda uma criança da Nova Era! E é cada vez maior o número de pessoas que estão despertando para isso. Eu gostaria de realizar um trabalho de esclarecimento a respeito deste tema, para provocar nas pessoas uma reflexão a respeito das crenças religiosas do passado. Estas, ao invés de libertar, escravizam as mentes a ideias religiosas equivocadas ou desnecessárias.

Hermes sorriu e aproveitou para trazer a sua contribuição ao debate que estava se iniciando:

— Sim, meu querido amigo! O mundo é mental, como já estudamos em encarnações passadas. A realidade física que nos cerca é apenas uma pálida manifestação da Mente Criativa de Deus, e consequentemente da mente de Seus filhos, co-criadores do Universo. O que o homem compreende como realidade é apenas uma imperfeita sombra que reproduz, de forma tosca, a criação mental de Deus. E o pior: aquilo que o homem capta é somente a sua limitada percepção da realidade física e espiritual que o envolve. As formas, tonalidades, luzes e demais elementos são muito mais abrangentes do que os sentidos físicos podem captar.

Os cinco sentidos da máquina humana não são capazes de permitir a compreensão da natureza que os cerca. Além disso, a mente humana, ainda em incipiente processo de evolução, não consegue codificar um universo de informações que são naturalmente despejadas no subconsciente, causando mais confusão no inconsciente, já castigado pela complicada herança das encarnações anteriores. Ao que parece, somente a expansão da consciência poderá sanar este problema. Enquanto o homem negligenciar o seu lado espiritual, acreditando ser somente uma máquina de carne, estará fadado a sofrer com as armadilhas da mente.

É fácil de se observar que, quanto mais o homem se distancia de Deus, mais se perde pelos labirintos da mente e ingressa pelos descaminhos da depressão e outras enfermidades mentais.

O iluminador mentor meditou por alguns instantes e concluiu:

— Infelizmente, tudo o que digo neste instante é claro e evidente para quem está liberto dos ciclos reencarnatórios, mas de difícil compreensão para os que mais precisam, que são os encarnados no mundo da matéria. Algumas vezes falamos "A", mas as pessoas entendem "B". Compreendes, Roger, quando afirmamos que as pessoas possuem percepções diferentes da realidade? É isso que faz toda a diferença para o trabalho que iremos realizar!

Fiz um sinal afirmativo com a cabeça e disse-lhe:

— Sim! Eu entendo. Algumas vezes sinto imensa dificuldade em fazer as pessoas compreenderem conceitos aparentemente claros e vencerem a rejeição a novas ideias. Parece que estão escravizadas à visão de mundo que lhes foi imposta, ou à verdade que lhes é mais conveniente. Os homens, em geral, evitam meditar e buscar através da interiorização respostas para compreender o objetivo maior de suas vidas. Eles vivem por viver!

Ramatís concordou com as minhas palavras e deu sua contribuição:

— Neste caso, encontramos aqueles que procuram negar inconscientemente a verdade para manterem-se em sua zona de conforto. Em geral são pessoas teimosas que não querem abrir mão de seu mundo ilusório. O mundo projetado ao redor delas é mais fascinante do que o mundo introspectivo que está dentro de seus corações. Além disso, o reino do espírito exige uma reforma interior, enquanto o mundo ilusório é egoísta e exclusivista.

Eu meneei a cabeça e perguntei:

— Mas aí está o problema! Quem pode definir o que é o real? Ou mesmo dizer qual religião está mais próxima da verdade? Com o passar dos séculos, percebemos que a verdade de ontem nada mais é que um preconceito ou então uma visão fanática da realidade. O Cristianismo medieval é uma prova disso!

Hermes recostou-se na confortável poltrona e afirmou:

— Não deves esquecer que a compreensão está diretamente relacionada à evolução espiritual. A mensagem de Moisés era dura e intolerante, mas aquele era o nível de compreensão da humanidade da época, como estudamos em nosso último trabalho. Da mesma forma, o período medieval é um espelho da mente estreita dos espíritos encarnados daquela época. Atualmente, é possível encontrar paralelo nas facções radicais do Islã no Oriente Médio, que não compreendem a mensagem de paz e espiritualidade da magnífica obra de Maomé.

Ramatís suspirou e falou com tristeza:

— Sim! A mensagem do Islã é de paz e amor a Deus e aos semelhantes. Infelizmente, alguns poucos maculam a crença de muitos por meio de um radicalismo gerado a partir de sua compreensão doentia da mensagem do Alto. Como seria maravilhoso se os homens pudessem perceber a verdade de Deus de forma ampla e cristalina! Mas, como já falamos, o problema está na percepção! Por causa de seu baixo padrão evolutivo-espiritual, o homem terreno comporta-se como um cego que não enxerga o caminho a ser seguido para encontrar a felicidade.

Cada um deseja impor a sua verdade, mas estão todos inseridos nas suas próprias e limitadas compreensões. Assim sendo, pergunto: quem está com a verdade?

Ele mesmo respondeu, com voz pausada e suave:

— Todos e, ao mesmo tempo, ninguém! Da mesma forma que o homem encarnado está restrito aos seus cinco sentidos físicos (visão, audição, tato, olfato e gustação) para perceber o mundo que o cerca, assim ele está também em relação à consciência espiritual, ou seja, a humanidade encontra-se limitada por religiões e um saber espiritual incompleto para compreender o Criador e o Seu Grande Plano Evolutivo.

Judeus e árabes lutam pela mesma verdade, contudo não percebem, em função de sua percepção limitada e incipiente evolução, que se utilizam de ferramentas equivocadas para atingir os seus objetivos, alimentando um ciclo de reencarnações dolorosas. Assim como no caso de todas as nações em guerra, eles renascem no seio do povo ao qual causaram sofrimento. Em uma vida, judeu; na outra, árabe. Assim, causam a morte de seus próprios irmãos de forma inconsciente, até que o grande dia da ampliação da consciência chegue aos seus corações, e os liberte deste triste ciclo de dor e sofrimento.

Eu pensei por alguns instantes e perguntei:

— Então as religiões estão equivocadas?

Akhenaton sorriu e começou a falar com desenvoltura, sob o olhar atento dos outros mestres. Naquele instante, o vi com o tradicional e simples ***klaft*** branco que ele usava durante o seu reinado no antigo Egito, o que provocou em meu ser um profundo sentimento de saudade. Akhenaton sorriu com o meu feliz "*déja vu*" e prosseguiu:

— Não, meu amigo, elas não estão equivocadas. As religiões somente estão obsoletas. O tempo delas na formação espiritual dos homens está se encerrando, pois já não atendem mais ao progresso espiritual da humanidade e às metas a serem alcançadas no terceiro milênio. A geração dos eleitos, que já está reencarnando para a Era de Aquário, não encontrará utilidade alguma nas religiões. Para ela, as crenças e rituais dogmáticos serão somente material para estudo sobre o progresso espiritual da Terra nos últimos séculos. As religiões não serão nada mais do que um material histórico a respeito da busca do divino.

Com o progresso evolutivo-espiritual, as novas gerações deixarão de lado o sentimento de "religiosidade", a submissão a uma crença dogmática. Elas passarão a se dedicar à busca da "espiritualidade", que significa caminhar em direção a Deus, ou seja, buscar o conhecimento que liberta, como nos ensinou Jesus, quando disse: "conhece a verdade e a verdade vos libertará".

O grandioso faraó do antigo Egito suspirou, e depois de um breve instante, prosseguiu:

— A espiritualidade diz respeito aos sentimentos íntimos das pessoas, ao que chamamos de "buscar a Luz", a uma atitude consciente de crescimento interior. Já a religião é um conjunto pré-estabelecido de regras impostas por alguém que se intitula porta-voz direto de Deus. E quem pode dizer-se absolutamente capaz de captar o conteúdo pleno da Mente Divina?

Todos rimos com o jeito despojado do grande sábio. Ele sacudiu a cabeça e voltou a falar, após uma breve pausa, que aproveitei para digerir melhor as suas importantes colocações:

— Pobres criaturas! O homem acredita-se o senhor da verdade, quando ainda mal engatinha no complexo caminho do amor ao próximo. Como, então, ousa afirmar que está ciente da mais absoluta verdade de Deus? Esse é um caminho ainda a ser percorrido. A humanidade terrena está a muitas léguas de distância da Verdade Divina. O que temos atualmente nas mãos das religiões é um pálido esboço da vontade de Deus! Ainda há muito a ser descoberto e compreendido.

O grande mestre da luz dourada levantou-se e colocou a sua mão direita sobre o meu ombro e concluiu:

— A espiritualidade é como as pessoas se sentem em relação a Deus, ao tempo em que a religião é especificamente a submissão a um deus que não se pode precisar se é o verdadeiro. O homem espiritualizado é um ser livre em busca de respostas, enquanto o homem religioso é escravo de um modelo ultrapassado, sectário e preconceituoso.

As últimas palavras de Akhenaton haviam sido muito fortes. Ao ouvi-las, não me contive e perguntei:

— Os homens não podem se espiritualizar sem abandonar as suas religiões?

Ele sorriu com a minha pergunta e respondeu:

— Não é uma questão de ser obrigado a abandonar a sua religião, como se isso fosse uma imposição para a Nova Era que está por vir. Na verdade, esse é um passo muito natural, pois à medida que a consciência do homem se expande, ele começa a buscar respostas que as religiões não podem mais oferecer, em função de sua natureza dogmática e retrógrada. Se os líderes religiosos fossem progressistas e permitissem a evolução das suas crenças, talvez as coisas fossem bem diferentes.

Sentindo o peso da responsabilidade sobre meus ombros, e avaliando a natureza pouco reflexiva dos homens em geral, perguntei mais uma vez:

— A religião é uma questão de foro íntimo de cada um. Como mudar a concepção das pessoas, se elas em geral não são habituadas a refletir a respeito de suas crenças, ou até mesmo duvidar delas? Alguns fiéis, inclusive, acreditam que é um desrespeito a Deus colocar em dúvida ou questionar os dogmas religiosos impostos em um passado remoto.

— Mais uma vez te afirmo, — respondeu ele — não vamos mudar as crenças ou a forma de pensar das pessoas, mas sim apresentar um novo modelo, assim como um empresário percebe as necessidades futuras do mercado e lança um novo produto. Talvez nesse momento a grande maioria ache a nossa proposta descabida, mas a nossa tarefa é para o futuro, para os eleitos da Nova Era, aqueles que enxergarão um pouco mais além. Podes confiar em minhas palavras, pois elas se confirmarão.

O grande mestre espiritual serenou por alguns instantes,

enquanto eu meditava sobre o trabalho que ele realizou como faraó Akhenaton, há 3.300 anos. Desde então ele demonstra uma personalidade progressista e determinada a construir um mundo melhor. Senti-me orgulhoso de poder compartilhar desse projeto, e então perguntei:

— Querido irmão, em nosso último trabalho, *Moisés – Em busca da Terra Prometida*, me foi revelado que a vossa última encarnação na Terra foi na personalidade de Allan Kardec, o codificador da doutrina Espírita. Devo dizer que não foi uma tarefa fácil revelar essa informação em um livro, pois até mesmo temi ser "queimado" na fogueira dos que poderia chamar de "inquisidores modernos". Sei que muitas portas se fecharão por esse motivo, mas infinitas outras se abrirão por aqueles que procuram a verdade. É isso que me impele na busca por novas revelações. Mas o que quero lhe perguntar é como o amigo vê o Espiritismo nos dias de hoje? O seu trabalho não era exatamente esse, de criar um método cientifico e progressista de busca da verdade, ao invés de fundar mais uma religião que se apegaria aos seus dogmas específicos?

Todos riram com a minha preocupação em sempre revelar temas polêmicos. Hermes aproveitou para atalhar, em tom de descontração:

— Roger, meu amado discípulo, tu sabes que escolhemos justamente tu para esta tarefa porque és desprovido de paradigmas. Jamais aceitaste cabresto! Nunca permitiste que freassem a expansão de tua mente, o que quase te levou à fogueira da inquisição no período medieval. Este é um fato que iremos narrar em um livro no futuro.

Fiz um sinal para o grande mentor, demonstrando a minha conformidade com suas palavras, e depois me virei para o faraó filho do sol, que reencarnou como o grande codificador espírita, para então ouvir suas pertinentes explicações. Ele se sentou com a leveza que lhe é típica, falando com voz pausada e envolvida por uma aura de inesgotável sabedoria:

— Sim! Entendo a tua pergunta. Em momento algum desejei que a doutrina Espírita, codificada por mim, viesse a se tornar uma religião. Assim como Jesus também jamais desejou que se criasse uma igreja em seu Nome. No entanto, infelizmente, o limitado grau de consciência da grande maioria dos espíritos que reencarnaram no ciclo passado de evolução da Terra não lhes permitiu, em momento algum, a compreensão da necessidade de "caminhar em direção a Deus". O comodismo e a imposição dos "déspotas religiosos" sempre levou os homens daquela época a colocarem o seu destino espiritual nas mãos de sacerdotes, pastores, gurus ou guias, o que lhes resultou na perda da admirável oportunidade de caminhar por seus próprios pés em direção à sabedoria espiritual. Há algum tempo, conversei com o notável filósofo Sócrates, e ele me confidenciou que considera triste ver a humanidade tão longe do saudável ato de filosofar, meditar, refletir sobre o objetivo de sua existência.

É lamentável perceber que, salvo raras exceções, a grande maioria das encarnações na Terra foi de pouco ou nenhum avanço, porque os homens só se preocuparam em atender aos interesses humanos, relegando a sua ventura espiritual às mãos dos emissários divinos. E, como já dissemos, o sentimento de espiritualidade ilumina, enquanto o de religiosidade escraviza. A submissão religiosa pouco acrescenta em termos de evolução; talvez apenas freie os instintos mais animalizados. No entanto, a mente continua embotada. Ela é como uma grande bola de chumbo que aprisiona a alma, impossibilitando-a de alçar vôo.

Não importa onde seja, se na igreja católica ou evangélica, no templo protestante, na casa espírita, na loja maçônica, no centro teosófico ou no terreiro de umbanda, pois em todos os lugares vemos pessoas entorpecidas, colocando a sua ventura espiritual nas mãos dos líderes religiosos, ao invés de segurar firme as rédeas de seus próprios destinos. Infelizmente, a novela fútil ou a fofoca do dia a dia ainda são mais estimulantes do que a inadiável reforma íntima e a busca da conscientização sobre quem somos, e qual a finalidade das nossas vidas.

O resultado deste fenômeno é que estamos encerrando mais um ciclo de evolução planetária, e dois terços da população mundial, (incluindo-se encarnados e desencarnados) será reprovada, por causa da grande alienação espiritual da família terrena. Todos escravos do mundo das ilusões, aquele que se limita ao que nossos cinco sentidos sensoriais conseguem captar!

Akhenaton suspirou, um pouco desesperançado, e prosseguiu:

— Quando codifiquei os princípios espíritas, procurei, de forma didática, mostrar a importância da aquisição do que chamamos de "fé raciocinada" para inaugurarmos uma nova era na busca da compreensão do Mundo Invisível. Mas a humanidade desse "final dos tempos" estava ainda muito despreparada para esse salto de compreensão espiritual, e apenas um grupo muito reduzido compreendeu isso à época. Não demorou muito para que, depois do meu desencarne, fosse criada uma aura mítica em torno do meu trabalho. Em consequência desta mitificação, qualquer forma de pensamento que fosse além da obra que realizei passou a ser atacada, indo contra o modelo progressista que sempre defendi. Até mesmo a mensagem de Chico Xavier, o apóstolo da caridade, foi perseguida nos primeiros anos de seu ministério de Luz. Felizmente o trabalho desse nosso grande irmão atualmente recebe o devido reconhecimento.

Todos concordamos serenamente com as palavras de Akhenaton, que estava, naquele momento, sofrendo uma leve metamorfose em seu corpo espiritual, e apresentava os traços do grande educador francês, o que provavelmente aconteceu devido às lembranças daquela época que lhe assaltaram o irrequieto espírito.

Akhenaton então levantou-se novamente, e falou de forma jovial, libertando-se de um aparente sentimento de tristeza:

— Mas Deus sabe o que faz! Se o Espiritismo não tivesse migrado para o Brasil e se tornado uma religião, hoje certamente teria um alcance muito limitado. Acredito que o papel da doutrina Espírita é justamente o de servir de degrau para o próximo estágio, que é o trabalho que iremos desenvolver no decorrer deste livro. Mesmo com todos os percalços, fico muito feliz pelo resultado que alcançamos com a codificação espírita.

Concordei com um gesto, e falei:

— Tenho certeza disso! O século dezenove está logo ali no passado, mas não há como negar que foi um período muito atrasado no campo da compreensão espiritual, que não nos permitiu dar grandes saltos em um nível popular.

Os mestres concordaram com as minhas palavras, o que me deu mais confiança e me estimulou a fazer mais uma pergunta polêmica para o codificador espírita:

— Allan Kardec se diria um espírita atualmente?

Akhenaton meditou por alguns instantes, procurando analisar a melhor forma de responder à minha capciosa pergunta, e em seguida falou:

— Se procuramos a Verdade Absoluta de Deus, não devemos jamais nos prender a fragmentos dessa Verdade! As religiões são instrumentos que devem ser utilizados na busca da Luz Divina, assim como as ferramentas são aproveitadas para o trabalho de acordo com a sua utilidade. Jamais devemos enxergar estas ferramentas como bandeiras separatistas a serem levantadas. O sectarismo somente desune e cria rivalidades, seja na política, nos esportes, nas guerras, ou nas religiões. A partir do momento em que alguém afirma que a sua verdade é melhor que a verdade de seu irmão, são gerados sentimentos de inimizade, arrogância e intolerância. E, como já afirmamos, ainda não há na Terra quem consiga captar a "Verdade Absoluta de Deus". Logo, estão todos certos dentro de suas limitações, sendo impossível ao homem definir quem está "mais certo".

Akhenaton me olhou nos olhos, com muita sinceridade, e prosseguiu:

— Atualmente, o único título do qual me orgulho é o de "irmão", e a única forma de crença espiritual que abraço é o "Universalismo Crístico". "Universalismo" porque abriga o saber de todas as religiões, com o objetivo de transformá-las para o futuro, até que ocorra a grande fusão, na Nova Era. Este passo marcará o momento a partir do qual os homens passarão a pensar de forma uniforme, já que terão uma compreensão do mundo mais avançada. E "Crístico" porque reúne a mensagem de todos os médiuns do Cristo, entre os quais podemos destacar Zoroastro, Krishna, Moisés, Buda, Confúcio, Jesus e Maomé, entre outros. Este é o caminho da união entre os povos de todo o planeta, e passa por ter humildade para afirmar que todos estamos na busca da Luz, e que ninguém, de fato, alcançou-a em sua plenitude.

Ainda nos explicando o legado do codificador espirita, Akhenaton acrescentou:

— Nas minhas obras na personalidade de Allan Kardec, eu não defini o Espiritismo como religião, mas sim como uma ciência positivista, cujo objetivo era estudar as manifestações dos espíritos e as relações entre o mundo espiritual e o material, de forma prática e racional. Quando me referi ao Espiritismo como caminho para o avanço na compreensão espiritual, falava da busca pela verdade espiritual através de sucessivos estudos, e não sobre o dogmatismo de mais uma religião.

No Brasil, o nome Espiritismo foi utilizado para identificar uma nova crença religiosa, e alguns de seus adeptos mais entusiasmados chegaram a afirmar que o Espiritismo não era mais uma religião, mas sim "a religião". Segundo eles, o Espiritismo seria o próprio "consolador prometido por Jesus", mas nós sabemos que o consolador prometido é a comunicabilidade dos espíritos, e não a religião espírita em si. No entanto, tal proselitismo jamais teve relação alguma com o meu pensamento e esta forma arrogante de pensar muito me entristece.

Após as palavras de Akhenaton, ficamos todos envolvidos em uma suave energia que nos tranquilizou. A sabedoria e amor dele são inenarráveis! Depois de alguns instantes, fiz outra pergunta:

— Mestre, como última pergunta sobre esse tema, eu gostaria de saber qual a sua impressão sobre o Universalismo Crístico. Não seria uma nova roupagem, liberta do sectarismo, para a própria doutrina Espírita, que terminou se auto-rotulando como mais uma religião e se tornando segregadora?

Ele meditou por alguns segundos e falou, com espontaneidade:

— Quem segrega são as pessoas, e não as religiões. Na verdade, se todas as religiões tivessem sido mantidas como propuseram os seus fundadores, teríamos o Céu na Terra! Mas a humanidade está em evolução, e assim como o aluno que está na escola comete erros e acertos, não há como manter a pureza do ensinamento com o passar do tempo. Sobre o Universalismo Crístico, acredito que deveria ser uma natural evolução do Espiritismo. O nome não é tão importante, e creio que, se a doutrina Espírita não tivesse ficado enclausurada em seus dogmas, teríamos atualmente algo bem parecido com o que iremos propor neste livro. Se analisarmos o Espiritismo em sua fonte, veremos que ele é bem parecido com a nova proposta, mas o seu nível de abrangência estava limitado ao universo cristão ocidental. A proposta do Universalismo Crístico é abranger todo o globo terrestre. Foi esta a visão que Ramatís preparou no Brasil, em meados do século passado, através de seu fiel médium Hercílio Maes. Infelizmente, espíritos das trevas estimularam no meio espírita uma perseguição doentia e inaceitável à mensagem de nosso irmão Ramatís, com o objetivo de minar o projeto que agora iremos concretizar. Mas isso em breve será coisa do passado, fará parte de uma época em que o ego falava mais alto do que o espírito de união e amor.

Ramatís fez um gesto afirmativo com a cabeça, enquanto o sábio Akhenaton levantou-se mais uma vez e prosseguiu, com empolgação:

— Esperamos moldar o Universalismo Crístico sobre três princípios fundamentais, como Hermes bem descreveu no final do livro *Moisés – Em busca da Terra Prometida*. Certamente este novo modelo espiritual é impregnado de uma linguagem universal e de inevitável aceitação. O primeiro alicerce é *o amor ao próximo como a si mesmo, buscando cultivar as virtudes morais de forma verdadeira e incondicional, refletindo diretamente o amor do próprio Criador*. Esta é uma das poucas verdades absolutas que a humanidade já conhece. Não há religião na face do planeta que discorde desse fundamento. Esta máxima é o exemplo perfeito da sabedoria espiritual,e talvez seja uma das poucas verdades espirituais que conseguimos "transferir" fielmente para o mundo físico. O amor ao próximo é algo perfeito e absoluto, ao homem só falta praticá-lo. Não há como existir erro de percepção por parte dos médiuns nessa máxima! O que pode faltar é má vontade do homem em seguir esse desígnio divino.

Akhenaton prosseguiu enumerando os princípios:

— O segundo ponto fundamental é *a crença na reencar-*

nação do espírito e do carma, pois sem esses princípios não existe justiça divina. Este tema deve ser matéria para estudos e especulações, sendo que as pesquisas sobre "terapias de vidas passadas", "transcomunicação instrumental" e outros métodos de vanguarda comprovarão cientificamente, no futuro, que vivemos múltiplas existências, e que elas são fundamentais para a evolução do espírito, que é o objetivo principal das encarnações no mundo físico. A reencarnação ainda deve ser qualificada como uma verdade relativa no mundo físico, por causa da falta de comprovação categórica a respeito desta crença. No entanto, como afirmei, a credibilidade da reencarnação é uma questão de tempo. Por isso, devemos respeitar as demais religiões, e não defender a ideia da reencernação do espírito como verdade absoluta, pois ainda faltam subsídios para isso.

Por fim, Akhenaton explicou o terceiro princípio:

— O terceiro fundamento é *a busca incessante pela sabedoria espiritual, aliada ao progresso filosófico e científico, com o objetivo de promover a evolução integral da humanidade.* A proposta parece muito simples, mas até hoje não foi colocada em prática dentro do cenário espiritual da Terra, porque logo os "donos da verdade" se instalam e não admitem a presença de novas ideias e do aperfeiçoamento das crenças espirituais existentes. O maior desafio certamente é manter o espírito progressista e de tolerância às opiniões alheias dentro do cenário espiritualista.

Akhenaton olhou para Hermes e Ramatís, que sinalizaram para que continuasse, e ele prosseguiu dizendo:

— O medo de mudanças sempre gera uma reação contrária de resistência em todos os setores da vida. Vê, como exemplo, a própria revolução dos computadores. Muitas pessoas reagiram de forma negativa aos avanços da tecnologia da informação, mas a necessidade iminente de mudanças e as vantagens da informática romperam essa resistência. O mesmo deverá acontecer com as religiões, que perderão cada vez mais espaço, de forma natural, porque o mínimo passo que o indivíduo dá em direção à verdadeira espiritualização o liberta de crenças sectárias. Podemos estabelecer um paralelo com o que acontece com o pássaro, quando se liberta, e voa feliz de sua gaiola para os céus, e lá de cima observa, deslumbrado, que a Criação Divina é muito mais do que o limitado mundo ao qual ele estava aprisionado. Quando o homem pára, pensa no mundo ao seu redor e caminha em direção à sabedoria espiritual, tudo se transforma. Ele abandona a natureza instintiva e caminha em direção à sua essência divina.

Concordei com as sábias palavras dos mestres, e agradeci

por tamanha atenção e interesse em esclarecer as minhas dúvidas. Depois desses profundos conceitos, Hermes levantou-se e me convidou para caminharmos a sós pelos jardins belíssimos da cidade astral Império do Amor Universal. Ramatís e Akhenaton tinham outros compromissos inadiáveis.

— Vem, Roger! Vamos caminhar um pouco para que possas oxigenar o teu cérebro perispiritual. É importante que tu transformes estas informações que estamos te passando em uma linguagem de fácil assimilação aos homens. Não pode haver, de forma alguma, nenhum mal-entendido.

Descemos então a escadaria do amplo prédio, e nos dirigimos aos extensos gramados da Cidade Luz. Lá caminhamos em silêncio, apenas ouvindo os pássaros, sentindo o perfume das flores e absorvendo o prana magnífico daquele local repleto de energias sublimadas. Naquele instante, Hermes apoiou a mão direita em meu ombro e falou serenamente, com os olhos fixos no firmamento, como se estivesse vislumbrando o imponderável:

— Acreditas, meu querido irmão, no que vês?

Eu olhei para ele, intrigado, e perguntei:

— Onde desejas chegar, mestre?

Hermes sacudiu a mão de um jeito descontraído e falou:

— Não me chames de mestre! Se nem Jesus espera receber esse título, por que eu deveria?

Ele voltou a olhar para o céu iluminado e falou:

— O único mestre é o Criador de todas as coisas. O Senhor do Universo. O Supremo Arquiteto!

Depois Hermes respirou profundamente e prosseguiu:

— O que vês ao teu redor é somente o que tua mente consegue captar no atual estágio evolutivo em que te encontras, ainda restrito aos paradigmas do teu ser, ou seja, àquilo em que tua mente acredita. Jesus afirmou que a fé pode mover montanhas, entendes? Na verdade, tudo já aconteceu, só que as mentes em evolução não conseguem perceber.

Comecei a compreender onde ele queria chegar e atalhei:

— Já entendi, meu irmão. Esta cidade é muito mais complexa do que posso compreender. O que vejo é o máximo da beleza e perfeição que estão ao meu alcance, porém a cidade é, na verdade, muito mais do que tenho capacidade de perceber e narrar aos encarnados no mundo físico.

Hermes sorriu com a minha colocação e falou:

— Sim, meu querido amigo, exatamente isso e mais um pouco.

Eu olhei para o mestre e perguntei:

— Será que eu poderia vê-la, em sua magnitude, através de teus iluminados olhos?

Ele sacudiu a cabeça de forma negativa e disse:

— Não são os olhos que vêem, mas a alma, a mente. Lembra-te de que o mundo é mental. A mente é o espírito, e todo o resto é apenas acessório para a manifestação do espírito imortal. Mesmo que eu pudesse te emprestar os meus olhos, a tua mente não estaria preparada para ver o que eu vejo. O mesmo acontece com a humanidade encarnada, em que nem todos possuem a mesma percepção do mundo. Algumas pessoas não conseguem captar a sutileza da realidade espiritual. A mesma dificuldade que tens para fazer os encarnados enxergarem além de seu pequeno mundo material é a que eu teria para te apresentar algo que está muito além da tua compreensão.

Aquelas palavras causaram-me preocupação, levando-me a perguntar:

— Então o trabalho de esclarecimento espiritual da humanidade será inútil?

Hermes observou uns pássaros voando mais ao longe, fato que fez com que eu me questionasse se víamos a mesma coisa. Seria para ele apenas simples aves de uma beleza inenarrável? Aquela conversa foi me deixando mais intrigado a cada instante. O sábio mentor não demorou muito para responder:

— Roger, o trabalho de esclarecimento espiritual da humanidade é como uma atividade física para fortalecimento dos músculos. Deve ser realizado de forma gradual, acrescentando "mais peso" ao aparelho a cada novo estágio. É por isso que os grandes mestres espirituais sempre trouxeram "meias verdades". Ou seja, informações limitadas ao que as civilizações do passado conseguiam perceber. As religiões nunca foram mentiras, nem transmitiram informações incompletas ou equivocadas. A compreensão da humanidade, à epoca, é que era restrita.

Hermes prosseguiu explicando:

— A mensagem dos grandes avatares e as distorções na mensagem das religiões que foram promovidas por seus seguidores nada mais foram do que a dose certa do que poderia ser compreendido pelo homem naquele determinado estágio da sua evolução.Lembre-se de que as religiões são apenas formas diversas de se compreender as verdades espirituais, com o objetivo de promover a evolução espiritual baseada no nível de compreensão de seus adeptos e de sua cultura. E por que existem diversas religiões? Para atender a cada cultura e à capacidade de cada indivíduo de compreender as verdades espirituais. A nossa missão é unificar os princípios religiosos, através de uma avaliação sistemática e sensata das crenças de cada um, mantendo o que é coerente, e rompendo com o que termina por escravizar, ao invés de libertar. Na Nova Era, as verdades espirituais que não puderem enfrentar face a face a razão deverão ser descartadas ou encaminhadas para novos estudos, pois a crença religiosa jamais poderá ser novamente uma imposição dogmática, como aconteceu no passado. Ela deverá, sim, ser uma construção diária e democrática, que caminhe lado a lado com o progresso em todos os setores da vida humana.

Olhei intrigado para Hermes e lhe perguntei:

— E o que os queridos amigos esperam de mim nesse trabalho?

Ele esboçou um amável sorriso e falou:

— Não compreendes, meu amigo? Nós queremos que tu promovas na Terra, de forma popular, um pouco mais de aprofundamento no saber espiritual, como um atleta que coloca um pouco mais de peso nos aparelhos de exercícios para avançar no seu treinamento.

Hermes manteve-se em silêncio por alguns instantes e eu disse:

— Agora eu entendi onde queres chegar. Mas o trabalho de explicar informações que parecem incompreensíveis aos homens numa linguagem completamente nova não é fácil. Não sei se conseguirei.

O nobre amigo agachou-se para afagar um pequeno cão que surgiu sem que eu percebesse de onde ele havia vindo, e falou despreocupado:

— Fica tranquilo! Nasceste para isso. Agora olha para esse cachorrinho e me dize o que vês.

Não entendi o sentido da pergunta e respondi:

— Vejo um cão muito belo e aparentemente carinhoso, como tudo e todos nesse local paradisíaco.

Hermes ergueu-se e falou, procurando concentrar toda a minha atenção:

— Acreditas que o mundo espiritual seria um reflexo do mundo físico? Na verdade é o contrário! Os sentimentos e valores espirituais são a essência de tudo. O mundo físico é apenas uma roupagem para que os espíritos em evolução exercitem esses sentimentos, que são as qualidades da alma! Logo, o mundo espiritual não tem forma, ele é mental! O que vês aqui é tão somente o que consegues compreender. No momento em que me vês fazendo um carinho nesse animal é porque os teus sentimentos interpretam dessa forma o bem-estar que estás sentindo com a aura vibratória dos seres que aqui estão presentes. E percebes a interatividade de minha alma com a alma-grupo dos cães. Quando chegaste aqui hoje, viste apenas trevas, porque na verdade o teu coração e as tuas companhias espirituais estavam na sintonia da escuridão. O que vês como luz ou trevas é apenas uma materialização de tua mente. E isso é necessário para compreender o mundo em que te encontras, assim como um computador precisa de uma linguagem codificada para interpretar informações. Mas chegará o dia em que conseguirás ler na fonte... no seio de Deus. Tu bem sabes que alguns espíritos, quando retornam ao mundo espiritual, após o desencarne, necessitam até mesmo de uma "alimentação leve" para controlarem o estado de fome imaginária em que se encontram. Temos também o exemplo dos viciados em drogas, que sofrem com a síndrome de abstinência quando retornam ao Mundo Maior.

Hermes suspirou e falou, por fim:

— O mundo ao nosso redor é um misto daquilo que sentimos e do que conseguimos compreender. No estágio evolutivo em que a maioria da população da Terra se encontra, a realidade espiritual é um reflexo do mundo físico. Mas à medida que a Luz e a essência de Deus forem penetrando na alma dos seres, em suas sucessivas encarnações, eles começam a ver que na verdade é o contrário. Os seres, no processo de evolução espiritual, começam a perceber o amor do Pai em essência, desvendando a verdadeira natureza do reino de Deus. O universo infinito é mental e as formas são apenas projeções dessa essência divina, que é o próprio Criador.

Eu meditei por alguns instantes e concluí:

— Esse é um conceito difícil de compreender! Queres me dizer que tu, no plano espiritual, não enxergas formas, mas sim energias, apenas uma essência imponderável? Esta cidade seria, então, apenas uma grande egrégora vibracional de Luz, sem formas físicas?

Ele sorriu e falou, demonstrando compaixão pela minha limitada capacidade de entendimento:

— Tu dizes "apenas" porque não compreendes a complexidade da essência espiritual: o fluido universal. Lembra-te do mito da caverna de Platão. O mundo físico são as sombras! O verdadeiro mundo é o espiritual. Tu tens dificuldade em aceitar isto porque estás inserido no mundo das formas, e te é difícil conceber a existência de algo mais amplo, fora do mundo material. Da mesma forma é difícil para o homem encarnado, materialista, compreender que Deus nunca teve um principio, que Ele jamais foi criado, porque vós sois criaturas, entidades com principio, meio e fim que representam o ciclo da vida física.

— Mas os espíritos também são eternos. Todos foram criados em um determinado momento, mas são imortais! — Repliquei.

— Sim! Somente utilizei esse exemplo para que compreendas melhor a limitação de entendimento para seres criados e ainda inseridos dentro da "natureza humana", como é o teu caso e dos futuros leitores desse livro.

Hermes meditou por alguns instantes e depois voltou a proferir seus sábios conceitos, com empolgação:

— A realidade espiritual é tão fantástica e fora da compreensão material que as pessoas não conseguem acreditar nela, e algumas nem conseguem percebê-la. Mesmo os que dizem ter fé em determinada crença religiosa na verdade não acreditam. Eles apenas se entregam cegamente à crença na existência do Criador, sem realmente compreender que a fé raciocinada é que liberta a alma para um verdadeiro progresso. Infelizmente, o mundo avançou no campo da ciência, mas ainda segue conceitos medievais a respeito de Deus. O conhecimento espiritual, que era para ser estudado com o mesmo fervor da ciência, se encontra escravizado por dogmas completamente ultrapassados, levando a compreensão espiritual a uma posição secundária na vida humana. Sem contar que as principais religiões são ultratradicionalistas, e não desejam avançar em direção a novos conceitos.

Hermes olhou-me com tristeza e concluiu:

— Isso infelizmente é muito ruim para o progresso e a felicidade da nossa humanidade.

Concordei com as palavras do querido mestre e afirmei:

— Concordo, Hermes! Por que devemos pensar o mundo como os nossos antepassados, e realizar exatamente as mesmas coisas que eles? Quem disse que o mundo termina na concepção limitada daqueles que nos antecederam? Talvez nossos ancestrais fossem nós mesmos, em encarnações anteriores, com uma compreensão menor do mundo que nos rodeia. Temos a obrigação de evoluir e concluir que nada nos é impossível, nem mesmo romper as barreiras das leis da física. Os próprios estudos sobre física quântica já nos mostram que o mundo não é bem como se pensava. Eu realmente não acredito que Jesus estivesse se utilizando de uma metáfora quando disse que a fé poderia remover montanhas. Creio que muito poderemos realizar no futuro, se quebrarmos os paradigmas que nos limitam. Muitas coisas parecem impossíveis de serem realizadas simplesmente porque ninguém jamais procurou efetuá-las, ou acreditou que elas fossem possíveis. Certamente, se as religiões não atassem as mãos dos homens, lhes impedindo de pensar mais além, já estaríamos realizando verdadeiros "milagres" em nossas vidas, levando em consideração que isso também depende da perseverança de cada um. As religiões bloqueiam, mas o homem faz questão de se submeter, por causa da preguiça e da comodidade, que o impedem de buscar a sua espiritualização.

Hermes concordou em silêncio. Fiquei esperando que o sábio mestre tecesse alguma consideracão, mas ele não o fez. Ficou apenas de olhos fechados, desfrutando da agradável brisa que beijava o seu rosto e chacoalhava delicadamente os seus longos cabelos negros.

Ansioso e ávido por novos conceitos, não me controlei e disse:

— As pessoas possuem níveis diferentes de percepção, e cada um tem a sua verdade! Isso é muito complicado. Vai ser difícil a humanidade aceitar uma ideia única, acreditar em um verdadeiro "universalismo religioso". Tanto é assim que este termo já está sendo utilizado para identificar uma nova seita dentro do Espiritismo, e também já está se escravizando a dogmas. Em breve teremos mais uma nova religião.

Respirei fundo, inconformado com minhas próprias ideias, e prossegui:

— Uma amiga minha foi a uma casa que segue os princípios de Ramatís, ou seja, o atual "Espiritismo Universalista", e lá repudiaram os nossos livros. Eles disseram que estudam somente livros com a "marca" Ramatís, o que é um paradoxo: dizem-se universalistas, mas comportam-se da mesma maneira sectária e preconceituosa que criticavam entre os irmãos kardecistas. Como implantar o Universalismo Crístico se a mente humana ainda é escrava de sua "própria verdade"?

Hermes compreendeu a minha angústia, em face ao peso da responsabilidade que estava sobre os meus ombros com esse novo livro e tentou me reanimar, dizendo:

— A nossa mensagem será aceita principalmente pelas gerações futuras, pelos filhos da Nova Era. Já te afirmei isso. Temos que ter paciência e realizar o nosso trabalho. Se nem Jesus agradou a todos em sua descida a Terra, por que esperarmos mais de nosso trabalho? Agradeça por não sofrer terríveis agressões como acontecia no passado, quando a intolerância imperava entre os homens.

Concordei meio inseguro e perguntei:

— Será por esse motivo, então, que atualmente aqueles que já estão libertos das religiões procuram realizar uma caminhada individual em busca da verdade? Já que esta diversidade de pensamento leva à dificuldade em atingir um consenso sem imposição.

Hermes concordou com um gesto elegante e falou:

— Sim. Como não existe um debate sereno e sensato em

busca de uma verdade maior, cada ser que já despertou para o caminho da luz procura, por si só, em meio a todas as religiões, aquilo que atenda à sua busca. No entanto, como ele está sozinho nessa busca, não possui o saudável auxílio da troca de ideias para aperfeiçoar a construção de sua própria crença. O debate saudável às vezes nos desperta para detalhes que estão sob os nossos olhos, mas não os enxergamos sem o auxílio alheio. O isolamento não é o caminho. O problema de se obter um consenso reside no excesso de culto ao ego da atual humanidade terrena. Os eleitos para a Nova Era pensarão mais no conjunto do que em suas próprias crenças pessoais.

Olhei para ele com um certo ar de descrença e afirmei:

— Espero que estejas certo, porque hoje em dia até a mensagem do amor, que é algo para ser entendido com facilidade, abre margem para várias interpretações. O ego de cada um tenta adequar o conceito de amor aos seus próprios interesses!

Hermes levantou-se e me convidou a caminhar em direção ao grande lago da cidade astral Império do Amor Universal, que naquele dia estava absolutamente deslumbrante. Os raios de sol refletiam no lago como se fossem estrelas que haviam mergulhado no sereno espelho d'água. No meio do caminho ele me confidenciou:

— Isso é fruto da ignorância espiritual da humanidade! Se o homem procurasse se espiritualizar verdadeiramente, veria que o amor não é assistencialismo, nem a permissividade que vemos nos dias de hoje, e muito menos o ato de apenas "consolar" o próximo, quando o fundamental é "esclarecer".

Aproveitando o gancho de sua linha de raciocínio, falei com empolgação:

— Sim! Observo isso com frequência. As pessoas estão sempre lamentando o seu destino, sem compreender o objetivo de suas vidas. Não movem as suas mentes nenhum milímetro em busca do entendimento espiritual, apenas se dedicam a assuntos frívolos e triviais. Mas quando surgem obstáculos em suas vidas, são as primeiras a lamentar e ingressar em um estado depressivo.

A pior enfermidade é a ignorância espiritual, pois o homem fica cego para buscar a solução e o progresso em sua vida. Definitivamente, o maior mal da humanidade não está em nenhum dos atos ou comportamentos anticrísticos, mas sim na ignorância. Buda tinha razão quando afirmou que "a luta não é entre o Bem e o Mal, mas sim do conhecimento contra a ignorância".

Ao chegarmos perto do lago, Hermes parou e se voltou para

mim. Estaquei o passo, e ele colocou ambas as mãos sobre os meus ombros para dizer-me:

— Vê como o trabalho não é tão difícil! Basta que os encarnados na matéria libertem-se da ignorância. Como já afirmamos diversas vezes em nossos trabalhos anteriores, a reencarnação sistemática dos eleitos para a Nova Era no terceiro milênio mudará a face da humanidade. Os novos habitantes da Terra serão almas libertas da ignorância, e sedentas pelo conhecimento que transforma o bárbaro em anjo de luz. Eles jamais serão escravizados pelos caprichos da carne para atender aos seus anseios, porque sua bagagem espiritual estará livre das taras psicóticas da humanidade deste ciclo que está se encerrando. A nova geração gradualmente se libertará do apego aos interesses humanos, que escravizam o homem e lhe traz sofrimento.

Sacudi os ombros, em sinal de descontração, e falei:

— Bom, já que não devemos ter grandes expectativas em relação à aceitação desse trabalho no momento, só nos resta tentar realizá-lo com a linguagem mais clara possível, e com o máximo de critério. Vamos ao trabalho!

Hermes sorriu e disse:

— É assim que se fala, meu querido irmão! Quem apostaria no sucesso futuro do cristianismo ao ouvir, na época de Jesus, aquele estranho rabi que proferia conceitos completamente inovadores, vestia roupas simples e andava descalço, sem a ostentação típica dos sacerdotes do sinédrio? Os seus seguidores eram apenas pescadores e pessoas destituídas de sorte. Quando chega o momento de uma nova revelação, meu amigo, nada pode evitar que ela ocorra.

O sábio mentor ergueu as mãos para o céu e falou com devoção:

— É a vontade de Deus! Os que tiverem olhos para ver, verão! Vamos realizar o nosso trabalho de forma tranquila e despretensiosa, deixando nas mãos de Deus o desencadeamento futuro de nossa mensagem. É possível que, na atualidade, muitos não se identifiquem com a ideia do Universalismo Crístico, mas certamente o futuro provará que estávamos certos.

Olhei para o mentor amigo e disse:

— Acredito que o grande entrave para esta união no entendimento espiritual esteja principalmente na alienação das pessoas, e não em uma ferrenha defesa de crenças sectárias e ultrapassadas. Quem busca a verdade logo compreende que as religiões são instrumentos de conexão com Deus, e jamais, agremiações que devem ser defendidas com ferocidade. Esta visão fanática não encontra respaldo em corações sinceros.

Infelizmente, ainda é comum a acomodação a uma determinada crença, sem submetê-la a um estudo sensato sob o crivo da razão. Se os adeptos das religiões se fizerem perguntas básicas, não demorarão a perceber que elas foram úteis ao seu tempo, mas que precisam ser reformuladas. No mundo de hoje, uma nova visão espiritual precisa ser estabelecida; ela deve ser abrangente e ir além do aspecto cultural e temporal de cada religião.

Hermes concordou com um sorriso e, emocionado com a minha empolgação, afirmou:

— A ignorância é um mal em todos os sentidos. Vê a miséria dos povos? Tudo fruto da ignorância. Aquele que conhece e sente a luz de Deus não entrega o seu coração às trevas. Atualmente observamos que há milhares de pessoas sem educação básica e sem desenvolvimento profissional algum. As nações desenvolvidas, ao invés de estimular a educação entre os povos subdesenvolvidos, apenas alimentam guerras. A noção maquiavélica de que nação ignorante é nação escrava ainda fala mais alto nos corações egoístas dos governantes do mundo. Chegará o dia em que todas as civilizações da Terra terão a mesma oportunidade educacional, e serão estimuladas a buscar as respostas para a sua ascese evolutiva.O planeta azul então deixará de ser um mundo de expiações e provas, e se tornará uma escola de regeneração espiritual. Mas para isso é importante restaurarmos a credibilidade dos valores espirituais no seio da humanidade. É necessário fazer com que o homem moderno compreenda que Deus existe, evitando o clichê de uma sociedade que diz acreditar na existência do Criador, mas não O "vê", nem O "ouve" para executar suas ações no dia a dia.

Olhei para o mentor amigo e falei, com convicção:

— Talvez esteja aí o ponto central para o verdadeiro despertar! Enquanto os povos menos favorecidos não se instruírem, ainda veremos comportamentos como o do homem simples que chama o abastado de "doutor" devido às suas posses, ou então dos cidadãos de nações africanas, que correm desesperados atrás de veículos da ONU em busca de ajuda humanitária; ou ainda pessoas no mundo inteiro sendo subjugadas por crenças religiosas absurdas e ultrapassadas. É triste vermos líderes religiosos submetendo fiéis aos seus interesses, enquanto se posicionam à "sombra de Deus" para obter um respaldo quase divino para suas atitudes infames.

Hermes meditou por alguns instantes e falou, enquanto eu ainda estava completamente absorto em meus pensamentos:

— Deus somente respalda aqueles que revelam a sua verdade com humildade, compreensão e companheirismo. O verdadeiro emissário de Deus é aquele que fala das coisas do espírito com amor, sabendo ouvir opiniões adversas e aceitando-as quando são lógicas.

Meio confuso por causa da complexidade da "verdadeira busca interior" perguntei ao querido mestre:

— Em essência, o que buscamos?

Ele sorriu e respondeu:

— Nós buscamos o amor verdadeiro, aquele que não espera nada em troca, e também estamos procurando conquistar o desapego. Somente o ser desprendido e que conhece o verdadeiro amor é livre e plenamente realizado.

Meditei por alguns instantes, na busca de uma compreensão mais palpável sobre o tema, e argumentei, meio confuso:

— O problema é definirmos o que é amor e o que é apego? Nós poderíamos afirmar que amor é fazer o bem ao próximo. Mas o que seria esse "Bem"? Já vi pessoas dizendo que prejudicaram os seus vizinhos para que seus filhos fossem beneficiados. Esses pais acreditavam estar fazendo o melhor por seus descendentes, e não entendiam ou aceitavam que estavam na verdade prejudicando aqueles ao seu redor. Comportam-se como se ainda vivêssemos em um regime tribal! Até mesmo nações em guerra acreditam que estão realizando uma guerra santa para promover o Bem, enquanto jovens estão sendo trucidados nos campos de batalha. E quanto ao apego? Como diferenciar o que é escravizar-se e o que é utilizar-se dos recursos materiais e emocionais para promover a felicidade? Alguns pregam a libertação através da miséria completa, mas sabemos que os recursos materiais podem nos auxiliar a promover o bem comum. Prega-se o afastamento das posses, mas o dinheiro, quando bem utilizado, pode auxiliar na evolução dos homens, muito mais do que a fuga dele, insinuando-se como virtuoso, quando na verdade por vezes esconde o medo de assumir responsabilidades maiores. Infelizmente, uma explanação superficial não resolve o problema da definição desses conceitos. O que me dizes, Hermes?

O sábio mentor sentou-se ao meu lado e falou em tom de brincadeira:

— Hoje tu estás polêmico, meu amigo! Mas isso é saudável. Toda a fé deve ser raciocinada. Quem dera a humanidade buscasse Deus através da verdadeira crença pessoal, e não por meio da submissão a algo que não compreende.

Ele suspirou e falou, quase que para si mesmo:

— Ah! A eterna luta do conhecimento contra a ignorância... Esta é realmente a maior das batalhas interiores... quebrar paradigmas e velhos conceitos. Tu sabes me dizer o que é certo e o que é errado, Roger?

Olhei para Hermes quase que com os olhos saltando das órbitas e falei:

— Se tu não sabes, meu mestre, quem sou eu para explicar?

Ele sorriu e falou:

— Já paraste para pensar que as convenções sociais, as regras de conduta e o juízo que fazemos uns sobre os outros podem fazer parte de um grande equívoco? Vê como, com o passar dos séculos, o conceito sobre casamento e virgindade se modificou. Na idade média e até mesmo no início do século passado, mulheres que experimentavam o ato sexual antes do casamento tinham suas vidas desgraçadas, tudo por puro preconceito. Atualmente, estes valores estão transformados. Coisa do demônio ou uma nova compreensão dos valores? Tudo isso deve ser pensado e analisado, meu amigo, sob a ótica do *"não faze aos outros o que não gostaria que te fizessem"*, adequando esta máxima à época e à nova consciência que estamos vivendo. Por que o ato sexual deve ser visto como pecaminoso, se é um ato de natureza divina, desde de que feito com responsabilidade, respeito e amor entre as partes envolvidas?

Eu olhei para o mentor amigo e falei, de forma irônica:

— Acho melhor pararmos por aqui, senão muitas pessoas abandonarão a leitura e seremos queimados na fogueira da inquisição moderna!

Ambos sorrimos de forma descontraída e Hermes atalhou:

— Talvez aconteça algo pior, como alguém afirmar que estás obsediado por espíritos do Mal, e que minhas palavras são de um espírito fascinador.

Depois de alguns instantes de abraços e risos, Hermes voltou-se para mim e falou com seriedade:

— Estás ampliando a tua consciência, meu querido irmão. Fico feliz por isso! Nós precisamos de um canal que rompa paradigmas e que compreenda mais além. O trabalho é árduo, pois não iremos "chover no molhado", como tu bem dizes. Desejamos abordar nesse livro temas bem polêmicos, como, por exemplo, a submissão às convenções sociais e religiosas. Somente se estiveres preparado para romper os teus preconceitos é que conseguiremos realizar uma obra verdadeiramente revolucionária. Tu achas que estás pronto?

Fiquei em silêncio por alguns instantes, observando as aves que sobrevoavam o lago, e mergulhavam como flechas para abocanhar peixes. Me perguntei se aquilo era real, ou se era mais um recurso de minha mente para compreender as sensações espirituais ao meu redor, e pedi a Deus que me permitisse colocar isso tudo de forma clara e inteligível aos leitores!

Depois de alguns momentos de hesitação falei, com uma voz insegura:

— Nasci para isso, não foi? Claro que também para tentar aplacar os demônios que vivem dentro de mim. Mas entrei na matéria para escrever o que os outros ainda receariam escrever, não é verdade?

Hermes manteve-se em silêncio e somente sacudiu a cabeça em sinal afirmativo. Eu suspirei, de ombros caídos, e disse:

— Se é para isso que estou aqui, vamos até o fim, custe o que custar.

O nobre mentor colocou a mão sobre meu ombro e falou:

— Desde nosso primeiro passo, o livro *A História de um Anjo*, nós estamos te trabalhando para o momento que é chegado. Na verdade estamos preparando também os leitores, porque toda a transformação exige um período de transição, uma ponte que una as duas extremidades. Os nossos seis livros iniciais foram um belíssimo período de adaptação para ti, meu amigo, e para os leitores que aprenderam a amar o trabalho pelo qual és a "caneta viva" do Mundo Maior.

Desde o lançamento de nosso primeiro livro, começamos a migrar para uma compreensão mais avançada da realidade espiritual. Os leitores mais ortodoxos reagiram de forma negativa a essa migração de consciência; já os que estão preparados para a Nova Era acompanharam os nossos passos com alegria.

Quando se rompe o lacre de um ciclo evolutivo para outro sempre se gera conflito, pois há uma mudança revolucionária de conceitos. Vê o que aconteceu com o nosso querido Mestre Jesus quando rompeu o paradigma da cultura religiosa judaica. Por isso Ele afirmou: "Vim para lançar fogo a Terra; e que é o que desejo senão que ele se acenda?... Julgais que eu tenha vindo trazer paz à Terra? Não, eu vos afirmo; ao contrário, vim trazer a divisão" (Lc 12:49-51).

O Mestre dos mestres afirmou que veio trazer uma nova verdade, um novo "fogo", e desejava que ele se alastrasse, assim como nós, agora, com o Universalismo Crístico. Toda a nova verdade, todo novo entendimento traz um despertamento, uma revolução interior que causa ligeiro distúrbio na paz, entendida aqui como "acomodação": as pessoas que se adaptam às suas conveniências dentro das religiões e não buscam a essência divina. Vivem como robôs, apenas cultuando, sem vivenciar os ensinamentos espirituais. A divisão do rebanho é a natural separação dos que compreendem a nova revelação daqueles que desejam se manter escravizados ao modelo velho. Mas no futuro todos se congraçarão na mudança, assim como acontece hoje em dia com a mensagem de amor de Jesus, independentemente das religiões.

Hermes meditou por mais alguns instantes e prosseguiu:

— Cada nova revelação implica novas ideias! E novas ideias causam desconforto, pois o ser humano resiste a mudanças. Entretanto, lentamente, os indivíduos vão se libertando do medo do novo e encontrando a luz, o que causa uma divisão momentânea em todo o rebanho do Senhor.

Eu sorri, compreendendo aonde Hermes desejava chegar, e falei:

— Eu gostaria de reproduzir aqui as palavras de Akhenaton, digo, Allan Kardec — ambos rimos. — Essas diversas personalidades me causam confusão. Utilizamos essas palavras de Kardec no prelúdio de nosso livro *A Nova Era*. Elas foram pinçadas do livro *A Gênese*:

"O Espiritismo, caminhando com o progresso, não será jamais ultrapassado, porque se novas descobertas lhe demonstrarem que está em erro sobre um ponto, modificar-se-á sobre esse ponto; se uma nova verdade se revela, ele a aceita".

Hermes voltou-se para mim e falou:

— Sim, Roger! Bela lembrança. Não só o Espiritismo, mas todas as religiões deveriam sempre lembrar essa máxima! Esse é o terceiro alicerce do Universalismo Crístico: estar sempre em evolução!

Eu concordei, com um gesto comovido:

— Espero que os leitores entendam tudo que estamos procurando lhes legar. Às vezes minha mente é assaltada por todos esses conceitos. Eles me são claros e nítidos, no entanto fico com receio ao colocá-los no papel por causa da percepção de cada um. A minha preocupação é que pode estar tudo muito claro para mim, mas não para os leitores.

Não desejo que eles venham a se deparar com mais um livro maçante, que nada acrescente as suas consciências, ou então interpretem mal e condenem a mensagem por não a compreenderem. Gostaria que eles sentissem a mesma coisa que eu sinto ao beber de tua fonte, meu mestre.

Hermes me abraçou com carinho e, mesmo sem olhar seu rosto, pude perceber suas lágrimas, certamente desencadeadas pela sensibilidade de seu magnânimo coração. Ele apenas falou:

— Acredito que os leitores sentirão o mesmo que tu, meu querido amigo, porque perceberão em cada palavra que escreveres o desejo de acertar e de construir um mundo melhor, mais fraterno, com mais compreensão e respeito pelas diversidades de cada cultura, de cada religião. Talvez algumas pessoas de mente estreita acreditem que estejamos atacando as religiões institucionalizadas, mas na verdade as estaremos defendendo para que cumpram seu papel no processo evolutivo da humanidade terrena e encerrem o seu ciclo com dignidade.

Pensei por alguns instantes e me lembrei dos médiuns em geral e do número expressivo de contradições entre os livros mediúnicos. Perguntei:

— O que os médiuns captam é real?

Hermes respondeu com a rapidez de um raio:

— Não há médium perfeito, pois todos estão presos aos seus paradigmas, às suas crenças. Um médium com fervorosa formação católica, mesmo dentro do Espiritismo, falará de Jesus com o cacoete da Igreja, assim como os evangélicos, e assim por diante. O universo de suas crenças é o seu limite, logo não poderão realizar comunicações que fujam da sua concepção de mundo.

— Queres dizer que até mesmo os médiuns mecânicos podem cometer erros mediúnicos?

— Roger, o espírito comunicante utiliza-se do acervo mental do médium. Se este não possui registros metafísicos que ultrapassem o universo limitado em que vive, é impossível captar informações que estejam muito além de sua compreensão. Quando isso ocorre é porque o médium possui uma preciosa bagagem de encarnações anteriores e muita vivência no plano astral. O médium é como um aparelho tradutor, que utiliza o seu próprio "dicionário interno" para efetuar a conversão para a linguagem humana, mesmo se tratando de um médium mecânico.

Eu meditei por breves instantes e voltei a perguntar:

— É por esse motivo que vemos contradições entre os textos mediúnicos sobre Jesus e os evangelhos apócrifos que foram descobertos em Nag Hammadi, no Egito? Esses textos mostram várias discrepâncias entre os textos de renomados médiuns e a vida de Jesus.

Hermes refletiu sobre minha colocação e depois afirmou, com segurança:

— Muitos daqueles textos são imaginativos, até mesmo simbólicos. Essa era a forma de transmissão de conhecimento na gnose, uma das diversas correntes do cristianismo primitivo. No entanto, existem sim muitas informações históricas nos textos apócrifos que contradizem os evangelhos canônicos, aqueles que são aceitos pela Igreja. Talvez os pontos principais estejam na verdadeira personalidade de Maria Madalena e Judas Iscariotes, além do verdadeiro objetivo da mensagem de Jesus, que era educar, e não "salvar" a humanidade. Mas esse é um tema que abordaremos especificamente quando escrevermos sobre o Mestre dos mestres.

Mas voltando à pergunta, tens razão; muitas das informações mediúnicas são baseadas no "paradigma" dos evangelhos canônicos: Mateus, Marcos, João e Lucas, e isto leva os médiuns a distorcerem as comunicações que vêm do Alto. Um exemplo é a ideia da concepção imaculada de Jesus, fato que não possui respaldo algum no Mundo Maior. Essa crença nada mais é do que uma aversão medieval à prática sexual, quando se afirmava que o ato divino de gerar a vida era impuro.

— Mas essa falha mediúnica não pode gerar descrédito em relação às comunicações espirituais? — perguntei.

— Não para quem busca a luz! — respondeu o sábio amigo. — Quem já está trilhando o caminho da iluminação interior está à procura da essência, e não dos fatos. Para estes, a mensagem de amor de Jesus é mais importante do que os fatos em si. Algumas vezes observamos os grandes catedráticos de todas as religiões avaliando essa ou aquela tese espiritual para atestar a sua fidelidade; no entanto estão secos por dentro, perderam a ternura para captar na essência o amor que Cristo nos ensinou.

O grande mestre então sorriu e colocou a mão em meu ombro. E em seguida prosseguiu:

— Nós queremos ser felizes ou ter razão? Essa é uma pergunta sobre a qual também temos de meditar. Algumas vezes é mais importante abrir mão de nossos pontos de vista pelo bem comum, sem jamais desmerecer a busca da verdade que é a essência do trabalho que estamos realizando nesse instante.

Abaixei-me para tocar a perfeita grama dos jardins e observar algumas flores. Depois me voltei para o mestre, e falei:

— Interessante esse conceito. Quantas vezes nos vemos em uma luta incessante para fazer valer a nossa opinião e nos esquecemos de amar e de respeitar sinceramente a opinião de nossos semelhantes? Parece uma luta doentia, tal como a dos partidos políticos ou das torcidas de futebol.

Eu suspirei e completei:

— Vai ser trabalhoso criarmos esse grande fórum de debates espirituais em busca do Universalismo Crístico, já que ainda temos essa visão guerreira para defender ideias. Sinto que, no fim, todos saem desgastados e enfraquecidos. No entanto é necessário promover uma evolução no modelo espiritual vigente.

Hermes compreendeu minhas colocações e falou com serenidade:

— Fazer o próximo compreender a nossa forma de pensar (correta ou não) é algo que não pode ser imposto, e sim aceito.

Se não for o momento para essa determinada pessoa admitir uma verdade mais ampla, é melhor abraçá-la com todo carinho e desejar-lhe toda a felicidade do mundo. A harmonia e a felicidade jamais devem ser atacadas sob o pretexto de impormos as "nossas verdades". Lembra: a verdade é relativa, portanto podemos dizer que todos estão relativamente corretos dentro de seu nível de entendimento e evolução. A ampliação da consciência das pessoas deve ser um processo sereno e harmonioso, e não traumático e autoritário, como ocorreu no passado.

Além disso, ainda temos aqueles que não se espiritualizam, os alienados da busca espiritual, ou os que vivem uma vida distanciada da reforma moral. Basta alguém que luta para se espiritualizar cometer um equívoco (que talvez seja erro somente aos olhos inaptos de quem observa): e eles já passam para a condenação leviana, querendo cobrar aquilo para cuja realização jamais empreenderam esforços. Não devemos julgar para não sermos julgados!

Entretanto, essas questões não devem ser motivo para preocupação. O compromisso que temos é com Deus e com a nossa própria consciência. Felizmente a humanidade caminha para se tornar uma sociedade livre. O grande tribunal comportamental será o da nossa própria consciência, e não de homens hipócritas que desejam julgar o comportamento e a forma de viver alheios, como se as convenções por eles ditadas fossem exemplo de honestidade e honradez. Mais uma vez pergunto: o que é o certo e o que é o errado? Quem define isso? Deus? Mas quem conhece a Verdade Absoluta de Deus? O que temos são verdades relativas, orientadas por um princípio indestrutível: "ama ao teu próximo como a ti mesmo". E o que é amar ao próximo?

— Meu Deus! — balbuciei. — Isso vai dar um nó na cabeça de muita gente. E mais uma vez te digo: algumas pessoas vão achar que estamos possessos! Já ouvi alguns religiosos dizerem que é o demônio que coloca dúvidas na cabeça do homem, por isso não devemos pensar muito nas coisas de Deus, e sim seguir a Bíblia à risca!

Hermes sorriu com esse comentário infantil e disse, com sua típica descontração:

— Sim, ouço isso desde o tempo da inquisição medieval!

Eu respirei fundo e falei:

— Hermes, deixa-me descansar um pouco. Estou estafado de interpretar os teus elevados pensamentos e convertê-los para a linguagem humana.

Ele concordou serenamente, mas com uma estranha expressão no olhar, e me convidou a sentar em confortáveis poltronas sob uma acolhedora árvore, em frente ao Grande Lago. Em seguida, disse:

—Vamos então orar.

Eu fechei os olhos e me coloquei em posição relaxada. Em seguida comecei a sentir energias maravilhosas se agregando ao meu corpo espiritual. Logo depois comecei a perceber que adquiria novas informações e sentimentos de uma forma completamente inusitada, como se outras formas de me relacionar com o mundo externo estivessem se abrindo em minha mente. Uma nova consciência da realidade surgiu dentro de mim. Então abri os olhos (ou seria a mente?) e vi a cidade astral Império do Amor Universal através de um novo nível de consciência. As formas físicas ao meu redor deixaram de ser o ponto principal a ser observado e comecei a perceber mais intensamente a vibração espiritual daquele sítio de luz. Algo sem forma física: era uma pura essência que atuava diretamente no âmago de minha alma. O que aconteceu depois foi algo absolutamente inexplicável na linguagem humana. Quem sabe no futuro este que vos escreve consiga traduzir essas sensações, oferecendo uma pálida ideia dessa experiência.

Hermes apenas me olhou e disse:

— A prece não são palavras, mas sim um ato de verdadeira comunhão com Deus.

Eu olhei para ele, profundamente emocionado, e falei, com um largo sorriso no rosto:

— Sim! Sim! É verdade. Agora eu vejo o mundo espiritual como ele realmente é.

E, num extravasar de emoções, recitei a profunda máxima de Jesus: *"Aqueles que tiverem olhos para ver que vejam!"*

Depois que essa experiência única se encerrou, eu me virei para o iluminado mentor, com a empolgação de uma criança:

— Hermes, eu vi! Eu vi a natureza espiritual, sem formas, em essência.

Ele me abraçou, feliz, e disse com ternura:

— Fico feliz com o teu progresso, meu querido irmão. Mas devo alertar-te de que sentiste apenas a ponta do iceberg. Talvez um por cento do Todo. Mas já é um grande começo no teu processo de expansão da consciência para níveis ainda mais superiores.

Eu abaixei a cabeça, desanimado, e ele me consolou, assim como um pai faz com o filho:

— Não desanimes. Se isso te serve de consolo, podemos contar nos dedos das mãos o número de pessoas que conseguiram esse feito, quando aprisionadas à matéria.

Eu olhei para o cordão prateado "plugado" à minha nuca e falei:

— Quem diria que no início dessa noite eu estava vendo apenas trevas, e agora todo esse esplendor.

Hermes me olhou de maneira muito peculiar, que me lembrou de um passado distante, e voltou a falar:

— Mais uma vez te afirmo e não vou me cansar de fazê-lo: o mundo é mental, meu inconstante aluno. Podemos "virar" a sintonia das trevas para a luz, e vice-versa, em poucos segundos. O importante é ter equilíbrio e serenidade, e principalmente saber que o Criador jamais nos desampara. Nós é que nos esquecemos de Sua Sublime Presença em nosso coração. Lembra sempre: Deus é o Espírito Criador! Ele está em tudo, tanto na Luz como nas trevas. Em nenhum lugar estaremos sem a Sua acolhedora companhia.

Naquele instante não entendi o que Hermes desejava-me dizer. Mas não demorei muito para descobrir. Perdido em minhas conjecturas, resolvi então perguntar:

— E como será o trabalho que iremos realizar nesse livro?

Ele se ergueu com empolgação e abriu os braços para demonstrar a sua alegria com o novo trabalho. Seus dentes brilhantes sorriram e sua voz sublime e envolvente ecoou em meio às exuberantes árvores daquele paraíso abençoado.

— Iremos demonstrar, através de uma suave narrativa, como se processará a construção do Universalismo Crístico na Terra, assim como fizemos em *A História de um Anjo*. As personagens e situações que iremos construir simbolizarão o árduo trabalho de edificação de tudo o que aqui discutimos. Em breve esse conjunto de informações que apresentaremos servirá de modelo para todos os espiritualistas que buscam o verdadeiro universalismo e o progresso das crenças espirituais.

Eu concordei com um gesto e perguntei:

— Pelo que entendi então faremos uma projeção da Alta Espiritualidade da Terra para os fatos que irão acontecer nos anos futuros, assim como o relato da encarnação de Gabriel no livro *A História de um Anjo*.

— Sim — respondeu ele. — Não existe fatalismo, mas sim uma programação do Alto para a evolução espiritual da Terra e dos espíritos que nela vivem. Faremos uma projeção geral do futuro com o objetivo de despertar todos aqueles que intimamente já buscam o Universalismo Crístico, sem saber. Muitos dos que se sintonizarão com essa nova forma de compreensão espiritual provavelmente serão aqueles que se candidataram a esse trabalho no plano espiritual antes de reencarnar no mundo das formas. Eles somente precisam ser despertados no mundo humano.

— Entendo! Nós criaremos um projeto que gere o engajamento das pessoas com esse novo modelo, assim como já ocorre com o livro *A História de um Anjo*.

— Certamente! Como o Universalismo Crístico é dinâmico e evolucionista, não traremos verdades definitivas, mas estimularemos os leitores a estabelecer os palcos de debate para a construção de um novo estágio de compreensão da verdade. Será um trabalho de libertação das consciências da escravização do mundo das ilusões e dos dogmas religiosos ultrapassados. A nossa meta agora é trabalhar para que as pessoas vejam as religiões e a espiritualidade como algo além do mero formalismo ou de uma bandeira a ser defendida. A meta será viver e compreender a Verdade, e não apenas cumprir rituais para ser aceito como membro de alguma organização religiosa.

Eu olhei para o mentor amigo e disse, com entusiasmo:

— Esse trabalho será grandioso. Acredito que no futuro ele se tornará um divisor de águas no que diz respeito a como os homens percebem a Espiritualidade.

Hermes assentiu com a cabeça:

— Esse é o objetivo! Elaborarmos uma codificação de informações, métodos e conceitos que estabeleçam um norte para os homens acelerarem a sua caminhada em direção à Luz. Digamos que se trata de um poderoso "despertador psíquico" cujo objetivo é acordar os encarnados na matéria para que descubram finalmente qual é a finalidade da vida. A vida humana, sem um objetivo que agregue valores espirituais, torna-se inútil. Um desperdício de existência!

A época do torpor e da alienação deverá acabar em poucas décadas, com o estabelecimento definitivo da Era de Aquário na Terra. Hoje em dia uma grande parcela da população que se diz religiosa vive sem realizar a introspecção que realmente espiritualiza. Se não fosse assim, o mundo estaria mais próximo da paz e da harmonia. No futuro os homens abandonarão as sombras da ignorância espiritual e caminharão em direção à Luz da sabedoria Divina. Isso modificará não somente as consciências individuais, mas também a aura do planeta, que deixará de ser escura e graxenta para tornar-se absolutamente cristalina.

E, por fim, o sábio mentor falou, em meio a um grande suspiro:

— Compreendeste, meu amigo, aonde queremos chegar?

Fiz um sinal afirmativo e o abracei, com os olhos marejados. Ficamos assim por longos instantes, em uma completa união de ideais. Ali, naquele amplexo fraternal, muitas emoções correram céleres pelo meu coração. Parece que revivi os longos séculos de companheirismo que este grande mestre sempre me dedicou. Lembrei-me dos erros cometidos por causa de meu ego impulsivo... e chorei. Só o que pude dizer-lhe, ao pé do ouvido, foi:

— Perdoa-me, meu mestre e amigo.

Ele se manteve em silêncio por um momento e apertou ainda mais o nosso abraço. Será que isso era real ou somente um reflexo de seus sentimentos, já que estávamos em um ambiente puramente espiritual? Essas conjecturas ainda vão me enlouquecer!

Por fim ele falou:

— Não tem o que perdoar, meu amado irmão! O mais importante está por começar. O motivo central de todo o nosso trabalho está para ganhar vida. Segue em paz... e não esquece: estarei sempre contigo.

E naquele instante o seu corpo espiritual se desmaterializou e certamente ascendeu a uma esfera muito superior àquela em que nos encontrávamos.

Fiquei em estado de êxtase, desfrutando daquele momento mágico. Então fechei novamente os olhos para tentar perceber Hermes além das formas, procurando a sua essência, assim como tinha feito em relação ao ambiente ao meu redor pouco tempo antes.

O resultado foi fantástico! Uma aura de luz de uma indescritível pureza energética me envolveu e conduziu minha mente e coração a um estado de verdadeira paz e sublimidade. Posso dizer que naquele momento senti a vibração do amor em uma escala muito superior e incompreensível à minha limitada capacidade espiritual. Se comparada à grandeza espiritual desse humilde irmão, a natureza humana nada mais é do que uma singela gota no oceano.

Só algum tempo depois é que fui perceber a presença de Ramiro ao meu lado. Ele se mantinha em silêncio, quase em estado de prece.

Hemes havia se retirado tão rapidamente que não pude lhe dizer como aquele momento tinha me sido importante. Ramiro percebeu os meus pensamentos e falou:

— Ele sempre evita agradecimentos e o nosso devido reconhecimento por sua infinita dedicação. Mas ele está certo! Por que falar aquilo que nossos corações demonstram com tanta clareza?

Agradeci a atenção e a presteza de Ramiro, e depois disse:

— Podemos partir, meu grande amigo! Obrigado pela paciência comigo.

Ele sorriu, sem jeito:

— Isso não é nada, Roger! Quem não aguardaria por um momento sublime como esse?

Eu olhei para ele, meio cabisbaixo, e falei:

— Não me refiro só a esse momento, mas a toda a minha existência. Desde que nasci, nessa encarnação, tens me protegido como o mais dedicado de todos os anjos guardiões. Só o Criador sabe o que já teria acontecido comigo se não estiveste sempre a postos. Deus te abençoe!

Ramiro não controlou os seus sentimentos e abraçou-me com emoção. Em seguida falou, com a voz embargada pelas lágrimas:

— Se Deus me convocasse mil vezes para essa tarefa, mil vezes eu a aceitaria!

Eu também não me contive:

— Eu sei como é dura a tarefa de espírito protetor. E sei também de tudo de que tiveste que abrir mão para acompanhar a minha jornada de perto.

Ramiro ficou extremamente feliz com o meu reconhecimento, mas, por timidez, logo procurou mudar de assunto:

— Vamos, precisas retornar ao mundo das ilusões.

2
No reino das trevas

Depois de efusivos abraços, Ramiro se preparou para me conduzir de volta ao corpo físico, que encontrava-se em repouso no meu lar. Estávamos ainda nas primeiras horas da madrugada, e perguntei ao meu protetor:

— Ramiro, parece que o tempo mal passou. Não entendo. A sensação que tenho é de que fiquei muitas horas na companhia dos mestres.

Ele pensou por breves instantes e depois respondeu:

— Tempo e espaço não existem no Mundo Maior. Essas são referências do mundo humano.

Eu refleti sobre a sua resposta por alguns segundos e voltei a perguntar:

— Na verdade o retorno para casa será no nível dimensional, não andaremos um metro sequer. Estou correto?

— Exatamente, Roger! — respondeu ele, com desvelada atenção. — No mundo espiritual viajamos somente no plano da consciência. A realidade do universo astral é bem diferente da do físico. Por diversas vezes acreditaste que estávamos transitando por paragens físicas, como se percorrêssemos muitos quilômetros, mas isso era apenas uma forma de tua mente perceber a ideia do deslocamento dimensional. Se conseguires romper mais esse paradigma imposto pelo mundo material, perceberás que não sairemos do mesmo local, somente mudaremos a faixa vibratória em que nos encontramos.

Resumindo: o deslocamento no astral não executa locomoção física, e sim vibracional. No plano espiritual não existe espaço e sim níveis vibratórios, ou níveis de consciência, a serem transpostos.

Ramiro silenciou por alguns instantes e depois voltou a falar:

— Até mesmo quando no século passado se falava (no meio espírita) sobre o "vale dos suicidas" ou outras regiões dos astrais, na verdade não se tratava de um local específico, mas sim da frequência vibratória em que se encontram essas consciências.

— Concordo, Ramiro, mas não existe deslocamento de uma região para outra por parte dos espíritos desencarnados?

Ele compreendeu o objetivo de minha pergunta e respondeu:

— O deslocamento ao qual te referes é o de espíritos no mundo físico. Quando adentramos o mundo das formas, nos locomovemos no espaço para percorrer toda a construção física, através do que chamais "volitação". Já no mundo espiritual isso só ocorre dentro das mentes que ainda não estão preparadas para ver "além do mundo das formas". O plano espiritual é essência, o princípio de todas as coisas, e como tal deve ser entendido.

Agradeci suas explicações e me preparei para a descida vibratória em direção ao mundo físico. Logo começamos a nos locomover. Percebi então que eu estava pensando o mundo da mesma forma que antes.

Ramiro chamou-me a atenção, afirmando com convicção:

— Destrua esse paradigma! Aqui não existe movimento físico.

Eu fechei os olhos, me concentrei e, em poucos segundos, tudo mudou. Nós estávamos no centro de diversas energias que fluíam ao nosso redor e gradualmente se tornavam mais densas. Percebendo aquilo, perguntei:

— E quando chegarmos na frequência do mundo físico? Lá precisaremos realizar um deslocamento até a minha casa, não é assim?

Ele concordou serenamente, com um gesto. E pediu a minha atenção para o fenômeno que nos rodeava e interpenetrava. Procurei abrir os olhos e nada vi, a não ser um grande vazio.

Ramiro então me alertou:

— Os teus olhos não te darão mais percepção; pelo contrário, eles apenas irão te enganar. Esse é um instrumento para perceberes o mundo das formas e não a essência espiritual do universo. Procura sentir as energias ao teu redor. Usa o teu sexto sentido e observa o fluido universal sustentando a vida criada por Deus! Ele é a força do Universo!

Eu concordei com as suas palavras e mergulhei definitivamente em meu "eu interior". Naquele instante comecei a perceber as diversas faixas de vibração espiritual que atravessávamos, fazendo com que as mais variadas sensações me assaltassem. Quanto mais descíamos, mais pesados eram esses sentimentos, sendo que alguns pareciam "abrir" áreas específicas da minha consciência, assim como se revira o porão de uma casa abandonada há muito tempo. Estranhas sensações de *déja vu* afloraram em meu consciente, levando-me a rememorar um passado distante...

Quanto mais avançávamos descida abaixo, pior ficava o meu estado psíquico, e isso me levou a quase perder a consciência. Em determinado momento percebi que Ramiro comunicava-se mentalmente com Hermes. Não demorou muito para ele conter a nossa descida, seguindo ordens de nosso mentor.

Um tanto atordoado, eu perguntei:

— Chegamos na faixa do mundo físico?

Ele respondeu, com preocupação:

— Mais do que isso Roger, nós a transpusemos; fomos muito além. Nós estamos em uma das faixas mais profundas do astral inferior. Tu inverteste demasiadamente a polaridade. Os teus sentimentos estão muito à "flor da pele". Não entendo por que andas oscilando tanto ultimamente...

Atônito, eu perguntei a mim mesmo:

— Como isso pôde acontecer?

Ramiro então me disse, de uma maneira muito formal:

— Os teus pensamentos e sentimentos nos conduziram até aqui. Não posso ir contigo mais além. Isso é algo que terás que resolver sozinho. Eu consultei Hermes e ele me instruiu a deixar-te a sós por enquanto. É necessário. Vou partir. Tem fé em Deus.

Ramiro começou a se deslocar novamente e eu gritei, confuso:

— Espera, Ramiro! Que loucura é essa? Eu não sei me deslocar para casa. Como voltarei sozinho?

Ele apontou para a minha nuca e disse:

— Estás ligado ao corpo físico pelo fio prateado. Todos os caminhos te levarão de volta para casa. Mas antes precisas te libertar desse labirinto que criaste para ti!

Só então eu compreendi que teria de enfrentar sozinho o assédio dos magos negros. Mais uma vez eu estava na frequência do apego, do desejo e do poder. Percebendo a situação, fiz a Ramiro, que já se afastava, mais uma pergunta:

— Qual é o meu destino, Ramiro?

Ele ergueu a mão e serenamente respondeu:

— O futuro está em constante movimento. Nós o construímos, nós o destruímos! Tudo depende do rumo de nossos pensamentos e ações. Estiveste com a Luz, agora estarás com as trevas: cabe a ti escolher qual será a "morada" de teu coração.

Meu guia protetor mal terminou de dizer isso e desapareceu, subindo lentamente as frequências vibratórias rumo aos reinos de paz. Não sei por que razão eu tive a impressão de que ele teria de subir muitos níveis. A sensação que eu tinha era a de estar no "quinto dos infernos".

Assim, não demorou muito para a minha mente começar a construir formas ao meu redor para interpretar onde eu me encontrava, de acordo com a sensibilidade do meu espírito. O medo e a insegurança de vivenciar situações perigosas em um mundo puramente mental fizeram-me optar por me entregar aos meus paradigmas anteriores, para que eu pudesse ter um controle mínimo sobre a situação.

Logo me vi em um ambiente muito escuro, com corredores intermináveis. As paredes repletas de musgos vertiam filetes de uma água muito escura, como se fosse sangue enegrecido.

Não me restava alternativa a não ser seguir por aquele caminho. A cada passo que eu dava, sentia estar sendo observado por olhos sinistros que se esquivavam na escuridão. Resolvi não me intimidar e caminhei com segurança até o final do corredor.

Vários passos depois cheguei a uma ante-sala mais ampla, onde se acotovelavam vários espíritos falidos e alguns algozes com túnicas e capuzes escuros. Esses últimos chicoteavam impiedosamente os que rastejavam aos seus pés. Os gemidos de dor daqueles que estavam sendo subjugados eram estarrecedores.

Alguns instantes depois percebi que não era apenas uma pequena ante-sala, mas sim uma imensa gruta que parecia não ter fim. Os gemidos e braços estendidos pedindo socorro se perdiam naquele mar de almas falidas em meio à escuridão, que era precariamente iluminada por tochas medievais encravadas nas paredes úmidas. Um ambiente realmente sinistro.

Quando os algozes perceberam a minha presença, fizeram silêncio. Um deles fez sinal para outro que estava mais perto da porta que eu sabia ser o meu destino. O espírito escravizador, que parecia ser um assistente menos qualificado do anterior, entrou rapidamente pela tétrica abertura.

Demonstrando tranquilidade e um surpreendente autocontrole, aguardei com discrição até receber a autorização para ingressar por aquela enigmática porta que ostentava símbolos indecifráveis ao homem comum, mas muito conhecidos entre os que mergulham na busca pelo conhecimento esotérico.

Fiquei ainda mais sereno e confiante ao perceber que todos ali me tratavam com respeito e até mesmo com uma certa deferência. Eles mantinham-se cabisbaixos; poucos me olhavam nos olhos, com exceção daquele que coordenava aquele mar de dor que parecia não ter fim.

Alguns minutos depois surgiu à porta um estranho anão. Ele devia ter meio metro de altura, e vestia roupas bizarras e muito coloridas. Parecia um bobo da corte dos reinos da França medieval.

Sem muita cerimônia, ele fez um sinal significativo convidando-me a entrar. Rapidamente transpus o umbral, com passos firmes, e deparei com uma realidade bem diferente. Ao contrário da ante-sala, ali o ambiente era riquíssimo e luxuoso. Para ser bem sincero, tratava-se de um verdadeiro palácio; aqueles de dar inveja aos marajás da Índia e aos xeiques árabes.

É difícil relatar tantos detalhes, mas era um amplo salão com um sofisticado mezanino sustentado por colunas em estilo grego. O piso era negro, dando ao ambiente um aspecto trevoso, mas o seu brilho e sua limpeza eram impecáveis. Ao lado, na parte inferior, piscinas artificiais aquecidas e faustosas mesas para banquetes. Os objetos em geral eram vermelhos, mas não um vermelho comum. O tom rubro era algo muito intenso. Uma coisa que me chamou a atenção foi uma parede de vidro de onde escorria um líquido da cor do sangue, como se fosse um motivo de decoração. Por todo lado havia objetos de arte, taças de ouro, quadros belíssimos – mas, ao contrário do Império do Amor Universal, era uma arte mais telúrica, sempre retratando a guerra ou então aspectos dramáticos da psique humana, os eternos dilemas do homem.

Percebendo como eu estava impressionado por ver um ambiente tão luxuoso bem em frente a um antro de penúria, um ser enigmático ricamente vestido, que estava sentado em um trono com braços ornamentados com cabeças de leão da cor do ouro, disse-me, com voz suave:

— Para haver riqueza, meu caro, é necessário que alguém sofra e trabalhe pelos outros. Não percebeste isso em toda a história da humanidade? Onde há riqueza, há também um povo escravo para sustentá-la. Aqui não é diferente, mesmo que estejamos falando de projeções mentais.

Depois de breve pausa, ele completou, com sarcasmo:

— Da mesma forma que uma caldeira precisa ser alimentada com lenha para funcionar, o meu reino para existir necessita das emanações mentais da massa ignóbil que viste na ante-sala de meu palácio.

Ele ergueu os braços com elegância, procurando mostrar-me a grandeza do local, e continuou:

— Esse é meu feudo! Atrás dessa porta encontram-se meus vassalos e servos. Estamos de volta à Idade Média! Período "glorioso" da humanidade.

Eu olhei para ele com serenidade e falei, renegando a ideia de que a "idade das trevas" tenha sido algo positivo para a humanidade:

— A maior das riquezas é aquela que traz paz à nossa consciência.

Ele sorriu com a minha colocação um tanto insegura e falou:

— Talvez estejas precisando "enriquecer" mais nesse aspecto, meu pobre rapaz. Pregas aquilo que tens dificuldade para sustentar no teu cotidiano.

Ali comecei a perceber que se iniciaria um longo calvário onde eu seria testado ao extremo, portanto resolvi seguir o melhor caminho de defesa nessas situações: a humildade. Já havia realizado diversos embates com espíritos do lado negro. Sabia o que dizer. Mas logo compreendi que aquele seria um momento único, dada a natureza do livro que estamos realizando. Procurei, então, demonstrar segurança e repliquei:

— Estou lutando contra minhas imperfeições. Jamais ostentei algum título de pureza. Eu prefiro a honestidade de ser o que sou, procurando melhorar a cada dia, a me esconder por trás de uma capa de santidade que não possuo.

A criatura das trevas se levantou e desceu lentamente os degraus que levavam ao trono. Então pude vê-lo melhor, à medida que se aproximava. Ele era alto; os cabelos eram da cor do fogo e a pele, muito clara. Os traços de seu rosto eram de uma beleza clássica e os olhos, castanhos escuros, eram realmente magnéticos. Inegavelmente ele era muito elegante e sedutor. Creio que mulheres desavisadas cairiam facilmente em sua lábia. Ele vestia uma roupa de couro negro muito justa e, sobre os ombros, uma capa escarlate por dentro – e negra como a roupa por fora.

Ele, a princípio, me lembrou Arnach, o mago negro que descrevemos no livro *Sob o Signo de Aquário – Narrações sobre Viagens Astrais*. Mal esses pensamentos passaram por minha cabeça, o espírito tenebroso falou-me, com irritação e ironia:

— Arnach não está mais conosco no ideal de sustentar a vitória do Mal na Terra. Tu e a tua equipe o fizestes mudar de rumo, com seus chavões previsíveis. Ele agora se entregou a um período de reflexão. Encontra-se tão fechado em si mesmo, refletindo sobre a "inevitável evolução espiritual", que não conseguimos mais acessar a sua mente para dissuadi-lo dessa loucura.

— Fico feliz por ele! — atalhei. — Todos nós um dia temos de empreender a "inadiável caminhada de volta aos braços do Pai". Nascemos do Criador; ao Criador devemos retornar. Um dia a ilusão acaba e vemos a importância de vencer o nosso próprio ego.

Ele se mostrou entediado com a minha conversa, certamente pensando: "lá vem aquela cansativa ladainha evangélica". Logo virou as costas para atender a outros assuntos que seus serviçais lhe apresentavam. Um deles era muito curioso: parecia ansioso e angustiado. Ele andava curvado e tinha uma grave ferida no olho direito, de onde uma quantidade enorme de pus bem amarelo escorria sem parar. Era algo absolutamente nojento!

Então eu atalhei, surpreendendo-o:

— Não se trata de conversa evangélica, mas de abrir os olhos para o caminho do equilíbrio! Não são as palavras ou as crenças que nos libertam, mas sim o fato de restabelecermos o equilíbrio com a Força da vida criada por Deus.

Ele se voltou para mim, impressionado, e falou:

— Tu estás melhorando a tua percepção, meu amigo. Conseguiste inclusive perceber meus pensamentos. Hermes está realizando um bom trabalho contigo. Fico feliz! Aos poucos vais deixando os "meios" utilizados para compreender, e atinges a fonte do Todo. Pensei que ainda estivesses na fase de ser escravo de religiões...

Ele sorriu ironicamente, e falou:

— Sei que não! Estou a par de teus trabalhos junto a Hermes.

Depois olhou para o teto de uma forma muito peculiar e completou:

— É engraçado como todos acham que a sua religião é a verdadeira. Isso chega a ser cômico!

O mago negro gargalhou rapidamente e depois ficou aguardando ansiosamente a minha resposta. Este que vos escreve agradeceu o elogio com um gesto e ele, percebendo que eu não me manifestaria, prosseguiu com voz maliciosa:

— Vejo que a tua caminhada pela estrada do Bem não será de todo improdutiva. Tens obtido alguns importantes avanços. Pena que sejam tão poucos... Junto a mim poderias avançar muito no campo da magia. Eu retiraria o véu que ainda obscurece os teus sentidos e enxergarias um mundo sem limites.

Aquela colocação me interessou e perguntei-lhe, saindo da defensiva e demonstrando minhas fraquezas morais:

— Como assim? A que te referes?

Ele se aproximou rapidamente, me estendeu a mão e falou, de forma cortês:

— Antes devo me apresentar! Eu sou Galeato, mestre na arte da magia. Não me refiro ao medíocre ilusionismo dos encarnados, mas sim à mágica pura. Verdadeira! Uma real metamorfose do mundo ao redor, influenciando diretamente o meio que nos cerca. Tudo o que desejares poderemos alcançar, caso estejas comigo... E eu sei que tem algumas coisas que desejas muito. O mundo das formas é muito sedutor... eu estou enganado... meu amigo...

Então ele se sentou ao meu lado e me aconselhou a não perder o interesse ou a possível disposição para me associar aos seus planos.

— Vê bem! Tu sabes que tudo que nos cerca, tanto no mundo espiritual como no material, é fruto original de uma intenção mental, pensamentos, ou seja lá como queiras chamar. E eu posso te ensinar como desenvolver técnicas para manipular essas forças em teu próprio benefício. Tu tens alguns desejos que podem ser facilmente realizados. Basta que te coloques ao meu lado para junto unirmos nossas forças. Será apenas uma troca. A vida é uma grande troca, é dando que se recebe... Não foi isso que ensinou Francisco de Assis?

Galeato gargalhou mais uma vez, divertindo-se com as suas ironias e seu jogo de palavras. Aquelas insinuações do mago negro me lembraram as sábias reflexões de Hermes a respeito do apego: "o apego aos interesses humanos termina por escravizar o homem e o leva ao sofrimento. Ele apenas cria um perecível mundo de ilusão, que se desfaz tão rápido como se criou".

Galeato percebeu os meus pensamentos em desequilíbrio e perguntou:

— O que me dizes, meu amigo? Poder! Dominação! Muitos te servirão! Jamais terás de trabalhar todos os dias novamente por mínimas compensações financeiras. Todos e tudo ao teu dispor para servir-te!

Eu olhei para ele e respondi, com ironia:

— Queres que eu venda a minha alma para o diabo?

Ele gargalhou mais uma vez e respondeu:

— Acho que não sou tão feio! Nem tenho um rabo com ponta em forma de flecha. Pensa bem, poderás dominar a mente das pessoas, fasciná-las, obter tudo o que desejas. Não afirmaste há pouco no reino de Luz que não existe Bem ou Mal, mas sim conhecimento e ignorância? Desfruta então do conhecimento que eu posso te ofertar. Basta que eu te ensine algumas técnicas de fixação do padrão mental. O resto é puro dom, que já possuis por natureza, adquirido em encarnações passadas. Certamente não te recordas, porque o peso da matéria é um fardo que castra as nossas fantásticas potencialidades.

Ele me olhou com profunda expressão nos olhos que brilhavam como duas bolas de fogo e prosseguiu:

— Não queres implantar de qualquer forma no mundo as tuas verdades? Posso ensinar-te a promover uma verdadeira lavagem cerebral na humanidade. A maior parte das pessoas tem uma mente muita fraca. É fácil! Muito fácil! Basta saber como fazer.

Eu andei de um lado ao outro, meio perdido, e respondi, sem muita firmeza:

— Prefiro manter-me como estou. Toda caminhada exige dedicação e esforço. Tudo o que vem de graça, o que não é merecido, contraria a sábia Lei de Deus que mantém o equilíbrio universal. A cada um deve ser dado segundo as suas obras. E prefiro que as minhas obras sejam do Bem e que sejam fruto de um esforço honesto em direção à Luz. Além disso, não quero implantar à força os meus ideais, mas sim promover uma conscientização espiritual na humanidade. É algo bem diferente do que propões.

Galeato deu um sorriso seco e falou, decepcionado:

— Queres posar de bom moço? Não precisas colocar essa nossa conversa nos teus livros. Conheço o teu íntimo. Jamais poderás afirmar com sinceridade que concordas em te submeter a um encargo que está abaixo de tua capacidade. E acho isso plenamente correto! É contra as leis da lógica que o maior sirva o menor. Tu vais te submeter a uma existência inteira à sombra de pessoas inferiores a ti? Tudo em nome da humildade e da submissão ao "Grande Plano Divino"?

E continuou com o deboche:

— Jesus não devia estar em suas plenas faculdades mentais quando lavou os pés daqueles pescadores ignorantes... mas isso é outra história.

Enquanto ele divagava, meneei a cabeça e respondi:

— Eu até posso querer certas coisas... mas não posso tê-las dessa forma. Eu sei e sinto que no final isso não vai acabar bem. Esse desejo é fruto do apego, e eu tenho que me livrar do desejo que escraviza. Só assim encontrarei a felicidade plena e verdadeira. A felicidade se constrói vivendo-se com amor as pequenas experiências da vida, de forma natural, e não maquinando ou manipulando o destino alheio. Jamais utilizarei o conhecimento oculto para enganar ou submeter meus irmãos às minhas vontades.

Eu tenho minhas crenças e possuo fé nelas, mas não posso forçá-las a acontecer. Eu estaria violentando o processo natural se assim o fizesse. Se a humanidade não se sintonizar com o que digo é porque ainda não chegou o momento. Eu devo ser paciente! Deus não permitirá que o meu trabalho seja em vão.

Ele sorriu de forma enigmática e falou:

— Entendo... Não venceste o desejo, mas já estás impregnado com o que os seres do Bem chamam de maturidade espiritual. Talvez isso seja fruto de tua idade milenar. Já caminhaste muito pelas estradas da vida e é isso que apreciamos em ti: a tua inestimável bagagem.

Depois ele resolveu mudar de assunto, procurando outras formas de me seduzir:

— Por isso te digo, meu amigo: vive o momento! Existirá na vida coisa mais frustrante do que reprimir sentimentos? Viver se martirizando porque algo é pecado? Hoje em dia muito do que se estabeleceu no passado já é compreendido como fanatismo religioso. Quantas pessoas sofreram uma vida inteira para não descumprir regras de conduta estapafúrdias?

O mago negro fascinador colocou a mão sobre o meu ombro e prosseguiu:

— Pensa! Será que não estás mais uma vez aprisionado a dogmas e crenças que apenas escravizam e não possuem nenhum vínculo com uma real evolução espiritual?

— A que te referes? — perguntei, intrigado.

Ele percebeu a minha curiosidade e se aproximou ainda mais, falando-me quase ao pé do ouvido, tão perto que foi possível perceber o seu hálito de absinto.

— Quantos jovens que se amavam tiveram suas uniões proibidas por causa de imposições sociais estúpidas? A própria história de Romeu e Julieta, tão famosa no mundo físico, é uma prova disso. Ou então quantos homens não se casaram com as mulheres de suas vidas porque elas não eram mais virgens, sendo isso vergonhoso em sua época? Então ambos morriam frustrados e infelizes, por causa de regras sociais absolutamente preconceituosas.

Eu fiquei meditando sobre as suas palavras e ele prosseguiu:

— Quantos grandes atores ou atrizes violentaram a sua vocação porque essa era uma profissão de prostitutas ou de vagabundos no passado? Tudo que fosse alegre e criativo era considerado "coisa do demônio". Só que os mesmos hipócritas que condenavam tudo isso em geral eram velhacos mais sujos do que aqueles que incriminavam com o dedo em riste ou com uma pedra na mão. Já na época de Jesus os malditos fariseus nada mais eram do que isso que acabo de te dizer. Os séculos passam, mas a mediocridade humana somente muda de face. A essência é sempre a mesma! O ser humano é uma criatura desprezível que pisa na cabeça de seu semelhante para atender aos seus mesquinhos interesses.

Ele então se levantou de forma teatral e gritou:

— Se desejas ver o caráter de um homem, dá-lhe o poder!

Galeato meneou a cabeça, esparramou-se em sua cadeira e suspirou:

— Ah! Maldita sociedade hipócrita! Define seus conceitos absurdos e depois se acha o senhor da verdade escondendo-se sob a "asa" do Todo Poderoso. E vê, meu amigo: isso não é coisa apenas do passado cristão. Os povos muçulmanos hoje em dia ainda escondem a beleza fascinante de suas mulheres e mutilam os seus órgãos genitais em nome de uma falsa pureza espiritual.

Ele cuspiu no chão e falou:

— Religião: escória que alimenta o atraso da humanidade! Mas é ela que nos mantém, nos traz o combustível que move esse reino, como viste do lado de fora dessa porta. Portanto, não posso me queixar daquilo que me sustenta, mas, como todo filósofo, não devo me furtar de fazer uma análise crítica desse mundo estúpido que mantém nosso império. Não tendo ignorantes com sentimento de culpa, não temos também escravos. Isto é claro como a luz do dia.

Eu suspirei por alguns instantes e falei:

— Tu sabes que o nosso próximo livro visa trazer uma nova visão espiritual para o mundo físico. A nossa intenção é acabar com todos esses equívocos que citaste e construir uma visão das verdades espirituais sensata e livre de dogmas religiosos.

Ele colocou a mão sobre os lábios e meditou por alguns instantes, olhando para o teto ornamentado com tons vermelhos. E depois falou, em um misto de ironia e irritação:

— Eu poderia dizer-te que fico feliz, meu amigo. Mas como eu poderei permitir que mates a minha fonte de riqueza? Sem almas estúpidas, como sustentarei o meu reino?

Eu entendi aonde ele queria chegar e repliquei:

— Talvez esteja na hora de mudar os teus conceitos. Não podemos viver eternamente como sanguessugas. Deixa falar mais alto o teu lado filósofo e vamos procurar construir um mundo novo, onde a ignorância e a alienação espiritual serão coisas do passado.

Ele gargalhou e disse, com os olhos injetados e para fora das órbitas:

— Tu pareces uma criança ingênua! Achas que tenho perfil para idealismos? Isso é coisa para jovens. Eu já tenho muitos séculos de idade e isso só me fez constatar que não tenho vocação para trabalhar para os outros. Vê o teu esforço! Escreves livros, procuras divulgá-los e apenas uma mísera parcela da população conhece o teu trabalho.

O populacho se divide em dois segmentos: os homens que só querem saber de mulheres nuas, futebol e cerveja e as mulheres que se interessam apenas por encontrar um amor romântico, telenovelas, danceterias e compras nos shoppings. Pensar não é para essas cabeças fracas. E ainda queres me dizer que a tua obra irá mudar o mundo. Por favor... não me faças rir!

Ele então passou a mão na minha cabeça, como se faz a um garoto ingênuo, e falou, com a voz carregada de sarcasmo e tentando controlar o riso fácil:

— Meu rapaz! Acreditas que a humanidade quer saber a verdade? A verdade causa dor e sofrimento em almas primárias. Estas preferem a ilusão! É mais confortável acreditar que tudo está bem e que terminará bem, mesmo que suas ações caminhem em sentido oposto ao da felicidade. O ser humano é muito engraçado, semeia sofrimento e quer colher alegria. Deseja tudo pra si e se surpreende com a revolta daqueles que ficam sem nada...

Ele meneou a cabeça e concluiu:

— Como podem ser tão estúpidos... Qualquer criança percebe que a fórmula de vida que aplicam não pode lhes trazer felicidade...

Depois ele suspirou, perdido em seus pensamentos, enquanto brincava com um pequeno objeto que não consegui identificar entre seus dedos. Mas, tão rápido como havia silenciado, retornou de seus devaneios:

— Os teus livros jamais agradarão ao grande público. E tu sabes por quê? Quem deseja um sensor cobrando reforma íntima e incitando a necessidade de evolução para alcançar a felicidade? O livro mais querido para o público, meu jovem, sempre será aquele em que o protagonista termina com um final feliz sem realizar o menor esforço para isso. Escreva ilusão e serás recompensado! O mundo dos sonhos é mais atraente do que o mundo real. Conforma-te.

Galeato então começou a gargalhar de forma descontrolada, a ponto de derramar o copo de vinho que estava sobre a mesa à nossa frente. Fiquei constrangido e humilhado. De certa forma ele estava com a razão. Em sete anos de trabalho os meus livros não chegaram nem perto da tiragem de alguns contos eróticos de natureza muito duvidosa. Como ter estímulo para trabalhar pela Luz com esse histórico, e ainda crer que o livro sobre o Universalismo Crístico será um novo marco na história espiritual da nossa humanidade? Naquele instante fui inundado por uma onda de depressão e desânimo. Meus olhos ficaram levemente úmidos. Tentei disfarçar, enquanto Galeato ria sem parar. Em poucos segundos fui perdendo completamente a força e a convicção nos meus ideais. Senti-me fraco! Vencido.

Eu estava cada vez mais descrente quando ouvi no meu íntimo as palavras sempre otimistas e alegres de Hermes a me dizer:

— Calma, meu discípulo impaciente! Se os grandes ícones do passado esmorecessem por acreditar que a sua obra não teria êxito, o que seria do mundo no futuro? Tudo tem o seu tempo. E caso não tenhamos sucesso, coisa que duvido, pelo menos ocupamos a nossa mente com o sublime e o belo. E tenho certeza de que o Criador ficará contente com o nosso esforço. Mil vezes o esforço pelo Bem, mesmo que infrutífero, a qualquer ação em sintonia com o Mal!

Essa mensagem telepática do querido amigo e mentor recuperou o meu ânimo. Eu não estava só! Mesmo Hermes tendo dispensado Ramiro, ele se mantinha à distância, me amparando naquele momento angustiante.

Renovado com o apoio do amorável mestre, repliquei com convicção:

— Se o meu trabalho é tão inexpressivo assim, não entendo por que te preocupas tanto. Basta que me deixes quebrar a cabeça tentando e logo tudo terá acabado de forma tão desconhecida como começou. Quantas pessoas eu despertarei para a verdade? Mil? Cinco mil? Dez mil? Talvez não mais que isso.

Ele me olhou, levemente irritado, sorveu o copo de vinho com um só gole e voltou a falar:

— Tu achas que posso me arriscar? Acreditas que tenho controle sobre tudo. Vai compreender a mente dessa humanidade louca! E se eles te ouvirem, o que será de mim? Nesses vários séculos que se passaram já vi acontecer coisas impressionantes. Vê o próprio Jesus? Apesar de ser quem é, quem diria que a sua mensagem teria tamanha força quando ela foi trazida à Terra? Quem eram os seus seguidores? O que era a mentalidade daquela época? Mas, de uma forma ou de outra vingou, e vingou com raízes profundas. Ainda bem que a humanidade é ignorante demais para compreender a essência de suas palavras, caso contrário o meu reino já estaria extinto há muito tempo.

Ele então me olhou nos olhos de forma assustadora e falou:

— Não posso te dar espaço e não permitirei que publiques esse livro!

Eu senti um calafrio percorrer pela minha coluna e falei com voz trêmula, enquanto não conseguia me desprender daquele olhar que parecia cuspir fogo.

— Não posso evitar! A elaboração desse livro é como uma represa prestes a explodir dentro de mim. É inevitável! Desistir é algo que está além da minha capacidade. Não publicar essa ideia, para mim, é o mesmo que morrer...

Ele se irritou profundamente e arremessou a taça de vidro contra a parede. A sua capa esvoaçou e bateu no meu rosto como se fosse uma navalha. Ele colocou as mãos sobre a mesa e falou, com os dentes cerrados:

— Não te daremos sossego. Trabalharei incansavelmente contra teus planos. Se não publicares é o mesmo que morrer, te mostrarei coisa pior se o fizeres! Tu vives no fio da navalha, balançando sobre o abismo. Não deverias te arriscar tanto. Hoje tens a proteção do Alto, amanhã poderás perdê-la porque a tua sintonia é instável.

Eu senti um filete de sangue vertendo pelo meu rosto. Era a impressão mental do choque ferino da capa contra meu rosto. Mas aquele mundo não era físico. O sangue não poderia estar escorrendo; neutralizei, portanto, aquela sensação: tratava-se apenas de um impacto emocional.

Recuperei-me do choque imprevisto e não sei onde estava com a cabeça quando perguntei:

— Por que então tu não me destróis?

Ele gargalhou novamente, retornando a ironia:

— Nós destruímos grandes missionários, irredutíveis em seus princípios, e não aqueles que podem pender para o nosso lado e somar-se aos nossos esforços de instituir o império do Mal na Terra. Apesar de seres um empecilho, acreditamos que, em determinado ponto dessa estrada, irás mudar o rumo e percorrer o nosso caminho, somando forças.

Ele apoiou os braços sobre a mesa e falou com o seu rosto a dois centímetros do meu, com um tom de voz bem baixo e sinistro:

— Nós te queremos junto a nós. Não percebes? Estás sob o fio da navalha, balançando sobre o abismo...

Aquela frase causou-me uma forte impressão, como se eu estivesse rememorando o passado, e perguntei:

— Há quantos séculos isso se repete? Parece que já vivi essa mesma situação.

Ele não respondeu e começou a falar rapidamente:

— Tua expansão de consciência não permite que te concentres em tarefas rotineiras! Também não tens humildade para te submeteres a atividades monótonas. Nasceste para criar, e não para ser subalterno de criaturas que deveriam te servir. Torna-te senhor do teu destino! Abandona essa loucura! Vamos! Não permitiremos que concluas esse livro. Ele libertará as consciências das quais mais nos alimentamos: os alienados da Verdade! Precisamos deles para nos manter. Eles não são nada! Nada, a não ser um repasto para nos alimentarmos.

Depois de despejar todas essas palavras, ele caminhou em direção a uma mesa à qual estavam sentadas outras entidades satânicas. Uma delas se destacava de maneira ímpar. O ser mantinha-se em absoluto silêncio, mas sob o capuz negro era possível perceber uma usina incontrolável de ódio irradiando ameaças ao projeto que abraçamos. Aquilo me causou um gigantesco mal-estar. Parecia que meu estômago estava para sair pela boca.

Galeato então se recompôs e, com peito estufado tal qual um pavão, falou com serenidade, apontando para todos eles.

— Desejas nos afrontar? Aqui estou te tratando com respeito e cordialidade, mas podemos transformar a tua vida em um verdadeiro inferno. Não imaginas até onde pode ir nossa crueldade. O inferno de Dante é um pálido esboço perto do que podemos fazer contigo.

Eu mantive-me em silêncio. O que poderia responder? Para dizer a verdade, eu estava bem assustado. Então, naquele instante, o serviçal com o olho vazado entrou para entregar uma nova taça de vinho ao seu amo. Agradeci em silêncio, pois aquele imprevisto me deu tempo para pensar.

De repente, Galeato segurou pelos cabelos o estranho rapaz.

— Amós, por que estás aqui, servindo-me?

Ele gaguejou, sem saber o que dizer. Quando abriu a boca para responder, Galeato virou-o em minha direção e gritou:

— Responde para ele!

Amós, tremendo da cabeça aos pés, falou com voz trêmula:

— Eu estou aqui porque meu amo prometeu-me restaurar a minha visão. Ele é um grande mago e afirmou que pode curar essa infecção que me cega e me deixa com esse aspecto repugnante.

O cheiro do pus era realmente nauseante, mesmo à distância. Galeato gargalhou por longos segundos, mais parecendo um demônio, e perguntou, irônico:

— E, querido Amós, por que eu ainda não te curei?

O pobre rapaz, angustiado, respondeu:

— Porque o senhor acha que eu posso não lhe servir mais tão bem, ou então fugir. Mas não é verdade, meu mestre; servir-te-ei até o fim da eternidade.

Galeato então arremessou o rapaz contra a parede e falou de forma dramática, olhando-me com um misto de ira e ironia:

— Compreendes agora? Trata-se de uma repugnante teia de interesses. Ninguém faz nada de forma abnegada. Se eu o curar ele se tornará um ingrato. E é assim mesmo, sabes disto! Quantas pessoas já te procuraram no mundo físico implorando por um "lenitivo para a alma" nos momentos de desespero? Perdeste o teu tempo consolando-as, atendendo-as. Assim que o problema estava resolvido voltaram a viver de forma medíocre e pequena, do tamanho de sua compreensão do mundo. Apenas utilizaram tua mensagem para se escorar, assim como faz um vil doente com uma muleta. Essas pessoas nada aprendem!

Poucos merecem a benção da vida, porque não a tratam com dignidade. Ingressam na matéria física somente para vegetar e comportar-se de forma reprovável. Roubam a oportunidade de outros para nada fazer! Apenas atendem aos seus vícios e caprichos e depois retornam ao Mundo Maior com um imenso repertório de lamúrias.

Eu me compadeci da irritação e da angústia do mago negro.

— Entendo a tua indignação! Deus cria uma obra perfeita e o homem parece comportar-se como o mais desprezível dos animais. Nega a beleza da vida para entregar-se a vícios e dramas de consciência típicos de seres ignorantes da verdade.

Eu tentei me aproximar e coloquei a mão sobre o seu ombro. Ele não recebeu muito bem esse meu gesto, mas não se esquivou. Depois lhe falei, olhando em seus olhos com amizade e respeito:

— Mas um novo mundo está para surgir. Acredito que estejas a par da chegada dos eleitos para a Nova Era. Já estão reencarnando na Terra almas que compreenderam a mensagem do Cristo nos últimos dois mil anos. Esses seres iluminados em breves décadas mudarão o cenário do mundo por meio de uma nova mentalidade e compreensão do objetivo da vida.

Galeato gargalhou das minhas afirmações.

— Quem me garante que isso é verdade? E tu? Acreditas cegamente no que afirmas em teus livros? Tu mesmo perguntaste: o que é real? Será que esse sonho de "Nova Era" não é só um engodo dos emissários do Bem, ou de tua mente fértil, para tentar justificar o caos atual e semear esperança para o futuro? Traz uma prova de que isso é verdade e eu me converterei para o Bem no mesmo instante!

Eu fiquei sem resposta, mas disse-lhe:

— Isto é uma questão de fé e estudo lógico, mas creio que os responsáveis pela programação da evolução espiritual de nosso planeta possam te apresentar provas de natureza espiritual. És também capaz de acessar a programação do Alto para a Terra. Tu tens essa capacidade mental.

Aproveitando-se da minha distração, Galeato se aproximou e, por meio de um grande poder hipnótico, começou a me sugestionar, fazendo com que eu enxergasse com outros olhos o ambiente que me cercava. Em poucos segundos comecei a sentir um bem-estar e um conforto imensos em meio àquele lugar sombrio. As ideias do Mal me pareceram mais simpáticas. Comecei a questionar certos princípios inamovíveis de minha consciência. Com uma conversa ardilosa, ele foi me levando a um fantasioso estado mental.

Logo percebi que tudo ao meu redor havia mudado em muito pouco tempo. Quando lá cheguei só o que sentia era piedade e tristeza pela forma de viver daquelas criaturas, e agora eu estava, inexplicavelmente, sentindo até um prazer e um desejo de ficar lá para sempre. Olhei-me em um espelho e percebi que minhas roupas tinham mudado de cor. Elas estavam de um vermelho escarlate; meus olhos estavam se tingindo da cor do fogo. Meus dentes caninos haviam crescido de forma anormal; parecia que minhas orelhas estavam ficando pontudas. Estaria eu me transformando em um agente das trevas?

Rapidamente me concentrei nas leis divinas: *"ama ao teu próximo como a ti mesmo"* e *"não faças aos outros o que não gostarias que te fizessem"* e percebi que a minha mente havia passado a raciocinar de forma equivocada. Naquele instante notei que estava sendo diretamente influenciado pelos terríveis pensamentos do mago negro e de seus demais aliados, que se mantinham em silêncio na mesa próxima. Dei dois passos para trás e falei, um tanto transtornado:

— Afasta-te da minha consciência! Não cederei a tua hipnose. Isso que sinto e vejo não é real!

Ele gargalhou e falou com ironia, enquanto erguia os braços de forma teatral, fazendo brilhar o vermelho de sua capa:

— Nada é real e ao mesmo tempo tudo é real, meu amigo! Depende somente da tua mente. O Bem e o Mal são apenas pontos de vista diferentes da mesma realidade.

Eu hesitei por alguns instantes e falei:

— Nada que promova o Mal aos nossos semelhantes pode ser de Deus. Existe um equilíbrio universal que jamais deve ser quebrado, caso contrário a dor e o sofrimento rondarão as nossas vidas. O Mal é uma serpente traiçoeira que fascina com um olhar e logo depois executa o bote mortal.

Enquanto as pessoas são escravas do mundo das ilusões, elas se entregam aos seus caprichos e interesses pessoais, em geral pisando sobre a cabeça dos semelhantes ou os entregando à própria sorte. O desejo e a cobiça cegam! Mas, tão certo como o nascer de um novo dia, logo chega o momento do ataque traiçoeiro. Como diz a lenda, "o diabo vem cobrar o seu preço". Na verdade essa é apenas a lei de causa e efeito realizando o processo corretivo provocado por nossas próprias mazelas.

Ele ironizou o meu discurso mais uma vez e falou, sinalizando com um gesto para o acompanhar:

— Vem! Vou te mostrar o que é o "real"!

Ele me conduziu então para fora do palácio. Antes de sair olhei-me em uma parede de granito escuro tão polida que mais parecia um espelho, e pude constatar ter recuperado a minha forma perispiritual original. Dei graças a Deus e começamos a caminhar no mar de sofredores, ao redor da luxuosa edificação. Galeato então me perguntou, de forma amável (seu humor inconstante era notável!):

— Estás tendo percepção de tudo ao teu redor?

Eu concordei com um gesto simples e ele voltou a falar:

— Vê, por exemplo, esse indivíduo. O que achas dele?

Sob nossos pés estava um espírito que aparentava uns cinquenta anos de idade, quando na vida física. Seus olhos caídos mendigavam socorro. Ao primeiro olhar, parecia uma alma generosa sendo injustiçada por algum erro divino, mas a história daquele ser era bem outra. Além do mais, Deus é a Mente Suprema e jamais se equivoca.

Galeato, sem tolerância alguma, começou a discorrer a ficha daquele homem, adicionando umas pitadas de ironia, bem ao seu estilo.

— Vê, lamentam no astral, mas quando descem ao mundo físico se tornam astutos e hipócritas. Aqui choram como crianças, mas se lhes dás poder vais ver o que acontece. Tornam-se verdadeiros monstros que corariam de vergonha o próprio satanás, caso ele existisse.

Ele olhou com desdém para a criatura aos seus pés e falou:

— Esse aqui chora como se fosse um injustiçado; no entanto, em sua última encarnação, era um pedófilo que sequestrava meninas inocentes e as mantinha em cárcere privado para saciar a sua depravação. Qual era o fim das pobres crianças quando se cansava delas? Uma morte tão cruel quanto a sua própria perversão!

O tom de voz de Galeato era sinistro. Em seguida ele cuspiu e chutou o rosto choroso da infeliz criatura. Depois daquela demonstração de agressividade, falou-me com uma estranha calma:

— Acho que o Criador tem razão em condená-los ao sofrimento. Caso não fosse assim, a Terra já teria se transformado em um celeiro de total insanidade. Essas criaturas não passam de pragas, nas quais somente o extermínio daria jeito. Mas não sou eu quem decide. A alguns deles, se eu pudesse, ministrar-lhes-ia uma "segunda morte".

Eu discordei e disse-lhe:

— Somos espíritos eternos! Um dia encontramos o caminho da harmonia. Esses seres que me apresentas são apenas uma parcela de nossa civilização. Existe muita gente boa em nosso mundo. Tu é que estás escravo desse restrito universo. Encontras-te asfixiado por tanta maldade! Talvez a tua existência fosse mais gratificante e feliz se trabalhasses para restaurar a imperfeição dessas almas, ao contrário de julgá-las. Deixa essa tarefa para Deus, de quem nada escapa.

Tu és uma alma com muita bagagem. Já viste de tudo. E sabes que muitos dos que hoje em dia consideramos almas iluminadas tiveram um passado semelhante ao dessa infeliz criatura aos nossos pés. Creio que não devemos nos concentrar nos erros desses espíritos falidos, mas sim nas potencialidades futuras que eles podem ter no caminho do Bem. O nosso trabalho é a reeducação espiritual, não o de realizar uma inquisição medieval a mando de nosso próprio ego.

Ele sorriu, irônico, e retalhou:

— Nosso trabalho? Parece que estás falando como se eu fosse teu parceiro. Estás louco?

Eu olhei para ele de forma descontraída e disse-lhe:

— Pensei que querias que trabalhássemos juntos! Seria um prazer apreciar a tua sabedoria e o teu conhecimento, mas temos de estar voltados para um foco de Luz. Não posso trabalhar para destruir. Eu gostaria de ter poder, mas aquele que me permitiria auxiliar no progresso de meus irmãos, e não aquele que nos leva a pisar sobre a cabeça do próximo para exercê-lo. Essa é a única forma de vencermos nossos desejos inconfessáveis!

Ele sacudiu a cabeça, sorrindo, e depois falou:

— Bem que Arnach me falou que tu eras diferente...

— Pensa, Galeato! — prossegui, sem dar atenção as suas palavras. — Para mim seria muito bom, pois tenho dificuldade para me integrar ao ritmo dos seres angelicais, pois não estou à altura da vibração deles. Contigo talvez fosse uma boa experiência. E, quem sabe, poderias me ensinar alguns exercícios mentais de magia durante as nossas atividades.

Ele ficou desconcertado e disse:

— O pior é o que tu falas com sinceridade. Os outros seareiros do Bem nos tratam com indiferença ou com um ar piedoso, o que muito nos humilha. Sem contar aqueles que se auto-intitulam trabalhadores do Bem, tentam se comportar como tal, mas nada são além de hipócritas ridículos que não enganam nem a si mesmos.

Ele pensou por mais alguns instantes e perguntou:

— E o que Hermes diria disso?

Não demorei a responder:

— Creio que Hermes ficaria feliz, pois não tem preconceitos e sabe da importância de nos integrarmos. Somos todos irmãos, filhos de um mesmo Pai: o Criador! Quanto aos espíritos de luz, eles não fazem por mal, mas isso é o fruto natural da sua distância em relação a nós. Os interesses das almas libertas são muito diferentes dos daqueles que ainda precisam das sensações humanas para encontrar felicidade e prazer em viver. Às vezes sinto-me asfixiado com tanta perfeição. E isso também é natural, pois sou um peixe fora d'água nas altas esferas.

Galeato manteve-se meditativo. Talvez não estivesse pronto para uma reação tão imprevisível, segundo seus conceitos.

Aproveitando o silêncio, prossegui:

— Qual a nossa diferença frente a essa gente que está aos nossos pés? Estás focado na indignação e na revolta, por perceberes ao teu redor um mundo criminoso e hipócrita. Estás intoxicado com essa realidade. Ela simplesmente existe! E o nosso ódio não fará com que ela se torne melhor.

Hoje em dia isso não me afeta mais porque sei e sinto que faz parte do grande programa evolutivo elaborado por Deus. Pessoas nascem e morrem ao meu redor, mas isso não importa, porque é o ciclo da vida. O importante é nascer e morrer agregando valores, evoluindo verdadeiramente!

Mães choram a morte dos filhos, que em geral consideram injusta. No entanto, ignoram as diversas existências e a necessidade da purificação espiritual através do carma. "Não cai um fio de cabelo da cabeça do homem sem que Deus permita." Tudo faz parte do interminável processo evolutivo que nos transforma, de animais em anjos. O maior erro é a alienação frente a toda essa realidade espiritual!

Eu olhei para baixo e falei, com determinação:

— Até mesmo a situação dessa criatura odiosa sob os nossos pés não nos diz respeito! O máximo que podemos fazer para mudar essa situação deplorável é realizar o trabalho de reeducação espiritual que estamos propondo em nosso novo livro. O mesmo que desejas barrar...

Não adianta dar o peixe, temos de ensinar a pescar! Infelizmente a caridade material não muda o mundo. O que muda o mundo é uma nova consciência coletiva. Isso poderia ser realizado por almas voltadas para o bem comum e com grande conhecimento para libertar os encarnados da alienação. Tu poderias ser muito útil nessa tarefa enriquecedora, porque teu conhecimento psicológico e filosófico é imenso.

— Eu? — perguntou Galeato, boquiaberto.

— Sim! — respondi. — No entanto o grande problema está no Mal que ainda está enraizado em nós: o desejo de poder e conforto. Certamente terias dificuldades em abandonar esse palácio riquíssimo e em te submeteres a determinações de terceiros que estão muito acima de nós na hierarquia divina.

Ele sorriu e falou, meio desconcertado:

— Poderias ser um bom psicólogo. Conheces bem a natureza que nos move. E sabes bem que o combustível que alimenta nossas ações está diretamente ligado a uma rede de reciprocidade. Até mesmo um espírito de luz tem interesses, mesmo que seja o de fazer o Bem de forma abnegada.

Concordei com as suas palavras, e ele prosseguiu:

— Tocaste no ponto! Como abrir mão do poder e da independência de não ter de se sujeitar a ordens alheias? Isso é o que todos procuram: fazer apenas o que bem entender. No mundo físico, as pessoas sonham em ganhar na loteria, em ficar ricas, para terem essa tão desejada autonomia.

Eu olhei em seus olhos e falei:

— Sei que não sou a pessoa mais indicada para afirmar isso, mas chega um momento em nossas vidas, que é quando adquirimos sabedoria, em que os desejos e o apego a questões humanas deixam de nos satisfazer.

Galeato ficou refletindo por alguns instantes, caminhando de um lado ao outro, em meio àquela imundície sob nossos pés. Como ele nada falou, resolvi continuar com os meus argumentos.

— Vê, meu amigo, temos uma vida eterna pela frente. Tu desejas ficar infinitamente escravizado a este lodaçal de dor e amargura. Tu sabes que isso não é eterno, mesmo criando de forma artificial um ambiente paradisíaco dentro de teu palácio. O teu reino é tão perecível quanto a vida humana!

O mago negro se incomodou com a referência que fiz a respeito da vida eterna, e perguntou, com desprezo:

— Quem quer viver para sempre? Algumas vezes eu gostaria de mergulhar no vácuo primordial, que existia antes da grande explosão que deu origem à vida criada por Deus. Talvez lá eu tivesse descanso dos meus pensamentos...

Eu olhei para os seus olhos atormentados, que agora se escondiam por sob um sinistro capuz negro, e respondi.

— Essa resposta é a mesma de um deprimido: a fuga do existir! Logo se vê que há desarmonia em teu coração. E ela é fruto do caminho equivocado que escolheste. Cedo ou tarde irás entrar em colapso, assim como ocorre com o motor de um carro desregulado. A nossa consciência deve estar bem azeitada para funcionar eternamente em harmonia, sem refletir seus miasmas no corpo físico, quando encarnados, e sem causar tormento mental no mundo astral. A vida eterna só é atraente para quem vive sem desgaste, se alimentando da beleza da obra do Criador, por meio de sentimentos como a felicidade de se sentir útil.

Aquietei-me por alguns segundos e depois prossegui:

— Olha para os espasmos irregulares da tua aura. O teu ser está vibrando em descompasso com o fluido universal. Deves estabelecer a paz em teu coração para te harmonizares com a essência do divino, que interpenetra todas as coisas.

Ele me olhou um tanto acabrunhado e sua voz soou vacilante. Nem parecia o ser autoritário de antes.

— Tu falas isso como se fosse algo fácil de realizar. São séculos de ódio e rancor que estão entranhados em meu coração. Além disso, tudo que vem do lado do Bem me entedia. Não consigo me ver como os anjos de luz. É uma vida piegas, que não me atrai.

Eu meditei sobre as suas palavras e achei melhor não me colocar como o dono da verdade. Nesses momentos, o melhor remédio é ser solidário. Então apenas respondi:

— Tens razão! Acredito que não deve ser fácil, porque se os meus dramas de consciência são difíceis de resolver, imagina os teus. Pelo menos eu gostaria de te ver pensando sobre isso. Talvez um dia sintamos prazer em agir abnegadamente pelo bem dos nossos semelhantes. Acredito que um dia faremos isso com inenarrável prazer! Algumas vezes nos sentimos cansados de tudo, mas nada que o foco em um ideal maior não nos cure.

Tenho a convicção de que o Mal é um vício, assim como tudo que nos escraviza. Somente mudando os nossos hábitos, por meio de uma verdadeira inclinação para o Bem, é que deixaremos de vibrar no sentimento das trevas.

A nossa essência espiritual está impregnada de pensar negativo. As conexões sinápticas de nosso cérebro, tanto no físico como no espiritual, estão condicionadas a reagir conforme os hábitos milhenares que cultivamos e que, geralmente, são aqueles voltados a saciar os nossos interesses mesquinhos. Por esse motivo é tão difícil realizar, de forma confortável, uma ação benéfica e contínua. Decididamente nós precisamos nos tratar, como fazem os viciados, na luta para vencer o desejo que os escraviza. Galeato, somente orando (ação que nos faz estabelecer a sintonia com a paz e a harmonia) e controlando os nossos atos impulsivos do dia-a-dia é que conseguiremos nos harmonizar com a vida criada por Deus.

Ele me olhou de forma muito séria e falou, depois de refletir profundamente por alguns segundos:

— Vamos voltar lá para dentro. Os teus testes ainda não acabaram... Se desejas me convencer, acompanha-me.

Rapidamente transpusemos aquele mar de almas sofridas, barro e mau cheiro. O mago negro leu meus pensamentos e falou, com desinteresse pela sorte daquelas criaturas:

— Não é barro que está sob os nossos pés, mas sim fezes humanas... Nada mais que o retrato da falência humana, um reflexo espiritual da decadência moral dessas criaturas. Vê que não é só uma questão de Bem ou Mal, mas sim de conhecimento e de ignorância. Não faço parte das hostes do Bem, no entanto não me encontro nessa terrível situação espiritual.

Ele meditou por mais alguns instantes e prosseguiu:

— Em um ponto, tens plena razão: o maior Mal é a ignorância, a alienação. Talvez isso faça com que eu sinta um pouco de pena da humanidade que se encontra a cada dia mais sem consciência espiritual e mais próxima de se tornar um reles repasto das sombras. Mas como já te disse: trata-se do meu "sustento". Eles não se encontram nesse estado por acaso; escolheram esse caminho!

Fiquei em silêncio, seguindo lentamente os seus passos. Com os olhos voltados para baixo, caminhei por sobre toda aquela imundície. Nossos pés flutuavam, sem tocar o solo. Ele sorriu e falou:

— Aprendeste a te defender bem das ilusões. Tu neutralizas muito bem a ação do mundo exterior. Espíritos com mais Luz que tu já transitaram por esse sítio e afundaram até o joelho nesse charco.

Eu me apoiei em seu ombro, demonstrando uma intimidade que o surpreendeu, e falei:

— Talvez isso tenha ocorrido porque essa alma que afundou se sensibilizou com tanta dor sob seus pés. Já o nosso equilíbrio pode ser fruto de nossa frieza. Temos o equilíbrio mental, mas não o coração benevolente. Isso certamente é um problema a ser sanado.

Ele me olhou, satisfeito com o diálogo interessante:

— Tens razão. Mas ter bom coração é importante? Será que isso não é mais uma ilusão criada pelo homem? Não podemos construir uma sociedade harmoniosa por outra via?

Eu sacudi a cabeça, abrindo espaço para a dúvida e o debate, e falei:

— Pode ser, mas é a prática do amor o que faz com que nos assemelhemos a Deus. É necessário desenvolver as duas asas dos anjos: a do amor e a da sabedoria.

Ele pensou por alguns segundos e perguntou-me:

— Dize-me, Roger — era a primeira vez que ele me tratava pelo nome —, o que acreditas ser o mais importante: conquistar o amor ou a sabedoria que nos faz compreender o mundo? Vê como exemplo as pessoas que são extremamente amoráveis, mas absolutamente ignorantes sobre os mecanismos da vida criada por Deus.

Eu o ouvi com atenção e depois teci meus comentários:

— Elas não servem como exemplo sobre esse assunto, pois o sentimento delas não é o verdadeiro amor, e sim afeição. Nada mais que um sentimento de apego. Só pode amar verdadeiramente quem conhece a obra de Deus; caso contrário, o amor se torna um sentimento sem raízes e condicionado a diversas questões. O amor verdadeiro não espera absolutamente nada em troca!

Já vi pessoas que se demonstravam extremamente amorosas com tudo e todos, mas quando sofreram uma grave contrariedade esse sentimento se desfez e elas tornaram-se amargas. Por isso se diz que o amor e o ódio vivem perto um do outro. Na verdade, não é o amor que vive próximo ao ódio, mas sim o apego.

Quem desconhece a obra de Deus não compreende os porquês da vida. Só quem adquire uma sabedoria aliada ao amor consegue desenvolver esse sentimento verdadeiramente, assim como o conhecimento sem amor jamais se torna sabedoria. Tu, por exemplo, tens um grande conhecimento, mas não conseguirás atingir a sabedoria plena se não mesclá-lo com o amor.

Galeato manteve-se em silêncio, sem nada dizer, à medida que nos aproximávamos do seu palácio. No céu, nuvens negras pairavam como se uma tempestade estivesse se aproximando. Dor e trevas reinavam por todo os lados para onde eu olhava.

Percebendo que ele desejava ouvir mais, prossegui, antes que ele fugisse do assunto:

— Entendes por que devo publicar esse livro? A humanidade não sofre por falta de amor, mas sim por falta de entendimento espiritual. Ela não compreende a finalidade da vida. Se conseguirmos fazer com que os homens entendam que são mais do que máquinas físicas, ou então que vivemos diversas existências na matéria para adquirir valores espirituais, e que os dilemas humanos são fruto de desequilíbrios do passado, logo uma nova consciência se formará no mundo físico, permitindo a construção de um amor enraizado, bem alicerçado, para a construção de um verdadeiro mundo de fraternidade e igualdade entre os homens. As religiões individualmente como as conhecemos não possuem recursos para isso. Somente unindo-as e as aperfeiçoando é que chegaremos lá.

Depois de adentrarmos novamente em seu palácio, ele falou, de uma forma serena e séria, bem diferente do seu comportamento inicial:

— Entendo o que queres dizer, mas como se livrar de tudo isso?

Nesse instante, então, o seu palácio se iluminou. Era uma réplica bem próxima da luz solar. Apesar de estarmos nas trevas, o ambiente era como um oásis em meio ao deserto, enquanto no lado de fora, só havia dor e sofrimento!

Ele me conduziu por belos corredores, sob os mezaninos que pareciam camarotes de teatro, e depois me levou até as piscinas. Lá havia seis mulheres, nuas e muito belas, banhando-se.

Ele então me disse, com um olhar lascivo:

— Elas são almas falidas como os que estão lá fora, mas as trouxe para dentro e trabalhei as suas mentes para que as chagas mentais não deformassem os seus corpos astrais, assim como ocorre com os que estão nos charcos. Tu bem sabes: o corpo espiritual é de natureza ideoplástica. Em alguns dias elas entram em depressão e se tornam verdadeiros monstros. Essa é sua TPM! Mas em boa parte do tempo apresentam-se como essas musas que estão sob teus olhos.

Naquele instante fiquei estático, como se estivesse sendo dominado por poderosa fascinação. Ele voltou a ser o mesmo Galeato irreverente e gargalhou, se divertindo com a situação. Em seguida falou:

— Sei que drogas e outros vícios jamais te dominarão. No entanto ainda sofres com a ação imprevisível do desejo sexual. Vamos ver agora até onde vai o teu equilíbrio...

Naquele instante o meu chacra básico começou a girar de forma alucinante e um fogo subiu pela minha coluna vertebral até a cabeça, roubando-me a lucidez e o comando do centro coronário. As mulheres do palácio de Galeato eram verdadeiramente deslumbrantes e sensuais, dificultando ao máximo o meu isolamento daquela tentação. Era absolutamente impossível tirar os olhos daquela piscina. Além do mais, o clima criado, com um ambiente agradável e acolhedor, dificultava ainda mais a tarefa.

O mago negro então entrou na piscina e ofereceu-me um copo com uma bebida semelhante ao absinto. E depois falou, divertindo-se com a minha situação:

— Vem, Roger! Todo bom filósofo necessita de um momento de relaxamento. Sinto que estás completamente tenso. O teu corpo físico no mundo material deve estar com os músculos completamente contraturados sobre a tua cama.

O choque foi tão intenso que não consegui esboçar nenhuma reação. Galeato apenas sacudiu a cabeça e falou para as meninas, com o seu típico sarcasmo:

— Esses idealistas... Nunca vão muito longe. O que me dizias mesmo sobre apego, Roger?

Como eu nada falava e mantinha-me estático, Galeato induziu-me mentalmente a entrar na água e disse, em meio a muitas gargalhadas:

— Vem para cá! Essa água é aquecida. Talvez ela descongele os teus membros.

Fiquei com os sentidos entorpecidos. Parecia que eu estava alcoolizado ou então sob a ação de uma terrível hipnose. Assim que entrei na água, as mulheres deslumbrantes me envolveram e fiquei aprisionado, sem esboçar qualquer reação.

Galeato então me disse, ao pé do ouvido, como quem deseja aplicar uma lição:

— Sabe qual a diferença entre ti e Jesus, além de muitos milênios de evolução? Ele nada escreveu, mas viveu plenamente a Sua missão, enquanto tu escreves muito, mas deves aprender a viver mais o que pregas.

Galeato novamente gargalhou, enquanto este que vos escreve tentava inutilmente se libertar dos sentimentos que o escravizavam.

Sem a mínima intenção de parar de me ironizar, ele voltou a falar:

— Tu pareces o "super-homem" e as minhas meninas, a "criptonita"!

Enquanto ele se aproveitava da situação decidi neutralizar totalmente a minha mente para evitar a sua influência. Ele então parou de rir e falou:

— Tu serias um bom aprendiz de magismo! Consegues manter-te em um estável estado de inação. Isso exige muita disciplina. É claro que isso faz com que te assemelhes a um avestruz, mas no fim terminas por alcançar teu objetivo.

Fiquei utilizando este recurso por um tempo significativo. Galeato cansou de meu isolamento e, já mais sério, saiu da piscina para ficar me avaliando de longe. Eu resolvi então enfrentar a situação, ou seja: olhar para as lindas mulheres e tentar vencer o impulso incontrolável. Não poderia ficar ali a noite toda.

Era importante tomar uma atitude. Assim, agi com determinação. Voltei-me para elas e as mirei fixamente, concentrando-me principalmente em seus belíssimos seios e nos rostos encantadores e disse, com convicção, quase que realizando um apelo à minha própria consciência:

— Isso não é real! É apenas uma ilusão! O amor é muito mais do que um desejo carnal. Eu devo amar a alma de uma mulher, e não apenas a sua aparência exterior. Eu sei que aqui não existe beleza, mas sim fascinação.

Naquele instante a modelagem astral realizada por Galeato começou a se desfazer. A pele delas, antes sedosa e juvenil, foi envelhecendo e se enegrecendo. Em questão de segundos ficaram com rostos cadavéricos e olhos vermelhos como fogo, e os cabelos, antes lindos e sedosos, tomaram a forma de serpentes, retratando perfeitamente a deusa da mitologia grega conhecida como Medusa.

Essa importante deusa possuía uma deslumbrante beleza, como suas irmãs. Mas suas vidas dissolutas aborreceram aos demais deuses, principalmente a Atena. Para castigá-las, Atena as transformou em monstros com cabelos de serpentes e cujo olhar petrificava quem olhasse diretamente em seus olhos. Por prudência, esse que vos escreve resolveu evitar o olhar direto delas. Afinal de contas, mitologias são lendas ou realidade espiritual? Já vi muitos vampiros no astral para menosprezar as lendas humanas...

Galeato percebeu a minha vitória, dispensou as moças, que agora apresentavam aspecto monstruoso e um odor nauseabundo, e me convidou a sair da água. Com as pernas trêmulas e me apoiando nas mesas, fui em busca de uma toalha para secar-me. Galeato me repreendeu, com indignação:

— Não precisas de toalha para secar-te! Usa a mente. Esqueceste que não estás no mundo físico?

Com a voz cansada, apenas respondi:

— Acho que esqueci até o meu nome, depois dessa provação.

O meu senso de humor gerou um sentimento de simpatia em Galeato, que aproveitou para dizer:

— Entendeste o meu recado? Quem é escravo do desejo não pode almejar uma tarefa como aquela a que tu te propões. És fraco! Convence-te disso.

E, falando para si mesmo, como se eu não estivesse ali, ele disse:

— Não entendo o que Hermes viu nesse rapaz para legar-lhe uma tarefa de tal envergadura: implantar, no âmbito popular, o tão esperado Universalismo Crístico!

Ao ouvir aquelas palavras, ousei responder, pois os meus brios haviam sido feridos:

— Talvez ele valorize o fato de eu não ser hipócrita. Eu reconheço minhas fraquezas e procuro vencê-las. Não sou um falso profeta, que se esconde atrás de mentiras. Além disso: não desisto nunca! Eu sou como a fênix: renasço das cinzas! Mesmo que eu caia mil vezes, sempre me reerguerei.

Galeato me aplaudiu, com seu peculiar sarcasmo. Depois colocou as mãos na cintura e ficou meditando, olhando para o horizonte. Por fim, disse:

— Talvez tenhas razão. No entanto, como queres me convencer a mudar para o lado do Bem, se demonstras tamanha fraqueza?

Eu olhei para ele e falei, manifestando a minha decepção com a sua conduta:

— Não deves te comportar como os alienados que geralmente desejam justificar os seus erros pela crítica àqueles que lhe servem de exemplo. Estou farto de ouvir pessoas que nunca demonstram determinação para se melhorar, criticando aqueles que se esforçam, dizendo: como podes agir dessa forma, tu não és da religião tal, ou tu não crês em Cristo?

Galeato sorriu e falou:

— E o pior é que eles nem entendem a tua mensagem, tanto que te consideram espírita! Não é verdade?

Eu concordei com um gesto e respondi:

— É verdade! O que é a concepção de universalismo para pessoas que mal se interessam pelo aspecto espiritual da vida? São tão leigas que nem conseguem compreender a concepção de religião que estamos projetando.

Mas o que mais me entristece é a "cultura do guru". A busca espiritual deve ser interior. Não devemos ficar colocando nossas expectativas nas mãos de líderes religiosos ou de pessoas que se destacam no campo da espiritualidade.

A religião não tem a finalidade de consolar, mas sim de esclarecer. Se nada mudamos com respeito ao seu conteúdo e, além disso, colocamos nossa ventura espiritual nas mãos de um guru ou líder religioso, o nosso progresso espiritual ficará congelado na eternidade! Serão necessárias centenas de encarnações para sairmos do ciclo de dor e sofrimento.

O mago das trevas cruzou os braços sobre o peito estufado e falou:

— Acredito que devas rever teus conceitos! A humanidade de nosso mundo jamais chegará no grau de entendimento espiritual que esperas. Observa todos os séculos desde os primeiros registros históricos de nosso mundo. Viste algum progresso espiritual em âmbito popular? A profunda mensagem filosófica dos grandes mestres é coisa para poucos. Não te desgastes com essa tarefa. Morrerás como um desconhecido, porque até quem crê no mundo espiritual está mais ocupado com as suas lutas ideológicas do que com a construção de um modelo definitivo para libertação. Vê o exemplo dos judeus e muçulmanos! Acreditas realmente ser possível um dia todos pensarem de forma semelhante, sob a orientação de um único modelo? O teu tão sonhado Universalismo Crístico?

Novas gargalhadas. Eu olhei para ele, com desânimo, e falei:

— Galeato, sabes como desestimular alguém!

Ele sorriu, vitorioso, e concluiu:

— Além do mais, um dia as pessoas vão descobrir a tua real face. Eles cultuam gurus, como bem disseste! A mensagem entra por um ouvido e sai pelo outro. Quando eles perceberem que és falível como todos os outros, se frustrarão, cuspirão na tua mensagem e usarão isso como desculpa para prosseguir com o seu eterno relaxamento espiritual.

O mago das sombras colocou as mãos na cintura, arqueando a sua capa, e falou, com ar de vitória:

— Logo a tua mensagem será denegrida. A sociedade encontrará algo para desmerecer-te. Esse é um gesto inconsciente de fuga da própria responsabilidade, atitude muito comum entre aqueles que não desejam o despertar.

Eles ainda sonham com gurus espirituais a quem adorar e cuja perfeição apreciar, perfeição essa que lhes é tão escassa. O mundo deles é o da ilusão, e não o da verdade! Ninguém deseja se sacrificar para vencer os seus vícios de conduta. É mais fácil admirar a perfeição do ídolo do que realizar o caminho solitário do auto-aperfeiçoamento moral.

Eu pensei por alguns instantes e falei:

— Meu amigo, eu vim para construir uma estrada que conduza os homens para o caminho da Luz. Quem arquitetou essa rodovia divina foram os grandes mestres espirituais que tu bem conheces! Eu sou apenas o executor da obra. No passado, outros vieram realizar esse mesmo papel que hoje me cabe, só que a humanidade se preocupou mais em erigir templos à beira da estrada do que em trilhar pela rodovia da Luz.

A humanidade do terceiro milênio será diferente! Eles seguirão pelo caminho da iluminação interior e não se importarão com quem desbravou as matas para construí-lo. Ao contrário da humanidade de hoje, eles não serão idólatras ou seguidores de gurus. Não se prenderão à imagem, mas sim à essência.

Não vim a esse mundo para posar de santo, mas para fazer o que me compete. Não espero aplausos ou idolatria, mas compreensão espiritual sobre a tarefa do homem na Terra e menos hipocrisia, porque podemos enganar a todo mundo, menos a Deus e a nós mesmos!

Eu olhei para ele com extrema franqueza no olhar e concluí:

— Que esperas que eu faça? Que eu abandone a minha tarefa por não ter um atestado de santidade para apresentar? Tu sabes que não posso fazer isso. Só me resta então assumir as consequências com relação à incompreensão humana.

Galeato aplaudiu, de forma sarcástica, e disse:

— Bravo, meu amigo! Entretanto a humanidade que conheço é a atual, e não essa de teu sonho utópico de "almas eleitas para o terceiro milênio". E as pessoas da atualidade procuram se espiritualizar não para crescer ou para ajudar na construção de um mundo melhor, mas sim para resolver os seus problemas pessoais. Talvez se tu conseguisses realizar proezas que as impressionem e demonstrasses mais equilíbrio no dia-a-dia, já ajudasse. Quem sabe também alguns milagres ou feitos fantásticos?

Ele então desviou a atenção e falou para si mesmo:

— Talvez seja por isso que programaram a vinda do anjo para a vida dele... Uma sábia forma de trazer o equilíbrio que lhe é tão necessário...

Eu estranhei aquelas palavras e perguntei:

— A que anjo te referes? Já tenho a proteção de Ramiro.

Ele fez um sinal para voltarmos ao assunto e desconversou:

— Não é um guia protetor... Mas isso não interessa! Vai perguntar aos teus mestres. Se eles não te contaram é porque possuem os seus motivos... E eu não estou aqui para fazer o papel deles. Voltemos ao assunto...

Eu me desliguei daquela menção intrigante sobre o anjo, sacudi a cabeça em sinal negativo, e voltei a debater com empolgação:

— Chico Xavier realizou demonstrações impressionantes comprovando a realidade da vida espiritual, inclusive sob o olhar criterioso de cientistas, porém as pessoas têm memória curta. Jesus realizou milagres inesquecíveis, a mensagem ficou, mas as pessoas em geral não despertaram para a verdadeira consciência espiritual. Somente anônimos peregrinos do Bem, em uma caminhada solitária, se libertaram da ignorância espiritual que leva ao triste caminho do Mal.

Galeato concordou com atenção e voltou a afirmar:

— É, meu amigo! Os desejos e apegos são bem sedutores e desviam a atenção das mensagens de Luz. Mas muitas pessoas hoje se consideram espíritas a partir do trabalho que o "apóstolo da caridade" realizou, e Jesus é a personalidade mais lembrada da História, além do trabalho reformador de outras figuras de destaque dentro do cenário religioso. Todos eles atingiram o objetivo traçado...

Eu meditei por alguns instantes, procurando as palavras certas que viessem ao encontro do meu pensamento, e falei:

— Eu sei. Mas precisamos de mais engajamento e menos rótulos. Atestar ser dessa ou daquela religião apenas por aceitar suas crenças não é suficiente. É necessário viver conforme uma nova visão de mundo. E isso precisa ser algo absoluto, quase como uma nova verdade científica, que todos sigam, sem dúvidas. Algo que se torne parte fundamental do cotidiano da humanidade. As pessoas não precisam virar religiosas, decorar orações ou frequentar templos, mas é fundamental espiritualizar-se, abrir suas consciências para o conhecimento de uma nova e profunda visão espiritual.

Galeato ergueu as mãos e falou:

— Opa! Muito cuidado! Daqui a pouco estarás te comportando como os inquisidores medievais que realizaram uma cruel repressão religiosa para impor a sua verdade. Talvez aí encontres o teu fracasso, meu amigo. É muito fácil confundir empolgação com imposição.

— Sim! Sei que este é um terreno muito delicado. Tem de ser um trabalho com convicção aliada à humildade de reconhecer opiniões adversas.

Por esse motivo, o Universalismo Crístico não pode se tornar mais uma nova religião, mas deve ser sim um fórum espiritual para todos. Ele não pode vir a ser um "rótulo" com crenças definidas apenas por uma pequena parcela de dissidentes de outras correntes religiosas, como o Espiritismo. Ademais, o nosso bem mais precioso é a liberdade. É melhor desistir de tudo se o caminho que estivermos trilhando descambar no autoritarismo e no desrespeito às liberdades individuais.

Eu respirei fundo, tentando controlar meu entusiasmo, e prossegui:

— A nossa proposta é apresentar um modelo livre, sem dogmas, com o objetivo de libertar as pessoas, e não de escravizá-las a uma nova verdade parcial. Caso elas achem que esse não é o caminho, que sigam com a sua concepção de mundo. Sem problemas! Já será um grande passo se elas acatarem e praticarem verdadeiramente o principio básico universal, "ama ao teu próximo como a ti mesmo". Sem hipocrisia!

Galeato fez um gesto de desestímulo e falou:

— Entendi o que pretendes! Desejas que as pessoas realizem um profundo estudo e mergulhem na busca da verdadeira consciência espiritual. Mas lamento mais uma vez te informar que as massas não possuem essa capacidade. Inclusive são poucos que buscam ler e pensar. Ainda mais se tratando de um assunto tão transcendental como esse que propões.

Vivemos em um mundo de alienados, não só por desejo próprio mas também por falta de capacidade intelectual para avançar. Não se trata apenas de má vontade do povo em geral, mas de incapacidade para realizar vôos mais altos em termos de compreensão filosófica.

Eu me virei para o mago das sombras e falei:

— Não acredito nisso! Se a educação e o estímulo à leitura fossem prioridades dentro das sociedades, acredito que as crianças, quando chegassem à idade adulta, teriam capacidade de discernir e não se transformariam nessa grande massa de alienados que vemos nos dias atuais.

Galeato sentou-se em um canto da longa mesa, apoiou o cotovelo sobre a perna e me falou, com um riso irônico nos lábios:

— Eles são quase como bichos, não são, Roger? Vivendo em seus mundinhos ilusórios, assim como cães e gatos... ou seriam bois e jumentos?

O mago sombrio gargalhou. Eu apenas olhei para ele e falei:

— Não digas isto, Galeato! Eles também são teus irmãos. Eles têm o direito de escolher em que acreditar. Além disso, são escravos dos cinco sentidos. O mundo para eles termina no limite de sua visão. O que vêem lhes parece lógico. Já a realidade espiritual para eles nada mais é do que uma crença imaginária. Não podemos culpá-los. Só precisam ser libertados do mundo das ilusões. O triste é que eles não reconhecem que a sua embotada visão não enxerga o Todo.

Galeato divertiu-se mais ainda e falou:

— Sim! Assim como um cavalo não enxerga além do que o seu cabresto permite...

Eu fiz um gesto com os ombros e falei:

— É! Infelizmente é assim. Mas não devemos desistir. Talvez um dia eles nos deixem retirar o cabresto. Temos de agir como o personagem do mito da caverna de Platão, que tentou mostrar aos amigos um mundo de cores e luz, ao contrário das sombras em que viviam.

Galeato, então, se ergueu e resolveu dar um novo rumo para nossa conversa.

— Roger, nós acompanhamos os teus passos há algum tempo, pois és uma preocupação para os nossos interesses. Eu tenho aqui registros até de detalhes sem importância de tua vida.

Eu gostaria de citar um pequeno detalhe. Não te preocupes, não será nada revelador, porque Hermes te protege à distância, caso contrário talvez já estivesses até morto aqui entre nós.

O mago negro gargalhou mais uma vez e eu me fiz de indiferente. Não tinha nada a temer. Com um sinal, pedi-lhe que falasse:

— Tu te lembras de quando, há alguns anos, um amigo teu insistia para que fizesses exercícios físicos, alegando que isso melhoraria a tua postura e a tua saúde e te daria mais ânimo para aguentar a rotina extenuante dos tempos modernos?

Eu não entendi a pergunta, mas fiz um sinal afirmativo. Ele

então levantou outra questão:

— Quanto tempo demoraste para dar crédito àquelas palavras? Tu acreditavas nele? Por que tardaste tanto para te convenceres de que ele tinha razão?

— Sim. Eu demorei a me mobilizar e hoje reconheço que a minha qualidade de vida melhorou bastante depois que segui o conselho de realizar atividades físicas. Inclusive a minha saúde está muito melhor e estou mais disposto do que quando era mais jovem.

Galeato fez um sinal de que concordava e, muito animado, voltou a perguntar:

— E por que isso te parecia uma realidade tão distante a ponto de demorares um longo tempo para aceitar essa ideia?

Eu pensei por alguns instantes e depois disse:

— Não sei responder. Não entendo o que eu pensava naquela época. Talvez achasse que seria muito sacrifício, já que estava sempre cansado e sem tempo para nada.

Ele sorriu, vitorioso com as minhas conclusões, e falou:

— Vê bem! O que propões é algo semelhante. As pessoas te ouvirão e não conseguirão compreender o que isso modificará as suas vidas. Logo, elas não mudarão sua forma de pensar para se aprofundarem na tua proposta.

Somente aqueles que bebem da fonte ficam saciados! No entanto a grande maioria passa pela fonte e não compreende a necessidade, nem faz ideia de que aquela água sagrada pode oferecer o acesso a uma nova forma de ver e viver o mundo.

Ele colocou a sua mão direita sobre o meu ombro e disse:

— Vê os teus livros. Muitos olham a capa, realizam o seu julgamento superficial sobre os textos e jogam-no em um canto, porque desconhecem o conteúdo libertador ali contido.

Galeato pensou por alguns instantes e concluiu:

— Mas aqueles que bebem do seu conteúdo nunca mais são os mesmos. Tens esse mérito! E é ele que te salva das sombras!

Meditei sobre as suas palavras e falei:

— A tua inteligência e a tua percepção são notáveis, Galeato! Mas como poderíamos ampliar a percepção das pessoas para que elas, ao enxergarem a porta da ampliação da consciência, se sentissem estimuladas a entrar nesse novo mundo e descobrir por si mesmas tudo isso?

A entidade sinistra caminhou de um lado para o outro com a mão sobre o queixo, e então respondeu:

— Talvez o máximo que possas fazer seja realizar esse teu tratado espiritual em uma linguagem muito acessível e utilizando exemplos comparativos que transformem um tema complexo em lições simples, assim como fez Jesus com suas parábolas.

Eu sorri com a atitude dele e falei:

— Viste? Eu te disse que só precisas de um bom projeto e te libertares desse local de sofrimento para que sejas feliz. Vê a tua empolgação para solucionarmos as dificuldades de percepção dos leigos. O exercício do intelecto te excita. Larga essa vida improdutiva e de exploração dos sofredores e vem trabalhar conosco! Precisamos da ajuda de todos para tornar a nossa mensagem acessível ao grande público. E tu sabes realizar isso muito bem.

Não sei se ele achou que estava sendo enganado pelo envolvimento na conversa ou se foi um bloqueio para evitar um sentimento incontrolável, mas a partir daquele momento Galeato passou a me tratar com indiferença. Ele então falou, de forma grave:

— Acredito que não temos mais nada a conversar. Volta para o teu mundo e agradece por eu permitir que saias vivo daqui, porque o meu desejo é romper o teu cordão prateado! Não esqueças: o que pretendes fazer é uma temeridade para os nossos interesses. Não descansaremos enquanto não fracassares.

O mago negro mais uma vez aproveitou a oportunidade para ironizar.

— Vais ficar me devendo esse favor! Quem entra aqui e ameaça os nossos domínios nunca escapa ileso.

Eu olhei para Amós, o seu angustiado serviçal, e pensei: "E por que não? Se estamos em um mundo de natureza espiritual, basta que eu o condicione a crer na cura e direcione uma vigorosa energia mental". Eu já havia observado os olhares dele para mim. Era o olhar de quem me reconhecia como um mestre (condição da qual estou longe) ou pelo menos uma entidade capaz de curá-lo.

Galeato ficou aguardando a minha despedida. E ela ocorreu em grande estilo! Caminhei em direção a Amós, coloquei a mão direita em sua testa, com o dedo polegar sobre o olho vazado, e falei, com determinação, enquanto fixava o meu olhar na única vista boa da infeliz criatura:

— Em nome de Deus, estás curado!

Amós, sob forte impressão, recebeu a descarga energética em seu corpo perispiritual instantaneamente. A transformação foi inevitável, graças ao poder de sua fé. Vendo-se restabelecido, ele começou a gritar de alegria:

— Eu estou vendo! Eu enxergo! Estou curado! Não há mais infecção!

Galeato ficou indignado e disse-me, com rispidez:

— Que fizeste, insensato?!

Essa foi a minha vez de sorrir de forma irônica.

— Agora estamos quites! Não te devo mais nada. Caso desejes trabalhar junto conosco nessa empreitada, é só chamar. Do contrário, esquece-nos, pois a nossa tarefa é protegida pelo Alto, e sem dúvida se realizará.

Antes que ele tentasse uma represália, me concentrei e iniciei a subida vibratória para sair daquele local. Entretanto o sentimento de raiva e indignação de Galeato foi tão forte que conseguiu me atingir, causando um forte impacto. Como era de se esperar, rapidamente o meu espírito foi tracionado para o corpo, que despertou sobressaltado.

E para piorar a situação, Galeato e os demais espíritos das sombras bloquearam o regresso de meu duplo espiritual à matéria, causando-me um estranho sentimento de asfixia e esvanecimento. A vida começou a fugir de meu ser, como se o fluido vital estivesse sendo sugado rapidamente, ou então estivesse represado. Não sei afirmar com segurança o que aconteceu, pois fiquei a ponto de perder os sentidos. Orei pelo socorro de Hermes e da equipe de assistência que monitorava a minha saída para o astral naquela noite.

Mas algo mais interessante e inesperado aconteceu. Arnach, o espírito das sombras sobre o qual discorremos no livro *Sob o Signo de Aquário – Narrações sobre viagens astrais,* surgiu do nada e, como um anjo protetor, libertou-me do bloqueio energético exercido pelos espíritos malévolos que me subjugavam.

Na velocidade de um raio, o meu espírito regressou ao corpo. Antes disso pude ver o semblante generoso e amigo daquele que antes comandava inúmeros exércitos do Mal, mas que agora demonstrava amor, companheirismo e amizade fidedigna a este que vos escreve.

Com os olhos marejados, só pude dizer-lhe, naquela fração de segundos, com a voz asfixiada pelas lágrimas e vacilante pela sensação de pavor que me dominara:

— Obrigado, irmão, pelo socorro amigo nessa hora difícil.

Imediatamente os verdugos caíram como vampiros sobre ele, que parecia não se importar com a violência do ataque. Arnach apenas me acompanhava com um olhar sereno, com o intuito de se certificar do meu regresso seguro. Aquele olhar foi inesquecível! Pedi a Deus que me desse forças para retornar e auxiliá-lo em gratidão pela sua ação abnegada. Mas isso era impossível.

Como rapidamente perdi o contato visual, resolvi me desligar do paradigma das formas com o objetivo de perceber o que ocorria. Entrei novamente na frequência da "essência" que

Hermes e Ramiro haviam me ensinado. Naquele instante pude perceber os sentimentos de amizade, respeito e honra e um pingo de amor nascendo no fundo da alma de Arnach. Entre os seus agressores, somente ódio e revolta pelos últimos acontecimentos.

Assim, em poucos instantes encontrei o meu corpo vagando pela casa de forma autômata, em estado sonambúlico. Rapidamente recuperei a lucidez e olhei para as minhas mãos trêmulas, muito pálidas. As veias estavam saltadas, como se a pressão arterial estivesse extremamente comprometida.

Nesse instante de oscilação entre o espírito e a matéria percebi a presença de Ramiro com os meus próprios olhos físicos, algo pouco comum. Ele estava se certificando de que o meu retorno ao escafandro de carne havia sido realizado com pleno sucesso. Assim, voltei de forma mecânica para a cama e lá fiquei deitado, de forma estática, por alguns minutos, até sentir que espírito e corpo estavam perfeitamente "alinhados".

Virei-me, então, para o relógio, ainda ofegante pelo estresse da experiência. Já era hora de levantar para o trabalho. Olhei para os lados para ver se estava realmente seguro e pensei: "Impressionante! Parece que vivi vários dias em uma única noite. Isso ainda vai acabar comigo...".

Segunda Parte

A nova consciência
O início de uma nova era

1
Religiosidade ou espiritualidade?

Eram quinze para as duas da tarde de uma quarta-feira ensolarada em São Paulo. Um grupo de empresários de uma importante companhia de seguros conversava animadamente em uma praça da cidade. O dia estava especialmente belo e a brisa agradável convidava os executivos a ficarem observando o desfile das lindas moças que passeavam com roupas leves naquele fim de primavera.

Todos eram homens bem-sucedidos e vestiam o tradicional terno-e-gravata que, no futuro, na Nova Era, sairá gradualmente de moda por se tornar símbolo de uma vida de aparências, além de ser uma roupa pouco prática e antiquada.

A conversa seguia de forma amena, até que um dos amigos percebeu um pastor evangélico pregando na praça e começou a ridicularizá-lo. Aos gritos, e fazendo mímicas estúpidas, ele falava:

— Aleluia, meu Deus! Jesus salvará! Jesus salvará!

Todos riram abertamente, com exceção de Paulo, que se sentiu profundamente constrangido. Não que ele acreditasse em Deus ou em religiões, mas sim por seu filho, Rafael. O seu sucessor, no qual ele depositava todas as esperanças de herdar o gosto pelos negócios e pelo sucesso empresarial, era um religioso, e ainda por cima, segundo ele, tinha sérios traços de fanatismo. Não se interessava pela vida profissional das grandes corporações e muito menos por ganhar dinheiro. Fazer fortuna decididamente não era o seu objetivo. Para quem, então, deixar tudo que conquistou? Quem perpetuaria as suas conquistas? A cabeça de Paulo viajava, longe, aprisionada a essas sombrias conjecturas.

Os amigos logo perceberam o rosto sério e triste do colega e perguntaram, cordialmente:

— Você está bem, Paulo?

Ele passou a mão pelos cabelos levemente suados, desconversou e disse:

— Tudo bem, amigos! Vamos para o escritório. Aqui está muito quente, e também já está na hora de conquistarmos novos clientes.

Todos riram com o espírito sempre astuto de Paulo para captar negócios e concordaram. Com notória alegria, subiram no elegante elevador em direção aos seus escritórios.

Entretanto, naquela tarde, por diversas vezes Paulo se aproximou da janela de seu luxuoso gabinete e observou aquele humilde pregador evangélico, com a camisa encharcada de suor e gritando o nome de Jesus com pulmões cheios, segurando uma pequena Bíblia nas mãos. Com o coração apertado e com a mente distante, ele pensou, com amargura: "Será que é nisso que meu filho se transformará?".

Paulo trabalhou durante toda aquela tarde com o coração angustiado pelos temores com relação ao filho. Às cinco da tarde ele verificou com a secretária se teria alguma reunião com clientes para o fim do dia; diante da negativa, foi embora, impressionando a todos. Paulo raramente desligava o seu computador pessoal antes das oito da noite.

Com passos rápidos, entrou em seu carro importado, último modelo, e se dirigiu para casa. Apesar do engarrafamento típico da capital paulistana, ele não demorou muito para chegar. Lá ele se dirigiu, pensativo, à piscina, onde sua mulher aproveitava o sol saudável do fim da tarde, e perguntou:

— Verônica, onde está Rafael?

Ela levantou o chapéu que cobria o rosto e respondeu:

— Acho que no quarto, estudando para as provas finais. Você sabe como ele é estudioso. Mesmo já estando com média para ser aprovado em todas as matérias, ele insiste em se trancar num dia lindo como o de hoje.

Paulo se sentou de forma abrupta em uma cadeira que estava protegida pelo guarda-sol, jogando de lado sua valise, e falou:

— Verônica, eu estou preocupado. Rafael é um excelente menino. É estudioso, esforçado, mas essas ideias religiosas em sua cabeça estão me preocupando. Você se lembra do que ele disse ontem no jantar?

Ela fez um olhar de desdém e disse:

— Não. Era algo importante?

Paulo esfregou as mãos.

— Entre outras coisas, afirmou que o importante não são os bens materiais, que são perecíveis, mas sim as riquezas da alma, que carregaremos por toda a eternidade.

Verônica sorriu e falou:

— Deixe de ser bobo, Paulo! Isso é coisa de adolescente

idealista. Assim que ele precisar de dinheiro verá que procurar igualdade entre os homens é um mau negócio para os seus interesses. Você mimou demais o nosso filho, agora ele deseja ser um ativista social. Como todo adolescente, daqui a pouco ele vai querer defender os sem-terra, os sem-teto etc.

Ela então fez um gesto de desdém e completou:

— Corte a mesada dele e o problema estará resolvido em poucos dias.

Verônica cobriu novamente o rosto com o chapéu e desligou-se do assunto. Enquanto isso, Paulo ficou de olhos voltados para o reflexo do sol na água cristalina da piscina, e falou para si mesmo: "Não! Não é tão simples assim. Aquele brilho em seu olhar... É impressionante! Simplesmente não existe cobiça em seus olhos. Eu nunca vi isso em toda a minha vida. E o meu trabalho é conhecer as pessoas para atender aos seus anseios. Eu vendo seguros para grandes clientes e conheço a angústia humana. Eu sei, como poucos, até onde as pessoas podem ir por dinheiro. Elas vendem a alma por poder e fortuna! Todos têm o seu preço, mas isso não ocorre com Rafael e sei que não é uma fase de adolescente. Isso é algo que nasceu com ele. Existe um não-sei-quê no olhar de nosso filho que me assusta e ao mesmo tempo me faz respeitá-lo e admirá-lo. Talvez sua tranquilidade e calma. Os adolescentes decididamente não são assim".

Verônica estendeu o braço e falou, de forma fútil:

— Peça para Maria me trazer mais um copo de suco e vá tirar essa roupa quente. Quem sabe nadando você esfria um pouco a cabeça...

Paulo se ergueu e olhou para a esposa, sempre volúvel, e disse para si mesmo:

— Rafael é muito diferente de nós! Muito diferente...

Em seguida ele se dirigiu com passos rápidos ao seu quarto. Vestiu uma roupa leve e foi até o dormitório do filho.

Rafael estava compenetrado no computador, envolvido em seus estudos. O jovem rapaz parecia um anjo celestial que impunha respeito por seu semblante ao mesmo tempo majestoso, humilde e generoso. Paulo conseguia perceber a natureza celestial do filho, mas não compreendia isso em toda a sua extensão, assim como o homem comum só se dá conta da grandeza dos mestres que iluminam o mundo muito tempo depois de suas missões messiânicas terem sido realizadas.

Ao lado do filho, ele se sentia estranhamente protegido do mal. Os seus maus sentimentos, que lhe obscureciam a alma, não conseguiam brotar em seu coração ao lado daquele enigmático filho que o destino lhe reservara. Ele então, sorriu para si mesmo, espantado com os seus próprios pensamentos, e pensou: "Como poderia um adolescente ingênuo proteger-me da ferocidade do mundo?".

Ao ver o pai, Rafael falou, com voz suave e irradiando inenarrável sentimento de simpatia e carinho através de um amplo sorriso:

— Oi pai, que bom ver você em casa tão cedo! Hoje poderemos jantar juntos novamente?

Paulo sorriu e disse, enquanto sentava-se na cama do jovem rapaz de apenas 17 anos mas que tinha a maturidade de um homem adulto e a sabedoria que poucos mestres demonstraram no mundo das formas:

— Sim, meu filho. Vamos jantar juntos e isso vai ser muito bom.

Além de maduro, Rafael possuía uma beleza inexplicável ao entendimento do pai. Não era algo físico, mas sim espiritual. A majestade em seu olhar cativava a todos que conseguiam perceber além das formas físicas.

Rafael era o filho perfeito! Entretanto, o que inquietava Paulo era a sua inclinação excessiva para os assuntos religiosos. Deus e Jesus eram palavras muito comuns na boca daquele intrigante jovem, e isso o preocupava, porque naqueles dias, nas primeiras décadas do terceiro milênio, o homem estava demasiadamente afastado do verdadeiro Deus. O Criador era lembrado somente por um mero formalismo entre aqueles que não desejavam se considerar abertamente ateus ou agnósticos.

Na verdade, o espírito religioso da humanidade era apenas uma crença social com o objetivo de perpetuar as tradições de seus ancestrais. Tudo mero simbolismo e formalismo, sem nenhuma introspecção verdadeira. A verdadeira busca pela Espiritualidade era qualidade de poucos encarnados que se encontravam "despertos" na matéria. A grande maioria da humanidade estava nesse período envolta em um profundo sono espiritual: escrava de sua própria ignorância quanto ao objetivo maior da vida.

Paulo passou alguns instantes observando o filho e depois se movimentou, ansioso, de um lado ao outro do quarto, enquanto estalava os seus dedos, como lhe era típico em momentos de tensão. Os colegas do escritório sempre lhe chamavam atenção com relação a isso, pois esse péssimo hábito poderia causar entre os clientes uma preocupação extra sobre as garantias do negócio que estavam realizando.

Rafael, percebendo a aflição do pai, indagou com serenidade:

— Você quer me perguntar algo, pai? Por que essa angústia toda?

Paulo se desarmou com a generosidade e carinho do filho e falou:

— Meu filho, eu estou preocupado com você! Hoje vi um fanático na praça pregando em nome de Jesus. Isso me angustiou muito, pois temo que você perca a lucidez e venha a cometer o mesmo ato insano, abandonando a família e o futuro brilhante que o aguarda. Nós temos posses para lhe oferecer estudo nas melhores universidades do mundo.

Paulo conteve as lágrimas e prosseguiu, desarmando o seu coração:

— Você é o que tenho de mais precioso, e não suportaria vê-lo como um louco, vivendo o mundo fantasioso que as religiões pregam. Quando vejo pessoas como o pastor da praça, eu me aflijo porque acredito que aquilo seja uma demência ou coisa que o valha. Essa visão apocalíptica e de que vivemos em pecado é coisa para loucos!

Rafael percebeu o sofrimento do pai e se aproximou carinhosamente. O jovem tinha um 1,80 m de altura. A sua compleição atlética o tornava ainda mais belo. Os seus longos cabelos castanho-claros caídos sobre os ombros lembravam vagamente a figura excelsa de Jesus. Ele era um gigante perto do pai, em corpo e espírito, mas o abraçou delicadamente e disse:

— Meu pai, não se preocupe com isso. Eu posso ser um pouco diferente do que esperava de um filho, mas tenho os pés no chão e busco algo que ainda você não consegue compreender. Fique tranquilo, pois não tomarei nenhuma atitude sem consultá-lo. E também não acredito que o caminho seja esse que o assusta. Eu tenho outros planos e talvez em breve você venha a compreender.

Não nasci para pregar nas praças e também não creio na mensagem das religiões. Você acredita que sou religioso, mas na verdade não sou. O que procuro é espiritualizar-me! Em breve você compreenderá a diferença entre religião e espiritualidade.

Paulo ficou curioso com as colocações do filho e perguntou:

— Então me diga, meu filho, que caminho é esse que você quer seguir? Eu tenho fortuna ao seu dispor para que você possa cursar a especialidade que desejar. Você bem sabe que jamais lhe forcei a seguir minha profissão. Só gostaria que meu filho se interessasse pelo patrimônio que ergui com tanta dedicação.

Rafael abraçou o pai e disse:

— Meu pai, como todo mundo eu escolherei uma profissão e estudarei para me tornar um excelente profissional, no entanto isso não impede que eu desenvolva o meu lado espiritual e busque aprofundar-me a respeito disso. Todo homem que adquire a verdadeira sabedoria espiritual encontra a felicidade e transita pelo mundo em equilíbrio. Posso garantir que só tenho a ganhar se mantiver a mente voltada para a mensagem crística.

Paulo ficou confuso, sem saber o que dizer, e falou, com os olhos úmidos e com um tom de súplica na voz que era sempre enérgica e decidida:

— Mas por que isso, meu filho? Você não é feliz? Não tem tudo o que deseja? Religião é coisa para pessoas com problemas, que passam por necessidades ou então que vivenciaram uma perda dolorosa.

Rafael sorriu com a ingenuidade do pai e respondeu:

— Meu pai! Felicidade não se resume somente ao conforto material. Ter recursos financeiros e conforto é bom e útil, no entanto depositar toda a nossa fé na vida em cima disso é uma temeridade! Quantas pessoas ricas viram seus sonhos desabarem frente a doenças incuráveis ou à perda de seus bens em situações econômicas adversas. Somos usufrutuários dos bens que são somente de Deus. Se compreendermos isso, teremos uma vida feliz e confortável, sem o apego que escraviza. Observe o seu olhar angustiado, sempre pensando na temível possibilidade da perda. Só perde quem é escravo do apego! Aquele que vive do empréstimo de Deus sabe que é dando que se recebe e que seguimos um eterno fluxo de forças em que o Pai orienta a nossa caminhada. Viveremos o que tivermos de viver, oras. Nada mudará isso! O importante sempre é observar o aprendizado que o momento oferece.

Existem pessoas que passam uma vida inteira lamentando sua situação e se esquecem de viver. Vamos viver o dia de hoje, amando e respeitando os nossos semelhantes. Isso nos tornará mais ricos do que jamais você possa imaginar. Refiro-me àquela riqueza da alma sobre a qual lhe falei ontem à noite no jantar.

O jovem iluminado ergueu os olhos para o céu, como se estivesse enxergando além das paredes de seu quarto, suspirou e voltou a falar:

— O desenvolvimento espiritual nos torna pessoas melhores, mais calmas, mais equilibradas... Aquele que sabe estabelecer o equilíbrio em sua vida torna-se verdadeiramente feliz!

Rafael olhou novamente nos olhos do pai e perguntou:

— Diga-me, meu pai, quantos anos mais você acha que seremos felizes voltando os nossos interesses exclusivamente para questões materiais, alheios a uma compreensão espiritual da vida?

Paulo deu de ombros e falou:

— Não sei aonde você quer chegar, Rafael. Você quer que eu

saia por aí resolvendo os problemas do mundo? Eu pago impostos e espero que o governo faça a sua parte.

Rafael sacudiu a cabeça de forma negativa e falou:

— Meu pai, a questão não é apenas financeira. O que acha que viemos fazer nesse mundo? Apenas conquistar uma posição social e econômica de destaque e curtir a vida nos finais de semana?

Rafael mesmo respondeu:

— Não, meu pai, nós fazemos parte de um grande plano divino. Não somos apenas essa matéria, que veio do pó e ao pó retornará! Nós somos espíritos imortais, uns mais amadurecidos do que os outros, mas todos com uma única meta: evoluir, tanto individualmente como dentro da imensa família universal. Somos filhos de um mesmo Pai, o Criador, portanto somos todos irmãos; ou seja, temos responsabilidades com o mundo lá fora. E não é somente fazer caridade, dar um pedaço de pão, mas também a responsabilidade de despertar os nossos irmãos para a realidade.

— Que realidade, meu filho? — perguntou Paulo, com o coração oscilando entre a confusão e a angústia.

— A vida é muito mais do que os nossos cinco sentidos conseguem perceber — respondeu Rafael, com um tom de voz sereno e ao mesmo tempo profético.

Paulo estava de queixo caído e não sabia o que dizer. Ele então apenas balbuciou:

— Mas filho, nós vamos à missa de vez em quando... Isso não é suficiente?

Rafael sentou-se na cama e perguntou:

— E quais são as reflexões que você faz disso? Em que essa experiência espiritual o modifica?

Paulo se levantou de súbito, passou a mão pelos cabelos demonstrando nervosismo e respondeu:

— Eu não sei, Rafael, nunca parei para pensar nisso.

— Exatamente! O que quero explicar é exatamente isso! Não existe uma real reflexão dos valores espirituais, pois eles nos são ensinados de forma mecânica. A humanidade está entregue a um degradante ritualismo religioso. Não existe uma verdadeira espiritualização, salvo raras exceções que conseguem enxergar o mundo mais além.

O jovem angelical se aproximou do pai e falou, com seus cativantes olhos irradiando uma desconhecida luz que parecia vir dos reinos celestiais:

— Veja bem, meu pai! É isso que procuro. Eu desejo provocar essas reflexões nas pessoas, e não me tornar um religioso. Na verdade isso está mais próximo de uma filosofia espiritual do que de uma religião. Em resumo, eu acredito que as pessoas deveriam deixar as suas religiões de lado, pois elas nos levam a uma prejudicial acomodação, por causa de seus rituais e dogmas. As pessoas deviam partir para uma busca independente de crenças pré-estabelecidas, procurando, dentre todas as experiências religiosas, pinçar aquilo que realmente as torne melhores e as conduza a uma compreensão mais ampla e verdadeira da eterna pergunta: quem somos nós, de onde viemos e para onde devemos seguir?

Paulo, agora sentado na cama e maravilhado com as ideias que ouvia, falou:

— Meu filho, eu estou impressionado com tudo o que você está dizendo. Acredito que fiz um mau julgamento de suas intenções e crenças. Eu prometo que irei estudar mais a fundo tudo que você disse. Imaginei que suas ideias eram algo completamente diferente. Jamais pensei que as religiões poderiam ser vistas por esse enfoque libertador que você me apresenta. Chega a ser algo antagônico! Sempre acreditei que as religiões escravizassem, mas agora você me mostra que elas podem libertar. Inclusive gostaria de participar daquelas reuniões espíritas sobre as quais você já comentou, para melhor compreender tudo isso.

Rafael sacudiu a cabeça, meio sem jeito, e falou:

— Infelizmente, pai, você terá de esperar mais um pouco, porque eu e meus amigos estamos a ponto de sermos desligados de lá. Acho que os espíritas tradicionais não estão preparados para pensar um pouco mais à frente.

Paulo ficou impressionado.

— Mas eu sempre ouvi falar que os espíritas tinham uma visão mais aberta sobre esses temas e que sua doutrina era baseada na pesquisa e no progresso, ao contrário das demais religiões.

Rafael sorriu com as satisfatórias informações do pai e falou:

— Era para ser assim, meu pai! No entanto, as agremiações de toda a natureza são compostas de homens, e não apenas de ideias. Se os seguidores das religiões mantivessem na íntegra os ensinamentos de seus líderes, o mundo já teria encontrado a paz e a harmonia. É uma pena que os homens se prendam às suas próprias verdades e procurem somente impô-las aos demais, atravancando o debate e o caminho do progresso. Com o passar do tempo, sempre uma nova verdade se revela, porém o retrógrado jamais a aceita!

— Sim, mas quem pode afirmar que a sua verdade é melhor ou deva substituir as demais? — perguntou Paulo.

O adolescente se animou com o interesse do pai e respondeu:

— A nossa proposta é estabelecer um amplo fórum de debates que ficará eternamente em aberto, permitindo que novas verdades sejam discutidas para se manter a compreensão espiritual em contínuo progresso. Nessa nova forma de compreender a espiritualidade, ninguém poderá se intitular "dono da verdade".

Paulo, completamente magnetizado pelas ideias do filho, perguntou:

— E o que você pretende agora?

— Eu, Tadeu, Eduardo e Érica estamos pensando em abrir esse fórum de debates espirituais e convidar membros de todas as religiões para ver onde essa busca vai dar. Se esse grupo compreender a importância dessa proposta, talvez estejamos dando o primeiro passo para uma nova visão de mundo. Será uma fantástica quebra de paradigma dentro do cenário espiritual mundial.

Paulo, que era um homem muito instruído, apenas falou:

— Se você atingir esse objetivo, meu filho, com a ajuda de seus amigos, estará realizando algo que poucos homens fizeram no mundo. Não importa a que área estejamos nos referindo, mas criar uma nova ideia, um novo modelo, é algo absolutamente revolucionário e digno de poucos. Se você me permitir eu gostaria de assistir a esses debates. Não sei por que razão, mas acho que realmente estou muito alienado desses temas transcendentais. E você tem razão! Chega um momento em nossas vidas que somente questões materiais não são suficientes para nos trazer felicidade.

Nunca fui afeito a religiões, no entanto sempre acreditei que deve existir algo que realmente impulsione o mundo e que não é apenas obra do acaso. E acho que jamais dei a devida atenção a isso porque as respostas das religiões são realmente muito precárias ao entendimento moderno.

Sem dúvida alguma as religiões como se apresentam nos dias atuais somente atraem pessoas que necessitam de amparo espiritual, aquelas pessoas que não sabem mais como se socorrer para salvar as suas vidas do caos em que se encontram. Creio que são raríssimos aqueles que procuram realmente espiritualizar-se em meio ao modelo religioso atual.

Verônica então surgiu na porta do quarto e falou, completamente alheia ao profundo assunto que se desenrolava:

— Vamos lá, meninos! O jantar está servido.

Ela virou as costas e desceu as escadas. Pai e filho ficaram se olhando por longos segundos. Por fim, Paulo quebrou o gelo.

— Que você me diz sobre mim e sua mãe?

Rafael suspirou e falou com sabedoria:

— Se os dois não mudarem a forma de ver o mundo, em poucos anos o casamento de vocês ficará insustentável. É assim com todos os casais do mundo que possuem recursos financeiros para fazer o que bem quiserem. A única barreira para a separação de vocês sou eu mesmo. Mas como já sou quase um adulto, em breve esta barreira não existirá mais.

Paulo abaixou a cabeça e falou:

— Eu sabia que você diria isso! Um casamento baseado somente em interesses materiais não pode ir longe. A matéria nasceu para perecer, enquanto o espírito é eterno. E não precisa ser espiritualizado para perceber isso.

Na mesa de jantar, havia muita fartura e pompa. Verônica era realmente uma mulher que gostava de se sentir superior. Mesmo sem convidados à mesa, tratava os empregados da casa com excessivo formalismo, esquecendo-se do lado humano que nos torna verdadeiramente nobres. O mínimo descumprimento às suas ordens era repreendido com severidade e constrangimento, causando grande tristeza em Rafael, que os tratava sempre como irmãos.

Então, logo no início do jantar, Verônica perguntou:

— E sobre o que os dois conversaram tanto até agora? Pelo olhar de vocês parecia algo muito sério.

Paulo olhou para o filho e respondeu:

— Rafael estava me explicando sobre o interessante projeto que tem em mente: promover um novo entendimento espiritual entre os homens. Algo como um aperfeiçoamento ou um progresso para as religiões. Não seria isso, meu filho?

Mal ele terminou essas palavras e Verônica soltou uma sonora gargalhada. Os dois ficaram chocados com a atitude grosseira de quem se julgava tão requintada. Ante o olhar assombrado de sua família, ela falou:

— Desculpe-me, Paulo, mas você chegou em casa dizendo que precisava resolver esses acessos religiosos de nosso filho e agora você fala como se fosse o seu principal seguidor. Isso é muito engraçado!

Paulo, profundamente chateado com a atitude indelicada da esposa, falou:

— Depois de ouvir o nosso filho, eu compreendi quais são suas intenções. Na verdade ele não busca ser um religioso, apenas deseja criar uma escola filosófica para debates dessa natureza, o que acho perfeitamente louvável e sadio.

Verônica sorriu, com ironia, demonstrando as más companhias espirituais que a rondavam, e perguntou:

— Para quê? Meu pai sempre disse que dar atenção à religião é ensejo para perder preciosas oportunidades na vida, tanto para negócios como para prazer. A religião só serve para tolher a iniciativa das pessoas. Nada mais que isso. Foi assim que na época medieval os senhores feudais mantiveram a plebe conformada com a miséria. "O reino dos céus é dos pobres e dos humildes!", completou Verônica, com indisfarçável sarcasmo.

Depois ela olhou para Paulo de forma sombria.

— Se meu pai e você tivessem pensado dessa forma, hoje eu estaria vendendo pastéis na Praça da Sé. Religião só serve para ser o "pano de fundo" de casamento e batizado. O resto é filosofia de vida para fracassados.

Rafael percebeu que sua mãe havia encerrado o discurso e atalhou, com carinho e respeito:

— Mas mãe, não precisa ser assim. Concordo com você que os homens sempre usaram a religião para atender aos seus interesses. Mas podemos empregar esse imenso cabedal de saber espiritual para nos tornarmos pessoas melhores, sem vestir cabresto! O que sugeri ao pai foi que nos libertássemos das religiões e de gurus espirituais e realizássemos a nossa própria caminhada com o objetivo de compreender essa questão que intriga a humanidade desde o princípio dos tempos. Sinceramente não acredito que você descreia completamente em Deus.

Ela sorriu, irônica, entre uma garfada e outra.

— Meu filho, não é uma questão de crer ou não em Deus. A questão é: para que crer em Deus? O que isso mudará as nossas vidas? Deus é uma necessidade de pessoas que sofrem e precisam ser consoladas. Nós não precisamos disso. Nós temos tudo que possamos desejar!

Paulo olhou para esposa, que estava fria e insensível como uma rocha, e replicou:

— Mas Verônica, até quando seremos tão onipotentes? Um dia a velhice chegará e talvez necessitemos de um consolo espiritual para compreender a vida. Não conheço ninguém que morreu em paz pensando da forma como estamos conduzindo as nossas vidas nos últimos anos. Lembre-se de que ninguém pode vencer a morte!

Ela mais uma vez reagiu com desprezo e falou:

— Se Deus existisse não haveria tantas diferenças no mundo. Acredito que ao menos Ele seria justo suficiente para dar saúde e condições dignas de vida para todos. E veja como morreu a minha avó. Ela era totalmente devota e faleceu de forma absolutamente indigna.

Rafael aproveitou o silêncio de Verônica para contestá-la:

— Mas mãe, agora você fez uma das colocações que me levaram a essa busca. Por que o mundo é tão desigual se Deus é a justiça suprema? Em meus estudos constatei que isso só pode ser explicado através da reencarnação do espírito. Nós vivemos diversas existências e em cada uma delas nós colhemos de acordo com o que plantamos em vidas anteriores. Obviamente que esse mecanismo tem a função de educar, e não de punir. Através dessas múltiplas experiências atingimos então a tão almejada perfeição. Adquirimos assim as virtudes que nos transformam da animalidade para a angelitude.

Paulo só faltava aplaudir o filho. Jamais tinha ouvido semelhante tese. Conhecia as teorias sobre reencarnação, mas nunca aquela informação tinha chegado aos seus ouvidos de tal forma. Agora ele estava com "ouvidos para ouvir", conforme a máxima de Jesus. Contudo, para Verônica aquele não era o momento. Ela questionou as afirmações do filho e disse que somente quando alguém viesse dos "céus" para lhe testificar a vida imortal é que ela aceitaria os argumentos do filho.

Depois de alguns momentos de silêncio, ela segurou na mão de Rafael e falou:

— Rafa, você sabe que a mãe só quer o seu bem. Esqueça essas questões para sacerdotes e se dedique ao estudo de uma profissão digna. Eu gostaria tanto que você estudasse Medicina ou então se preparasse para administrar os negócios de seu pai. Seja grande na sociedade e tenho certeza de que será grande aos olhos de Deus. Não me dê o desgosto de se tornar um filho iletrado e que vive de delírios religiosos.

Rafael olhou para mãe e falou com todo o carinho:

— Minha mãe, repito o que eu disse ao pai. Não estou desejando seguir uma vocação sacerdotal. Certamente estudarei para ter uma profissão, no entanto quero dedicar parte do meu tempo livre para essa instigante busca do saber. Creio que nem mil faculdades seriam capazes de responder a essas perguntas. O meu espírito está sedento por respostas. Desculpe-me, mas não posso viver alienado, escravo da ignorância, como se encontra boa parte de nossa humanidade. Eu preciso ser livre!

Verônica enrubesceu e falou com irritação:

— Então você nos chama de ignorantes? Nós construímos esse palácio onde o "senhor" basta estalar os dedos para ter tudo ao seu redor, e mesmo assim você nos chama de ignorantes?

Paulo tentou, então, conter os ânimos da esposa:

— Verônica, acalme-se! Ele está se referindo a questões

espirituais. E nesse caso somos ignorantes mesmo. As palavras dele demonstram que ele detém o conhecimento nesse assunto e nós não. Qual é o problema de ele estudar filosofia?

Verônica jogou os talheres no prato e falou com extrema irritação:

— Ignorante é quem se interessa por religião! Isso sim! Vá ver quem são os maiores frequentadores das igrejas. Todos eles são gente ignorante. Eu estudei nas melhores escolas e universidades, fiz mestrado na França e agora tenho que ouvir o meu próprio filho me chamar de ignorante.

Maria estava de pé ao lado da patroa, aguardando de cabeça baixa por novas ordens. Rafael percebeu a dor e o constrangimento da querida cooperadora, que, em vez de ser respeitada pelos anos de dedicação, sofria aquela terrível ofensa. Apesar da pouca instrução, ela possuía a sabedoria da vida, coisa que a patroa desconhecia por completo por causa de sua cegueira espiritual e do reino de fantasia que construíra para si.

Percebendo o descontrole de Verônica, pai e filho ficaram em silêncio, evitando assim que a discussão seguisse por um caminho pior. Uma peleja só ocorre quando é alimentada. Logo Verônica percebeu que não tinha com quem brigar e foi serenando, entre uma praguejada e outra. A fera dentro dela se aquietara. E por fim ela falou para Rafael:

— Vamos ver se você mantém essa rigidez. Caso você não pare com essas bobagens religiosas, estão canceladas as suas férias na praia e não receberá mais mesada.

O jovem iluminado se levantou, pediu permissão para retirar-se da mesa e falou com imensa serenidade:

— Minha mãe, a vida é mais do que uma temporada na praia.

Ao passar por Maria na entrada da cozinha, ele colocou a mão sobre o seu ombro e falou ao pé do ouvido:

— Fique com Deus, Maria.

A nobre e humilde senhora deitou o rosto na abençoada mão do jovem e falou, tentando conter as lágrimas:

— Ele está sempre conosco, meu amado filho.

2
O grande projeto

Dois dias depois, Rafael pegou os seus livros, deu um beijo na atenciosa Maria, que era como uma segunda mãe para ele, e saiu feliz pela rua. Três casas depois da sua, ele encontrou dona Guilhermina varrendo a calçada.

A ingênua senhora o conhecia desde pequeno e sempre nutrira um carinho e admiração especial por Rafael, que, mesmo sendo filho dos moradores ricos da rua, jamais deixou de lhe dar atenção.

Ele estava com pressa, mas deteve-se por alguns instantes para conversar com a querida amiga, que lhe falou:

— Aonde você vai com esses livros, meu filho? Hoje tem jogo da seleção brasileira. Está todo mundo no estádio ou então em frente à televisão.

Rafael sorriu, com imensa simpatia, e respondeu:

— Oi tia "Gui"! Eu tenho coisa mais importante para fazer. Eu e uns amigos vamos planejar e estudar um projeto sobre uma nova visão espiritual para o futuro. Será algo novo que trará uma visão bem clara sobre o que Deus espera do homem no mundo. Isso fará com que a humanidade desperte para a verdadeira finalidade da vida e promoverá um crescimento espiritual de todos, libertando-nos da dor e do sofrimento impostos por nossa própria ignorância espiritual.

Ela esboçou um sorriso sem graça e falou, um tanto desconfiada:

— Ah, meu filho! Coisas de Espiritismo, né?

Rafael colocou os livros sobre o muro e disse:

— Não é bem isso. Na verdade estamos procurando aperfeiçoar a visão espiritual que temos de todas as religiões, independentemente de qual seja. O que importa é o desejo de espiritualização, e não a religião que se professa.

Ela olhou para ele e falou, demonstrando que não tinha prestado atenção em suas palavras:

— É que minha religião é outra. É melhor não confundir uma

coisa com outra. O meu pastor sempre nos recorda dos falsos profetas. Tome cuidado, meu filho! Não quero vê-lo nas mãos do "chifrudo"!

Rafael segurou a mão da arredia matrona e falou, com imenso carinho e um brilho especial no olhar:

— Tia Gui, na verdade o que estamos propondo é que as pessoas não tenham mais religiões, mas sim busquem uma compreensão profunda e verdadeira sobre Deus. Todos podem participar dessa caminhada rumo à Luz Crística, não importando qual seja a sua religião. Se a senhora parar para pensar perceberá que todas as religiões provêm de Deus, mas já não atendem aos anseios de evolução da humanidade. É por isso que o homem se afasta mais e mais de Deus.

Guilhermina era uma daquelas pessoas que não desejam raciocinar sobre o que ouvem. Depositava toda a sua fé na religião que abraçara desde criança e ponto final.

Ela sacudiu a cabeça e falou:

— Aprendi quando criança que Jesus morreu na cruz para redimir os nossos pecados e que devemos crer em Sua palavra para obter a salvação. O que está escrito na Bíblia é o que eu acredito. Tudo que dizem por aí é uma jogada sorrateira do diabo para levar a humanidade à perdição.

Ela pensou alguns instantes, com o olhar vidrado no céu, e prosseguiu:

— Eu acredito que nosso Senhor morreu na cruz para com Seu sangue lavar os nossos pecados... Ele morreu e ressuscitou ao terceiro dia. E quem crer nele terá a vida eterna. Ressuscitará dentre os mortos! O que devo fazer é adorar o nosso Senhor e jamais duvidar da Bíblia. Quem duvida da palavra de Deus mostra que tem pouca fé.

Rafael observou com tristeza a dificuldade de Gulhermina em se libertar das amarras que lhe foram impostas e falou:

— Não basta crer e adorar; é preciso viver os ensinamentos de Jesus. E para isso é fundamental termos consciência e real compreensão de Sua mensagem. Só assim nos tornaremos melhores. O que vejo por todo lado são pessoas que se dizem fiéis a Jesus, mas negam o perdão até mesmo aos seus irmãos de sangue. Proclamam o amor de Jesus, mas são os primeiros a atacar ferrenhamente as opiniões adversas a respeito da mensagem do divino Mestre.

Rafael suspirou e falou, quase em tom de desabafo:

— Será que só eu enxergo a necessidade de promover uma mudança na fé e na consciência espiritual da humanidade? Como todos podem se conformar em crer sem refletir nos porquês? Isso não é saudável!

Gulhermina se mostrou chateada com aquela conversa e falou de forma ríspida:

— Meu filho, minha mãe me ensinou a crer em Deus dessa forma e é o que eu sempre fiz. Não pretendo mudar. Não perca seu tempo!

Rafael segurou firme a mão da velha senhora e falou, quase em tom de súplica, tentando libertá-la das sombras:

— Mas nós não devemos fazer tudo como sempre nos ensinaram. A vida é ampla em possibilidades. Nós devemos pensar e procurar respostas para tudo. Por que devemos pensar o mundo como pensaram nossos antepassados? Será que eles perceberam tudo ao nosso redor e não há mais nada a ser descoberto? Será que a verdade estava plenamente nas mãos deles? E os tradutores da Bíblia! Será que não a interpretaram segundo os seus interesses ou de acordo com a sua capacidade de entendimento?

A conservadora anciã fez que não ouviu as palavras do jovem e falou, profundamente contrariada:

— Preciso entrar, meu filho. Eu deixei uma chaleira de água fervendo no fogão.

E tão rápido como falou essas palavras ela recolheu a sua vassoura e entrou na casa. Rafael ia questioná-la mais uma vez quando uma voz suave falou dentro de sua cabeça: "Deixe, meu filho, ela ainda não está pronta. Não seja intransigente".

Rafael sorriu para si mesmo, demonstrando estar acostumado a ouvir aquela sublime "voz interior" e, com toda a sua natural amabilidade, gritou:

— Até logo, tia Guilhermina! Depois a senhora me diz o resultado do jogo. .

Ela sorriu, como se tivesse apagado da memória a conversa anterior, e acenou feliz para o jovem rapaz. A voz que veio do Alto tinha razão. Guilhermina não teria maturidade espiritual para aceitar uma verdade tão complexa e futurista como a apresentada pelo iluminado Rafael. Somente em encarnações futuras ela estaria pronta para isso. Em alguns casos, é necessário esvaziar a xícara para introduzir um novo líquido.

Rafael teria que compreender isso no futuro. Ele e toda uma geração que estava surgindo para mudar o mundo seriam apenas os desbravadores que preparariam o terreno para que os eleitos do Cristo, as gerações futuras, realizassem o divino plantio da consciência espiritual da Nova Era.

E assim, enquanto o país parava para cultuar a alienação do futebol, jovens adolescentes, pouco mais que crianças, construíam a visão espiritual do futuro. Como disse Jesus: "Deixai vir a mim as criancinhas, pois é delas o reino dos Céus". Felizmente os jovens ainda não estão impregnados com a corrupção e as mazelas humanas, permitindo que suas almas desintoxicadas construam uma nova visão espiritual para o futuro, caso sejam espíritos de escol.

Trinta minutos depois Rafael adentrava a casa de Érica, onde ela, Tadeu e Eduardo já o aguardavam com impaciência.

A linda Érica, com seus cativantes olhos verdes, falou com ansiedade, demonstrando um carinho especial por ele no tom de sua voz:

— E então? Fale-nos sobre a sua ideia! Eu estou muito curiosa.

Ele se sentou à mesa, tomou um copo de água e falou, quase em tom profético:

— Faz algumas semanas que ouço uma voz dentro de mim, dizendo que devo traçar um projeto revolucionário de compreensão espiritual, independente das religiões, absolutamente sem rótulos. Deverá ser um projeto em nível popular, não para iniciados. Será algo novo, mas que estará implícito dentro do coração dos homens. No fundo, os homens que buscam a liberdade espiritual dirão: "Mas era isso que eu procurava durante toda a minha vida... Por isso que as religiões não atendiam aos meus anseios!".

Os três amigos de Rafael, amigos verdadeiros para todas as horas, se entreolharam e disseram, a uma só voz:

— Você está louco?

Rafael sorriu com aquela manifestação sincera e depois disse:

— Vamos lá! Precisamos traçar um roteiro básico de onde tudo começará. Definiremos o objetivo a atingir; no entanto, os meios para isso serão definidos a partir de cada consciência. Só assim respeitaremos o livre-arbítrio de cada um.

Tadeu, o mais pragmático entre eles, colocou a mão no queixo e perguntou:

— Como assim? Não entendi. Fale mais devagar e de forma ordenada.

Rafael pegou um papel e um lápis e começou a rabiscar. Em seguida disse-lhes, com um brilho envolvente nos olhos:

— Vejam só! O que procuramos?

Érica respondeu com entusiasmo:

— Desejamos encontrar um roteiro para a autoconscientização espiritual. É o que sempre conversamos! Não precisamos de alguém para nos dizer o que fazer. A mensagem dos mestres está aí para todo mundo tomar conhecimento e traçar o seu próprio roteiro de evolução rumo à luz do Cristo. Se formos seguir um guru ou líder religioso estaremos sendo influenciados pela sua visão e não bebendo diretamente na fonte dos grandes mestres, como Jesus, Buda, Krishna, Moisés, Maomé, Zoroastro, etc.

— Exato! — disse Rafael, com muita empolgação. — Temos que despertar as pessoas para essa busca, mas de forma alguma podemos impor nossas verdades sobre elas. Se assim fizermos estaremos cometendo o mesmo equívoco das demais religiões. Vamos nos espelhar em Jesus e nos demais grandes avatares. Eles não desejaram fundar religiões dogmáticas. Eles desceram ao mundo físico para traçar um roteiro de Luz, na qualidade de divinos professores. Jamais eles procuraram colocar cabresto, pois compreendiam a necessidade do livre-arbítrio para a aquisição individual de consciência espiritual. Alguns traçaram regras sociais, mas no campo da espiritualização eles deixaram nas mãos dos homens a escolha entre céu e inferno.

Rafael olhou para todos e perguntou:

— O que vamos fazer então?

Como ninguém ousou responder, ele mesmo disse:

— Vamos pegar esse farto material espiritual que temos ao nosso alcance e extirpar tudo o que for dogmático e ritualístico. Depois vamos esmiuçar todos esses ensinamentos e confrontá-los com a razão e o bom senso, pois essa era a mensagem desses mestres antes de sofrer toda a sorte de alterações para atender a interesses escusos – ou então por causa de meros erros de tradução e de compreensão.

Terminada essa etapa, nós apresentaremos a nova visão a todo aquele que desejar se libertar do mundo ilusório, ou seja, quem quiser encontrar respostas que verdadeiramente iluminem a alma. A partir desse primeiro passo novas teses serão levantadas, porque o perfil espiritual dos eleitos para a Nova Era será altamente inquiridor. Para atender aos sedentos por saber espiritual, criaremos um grande fórum de debates espirituais.

Eduardo sorriu e falou, um tanto irônico. A amizade entre eles permitia isso.

— Ótima ideia! Só temos um problema: religião é uma questão de foro íntimo. As pessoas não aceitam abrir mão de suas crenças. Acredito que poucos terão a grandeza de colocar a sua submissão religiosa de lado e enfrentar teses que contradigam as suas ideologias religiosas.

Rafael lembrou de dona Guilhermina, exemplo perfeito da colocação de Eduardo, e pensou, enquanto Érica, o olhou, com aqueles brilhantes olhos verdes que o encantavam, em busca de uma resposta.

Ele, depois de meditar por alguns instantes, apenas sorriu e falou, em tom de brincadeira:

— Eu não disse que seria fácil!

Como todo adolescente, eles riram muito. Até que Rafael ficou sério e falou, enquanto batia o lápis sobre a folha, de forma nervosa:

— Agora, falando sério, esse ponto e muitos outros, teremos de vencer com muita humildade. A mais insignificante tentativa de impor nossas ideias porá tudo a perder. Caso venhamos a agir dessa forma, não seremos muito diferentes das religiões que nos antecederam. Em pouco tempo perderemos o respeito daqueles que estão prontos para pensar a espiritualidade de forma diferente.

Eduardo pensou por alguns instantes e perguntou:

— E como chamaremos essa nova religião?

Rafael olhou para o amigo e falou com seriedade:

— Nunca mais repita isso! Não estamos fundando uma nova religião. Diga isso para as pessoas e elas rapidamente rotularão algo que é para ser universal. Agora há pouco cruzei com a dona Guilhermina e não consegui fazer com que ela me ouvisse sobre espiritualidade por achar que sou espírita. A partir do momento em que você se diz adepto de uma religião isso se torna o famoso "nós contra eles". Vira uma rivalidade, uma partida de futebol. Infelizmente é assim! Nós teremos de nos dissociar de qualquer crença religiosa, só assim poderemos caminhar em meio a todas de forma imparcial.

Tadeu, que fazia uma vitamina de banana na cozinha, virou-se para eles e falou:

— Falando nisso, quanto será que está o jogo?

Eduardo meneou a cabeça e respondeu, desinteressado:

— Não sei, acho que ainda não saiu gol, porque está tudo tão silencioso.

Rafael então falou:

— Pessoal, vamos manter a atenção aqui. Futebol acontece todos os dias e não muda o mundo, pelo contrário, apenas mantém a humanidade ainda mais entorpecida. Vamos pensar a respeito desse novo método de compreensão espiritual, pois é assim que deve ser chamado. Pode ser que estejamos com uma grande e fantástica "quebra de paradigma" nas mãos. Talvez a humanidade não seja mais a mesma depois que todos compreenderem e aplicarem isso que estamos planejando. Vocês, por acaso, imaginam o que isso significa?

Todos fizeram um gesto afirmativo com a cabeça, compreendendo a profundidade das palavras de Rafael. Érica então falou:

— Nós poderíamos dar um nome técnico para esse método de compreensão espiritual. Algo como "Pensamento Universal das Religiões".

Rafael olhou para os demais amigos e perguntou:

— E o que vocês dizem? Você, Eduardo.

Ele sorriu e falou:

— Você pergunta para mim? Pergunta para o Tadeu! Ele que é médium. Quem sabe não ouve uma voz do Mundo Maior?

Todos olharam para Tadeu, que se mantinha pensativo. Breves segundos depois ele respondeu, de forma solene:

— Universalismo Crístico! Esse é o nome! "Universalismo" porque abrigará a sabedoria de todas as religiões, filtrando o que há de melhor em cada uma delas e, ao mesmo tempo, promovendo um avanço nesses conceitos milenares. E "Crístico", porque resumirá a mensagem de todos os avatares da Terra que foram inspirados pela Luz do Cristo Planetário: Hermes, Zoroastro, Krishna, Moisés, Buda, Confúcio, Jesus, Maomé etc.

Todos se mantiveram em um profundo silêncio. Tadeu realmente tinha sido inspirado pelo "Espírito Santo".

Rafael assentiu com a cabeça e disse, de forma solene:

— Gostei! Principalmente porque não existe uma menção a religião nesse nome. Não quero de forma alguma que o Universalismo Crístico seja entendido como mais uma religião.

Alguns segundos depois, Eduardo perguntou:

— Mas o termo "Crístico" não vem de Jesus Cristo? Isso não daria a entender uma submissão das religiões orientais ao Cristianismo, quebrando a ideia de universalidade, igualdade e imparcialidade?

Rafael entendeu a pergunta do amigo e respondeu:

— Jesus e o Cristo não são o mesmo espírito. Jesus foi um dos diversos médiuns do Cristo, que é a entidade espiritual responsável pela evolução do planeta Terra. O Logos Planetário não tem corpo espiritual. Devido à sua extraordinária evolução espiritual, ele não possui mais condições de habitar um corpo físico. Ele é onipresente! O Cristo se manifesta em todo o planeta, interpenetrando-o, assim como Deus.

Em simples palavras, o Cristo é o representante máximo de Deus na Terra e os avatares, como Jesus, são entidades angelicais que foram médiuns do Cristo para fazer brilhar na Terra a mensagem de Deus, entre diversas culturas, durante várias épocas. É por esse motivo que as mensagens espirituais de todos os povos são bem parecidas. Um exemplo disso é a máxima "ama ao teu próximo como a ti mesmo", a lei áurea de todas as religiões.

A bela Érica sorriu e falou, enquanto ajeitava os seus longos cabelos castanhos:

— Certo! Só que isso terá de ficar bem claro para todos. E ainda tem o problema de que muitos não aceitarão essa sua verdade sobre Jesus não ser o próprio Cristo. Inclusive muitas das religiões acreditam que Jesus é o próprio Deus, o que para nós é um disparate. Como o Criador do universo habitaria um corpo limitado? Seria o mesmo que colocar toda a luz do sol dentro de um diminuto vaso de cerâmica!

Eduardo sorriu, um tanto desanimado, e falou:

— É verdade! Será difícil em algum ponto dessa metodologia não entrarmos em conflito ou passar uma imagem de que estamos impondo as nossas ideias. Se até no nome já é difícil...

Rafael pensou por alguns instantes e falou:

— Bem, pelo menos entre os adeptos do espiritualismo moderno todos entendem o termo "Crístico" como uma mensagem universal de Luz para o planeta. É melhor mantermos esse nome, porque apenas Universalismo pode confundir com o segmento do Espiritismo que se intitula Universalista.

Como eu disse, é fundamental fugirmos do rótulo de sermos mais uma outra religião ou seita. E é fundamental agregarmos representantes de todas as religiões nessa nova visão espiritual. Caso contrário, em pouco tempo estaremos rotulados de "metodologia de entendimento espiritual dos espíritas" ou de outra religião que tenha a supremacia sobre esses estudos.

Somente trabalhando de forma independente às religiões é que atingiremos o grande público. Não estamos aqui para atender a esse ou aquele grupo religioso, mas sim a todos, inclusive ateus e agnósticos.

Érica arregalou os olhos e falou:

— Inclusive ateus e agnósticos? Você está louco mesmo!

Rafael se divertiu com o assombro da bela amiga e disse:

— Eu tenho ouvido cada conceito de luz de amigos que dizem não acreditar em Deus, que não podemos deixá-los de fora. Um dia eles perceberão que o Criador não é aquele ser cruel, vingativo e que foi e é utilizado politicamente para promover uma lavagem cerebral nos povos, mas é, sim, aquele mesmo Ser que, dentro de suas cabeças, inspira-os a um ideal de sociedade e de vida mais justa com que sempre sonharam. Deus não é um ser externo a nós, mas sim interno. Como disse-nos Jesus: "Vós sois deuses".

Todos ficaram em profundo silêncio, analisando o peso daquela tarefa. Rafael ergueu os braços e disse:

— Relaxem! Vamos trabalhando, devagarzinho, sem estresse. Se for a vontade de Deus que isso se cumpra, assim será! Caso contrário teremos feito a nossa parte. O que vamos perder com isso? Nada. No mínimo vamos adquirir mais bagagem espiritual para a nossa caminhada.

Tadeu concordou. Érica então sorriu, olhando com fascinação para Rafael:

— Tá bom! E o que mais?

Rafael agradeceu a atenção e o interesse com um olhar significativo e prosseguiu:

— Agora temos de definir o Universalismo Crístico sobre três alicerces principais... – meditou um pouco e continuou, quase que para si mesmo. – Ficou muito bom o nome. Apesar de parecer pouco compreensível, fica claro quando explicado.

Érica, demonstrando ansiedade, disse:

— Tá, fala logo, quais são esses três alicerces!

— O primeiro eu chamaria de uma verdade absoluta, ou seja, toda aquela afirmação que já foi aceita por todas as religiões e pela humanidade em geral. Essa verdade absoluta, alicerce principal do Universalismo Crístico, seria: *O amor ao próximo como a si mesmo buscando cultivar as virtudes morais de forma verdadeira e incondicional refletindo diretamente o amor do próprio Criador.*

Eduardo fez um sinal afirmativo e falou:

— Essa ninguém poderá contestar. Realmente essa é uma verdade absoluta, que deve ser aceita por todas as religiões e por aqueles que buscam a Deus, mesmo que de forma independente.

— E a segunda? — perguntou Tadeu.

Rafael voltou-se para o amigo e respondeu:

— A segunda é *a crença na reencarnação do espírito e no carma, pois sem eles não há a Justiça Divina.*

Todos se entreolharam com preocupação. Tadeu não demorou a replicar:

— Muitas religiões que não são reencarnacionistas contestarão!

Rafael concordou com a cabeça e falou:

— Eu sei! Por esse motivo vamos defini-la como uma "verdade relativa", ainda passível de debates e polêmicas. Esse alicerce, quando comprovado definitivamente pela ciência e pelos debates, será de importância fundamental para modificarmos a crença espiritual do mundo ocidental.

Muita coisa se explica com relação à espiritualidade através da reencarnação e do carma. Além disso, pesquisas mostram que um número expressivo da população brasileira crê na reencarnação, mesmo sendo adepta de outras religiões. Basta que nós esclareçamos bem isso no Universalismo Crístico, e estaremos quebrando mais esse paradigma. Preparem-se, amigos, pois nos debates teremos de ter muitos argumentos a favor da reencarnação e do carma!

Tadeu, enquanto servia a vitamina de banana para os amigos falou, com tranquilidade:

— Isso é fácil! Deixa comigo. Sem a reencarnação e o carma, para mim, Deus não existiria. Isso é tão óbvio e fundamental como o ar que eu respiro.

Todos sorriram enquanto Rafael prosseguia:

— É um bom começo, mas para algumas pessoas arraigadas às crenças antigas pode não ser tão fácil de aceitar. Depois vamos trabalhar melhor o conceito de reencarnação e de carma.

Vamos agora ao terceiro e último alicerce, que deve ser um mecanismo que mantenha o Universalismo Crístico sempre em evolução, jamais se tornando sectário ou rotulado por alguma religião. Seria: *a busca incessante pela sabedoria espiritual aliada ao progresso filosófico e científico com o objetivo de promover a evolução integral da humanidade.*

Foi exatamente a ausência desse princípio que provocou a estagnação do Espiritismo codificado por Allan Kardec. Não podemos permitir que isso aconteça novamente! Essa metodologia de compreensão espiritual deve ter um perfil semelhante ao dos estudos científicos. Todas as novas informações devem ser aceitas para estudo, desde que possuam critérios sólidos e sensatos. Em seguida devem ser exaustivamente debatidas até serem aceitas como uma nova verdade. Se possível, depois de discutidos e aceitos, esses novos avanços no campo da compreensão espiritual devem ser publicados em uma revista semelhante à "Scientific American", só que com enfoque nas questões espirituais a serem comprovadas por meio de uma sensata metodologia.

Todos ficaram em silêncio depois das colocações de Rafael. Foi Eduardo quem quebrou o gelo, dizendo, com empolgação:

— Fantástico! Simplesmente fantástico! E o mais interessante é a simplicidade do mecanismo. Apenas três alicerces e espaço livre para debates. Algo sem lugar para os tradicionais "donos da verdade".

Rafael sorriu e falou:

— É isso aí! Sem dogmas, sem rituais, sem verdades definidas por gurus de natureza suspeita ou então por informações milenares que já não atendem mais as necessidades atuais. O que é verdade hoje poderá ser uma meia verdade amanhã, porque a humanidade estará sempre em constante evolução. O que hoje acreditamos como sendo o máximo da sabedoria, dentro de 10 ou 20 anos será um pálido esboço dessa verdade.

Érica olhou para Rafael e falou:

— Parabéns por esse insight genial! Mesmo que tenha sido inspiração do Alto, você não deixa de ter mérito em captá-lo.

Rafael fez um gesto sereno com a cabeça. Os seus olhos brilhavam como duas pérolas.

— Vamos plantar a semente e deixar que essa árvore se desenvolva com o auxílio de todos os homens de boa vontade que desejam ver o progresso das religiões! Não vamos impor nem determinar nada. A única verdade absoluta nesse momento é a indiscutível lei áurea: *ame ao seu próximo como a si mesmo*. O resto estará em aberto para debates. Nós teremos as nossas bandeiras, as quais defenderemos com fervor, como por exemplo a crença na reencarnação do espírito, mas estaremos abertos a novas informações. Somos todos aprendizes em busca de um consenso.

Todo aquele que apresentar crenças embasadas em estudos sérios será ouvido com atenção e carinho. Que cada um defenda as suas ideias. A pedra está lançada! O objetivo disso não é realizar uma competição ou uma guerra de ideologias espirituais, mas confrontar o homem com a sua própria crença, de forma racional. É preciso compreender no que se crê para se caminhar em direção ao progresso espiritual, e fazer exatamente o que a ciência faz para progredir, livre de dogmas e de verdades místicas.

Eduardo olhou para Rafael e falou, com convicção:

— Meu irmão! Volto a lembrar: religião é questão de foro íntimo e de fé! As pessoas acreditam que não precisam existir lógica e razão por trás de suas crenças. Nem todos pensam como os espíritas ou espiritualistas modernos. Nós estamos empolgados porque essa é a forma como entendemos e aceitamos a Espiritualidade.

Rafael colocou as suas mãos sobre os ombros do amigo e falou, com alegria:

— Sim! Mas não custa tentar. Talvez as pessoas mudem de ideia, ou então vamos atender a quem já está preparado para uma nova visão. Ninguém pode nos condenar por abrir esse fórum de discussão espiritual. Este é um chamado do Alto que não podemos deixar de atender.

Érica então falou, demonstrando uma alegria única:

— Já existem várias pessoas pensando sobre essa universalidade de crenças por todo o mundo: "o ecumenismo". E se as informações espirituais se confirmarem, em breve reencarnarão na Terra espíritos que se encaixarão perfeitamente nessa nova visão.

Rafael se virou para a encantadora amiga e respondeu, com serenidade e carinho:

— A comunicabilidade dos espíritos já existia antes de Allan Kardec, só que ninguém tinha organizado esses conceitos como fez o grande mestre espírita. É isso que pretendemos, criar uma metodologia para o verdadeiro pensamento espiritual universalista.

Na verdade nós precisamos criar essa nova consciência entre as pessoas, independentemente das religiões. No início devemos procurar agregar as religiões para depois libertar o homem de conceitos e de dogmas sectários. Teremos atingido plenamente nosso objetivo quando a humanidade deixar de ser escrava de suas religiões e buscar verdadeiramente se espiritualizar, independente de dogmas e rituais.

Eduardo suspirou e disse, já conformado em se lançar naquela fantástica aventura:

— Bom! Que assim seja! Será uma tarefa árdua, pois cada um tem a sua verdade. E o pior: cada um tem uma capacidade diferente de compreensão espiritual. Mas, como disse Rafael, não podemos nos furtar de nosso papel nessa história. O cavalo está passando encilhado à nossa frente, devemos montá-lo e cumprir nossa tarefa no mundo. Eu tenho convicção de que as coisas não acontecem por acaso. É nosso destino estarmos aqui reunidos para conceber essa nova filosofia, enquanto o país (e quem sabe o mundo) está vidrado em uma partida de futebol.

Todos concordaram com olhares significativos. Rafael então falou:

— O nosso primeiro passo é convidar líderes religiosos, aqui mesmo de São Paulo, e propormos um debate para apresentar essa ideia. Eu sugiro que o Eduardo faça os convites. Vou providenciar o aluguel de um auditório para isso.

Érica então falou:

— Não poderíamos fazer esse encontro no auditório da casa espírita?

— Não! — respondeu Rafael. — Não quero associar o nosso trabalho a nenhuma religião. Como já disse a vocês, temos de nos despir de nossas crenças religiosas para sermos aceitos pelas outras religiões. Ademais, já estamos sendo quase expulsos do centro espírita, porque eles não entendem a nossa visão progressista. Certamente eles não cederiam o auditório para atender a uma ideia que não compreendem e que resistem a aceitar. O medo do desconhecido é um dos piores males da humanidade!

Tadeu riu.

— É verdade! Isso é muito engraçado. Nós estamos seguindo a vontade de Allan Kardec de manter o Espiritismo alinhado com o progresso, mas somos tratados como loucos dissidentes.

Rafael olhou pela janela, com enorme pesar, e disse:

— Lembrem as palavras de Jesus, meus amigos. "Nenhum profeta é reconhecido em sua terra." Eu sinceramente acredito que o que discutimos aqui hoje é a profecia de um novo tempo dentro da compreensão espiritual do mundo. O que seria a nossa "terra" se não a nossa própria crença religiosa, onde demos os nossos primeiros passos rumo à consciência espiritual que hoje possuímos? Quem tiver olhos para ver, que veja!

Rafael então desanuviou a sua mente e falou:

— Teremos de, a princípio, derrubar duas percepções errôneas. Portanto, o primeiro passo será fazer que os leigos compreendam que não estamos falando de religião, mas procurando promover a espiritualização do mundo. O segundo será fazer com que os religiosos, de todas as doutrinas, entendam que não estamos defendo uma religião alternativa, mas quebrando o velho paradigma espiritual da submissão a crenças para construir a visão do futuro, que é a busca da espiritualidade individual, a autoconscientização espiritual. Somente a verdade, e sua consciência plena, é que liberta!

Sigamos a orientação do mestre Jesus: "Conhecei a verdade e a verdade vos libertará".

3
Amar ao próximo como a si mesmo

Duas semanas depois vamos encontrar o grupo de amigos idealistas em um amplo auditório com capacidade para 200 pessoas. Rafael vira-se para os amigos e pergunta, com impaciência:

— Quem vocês convidaram? O salão está vazio.

Eduardo olhou para ele e respondeu:

— Nós convidamos os líderes religiosos de nossa cidade. Não era para ser assim?

Rafael meditou por alguns instantes e disse, com amargura na voz:

— Os líderes das religiões serão sempre os mais difíceis. Eles precisam defender as suas posições de destaque. E se chegaram lá é porque são ambiciosos. Certamente não cederão facilmente a uma nova ideia que, com o tempo, ameaçará a sua crença. Lembrem-se da atitude de Caifás quando se sentiu temeroso pela mensagem de Jesus. Há muitos interesses em jogo! Nós teremos de apostar nas pessoas de mente aberta e nos jovens que ainda não estão impregnados com crenças sectárias. O passar do tempo somente enraíza ainda mais as convicções antigas em almas que se negam ao progresso. A resistência à mudança então se torna ainda maior. Eu sei que não devemos generalizar, mas isso que digo é muito comum no cenário religioso.

Érica então colocou as mãos nos ombros de Rafael, que estava sentado à mesa.

— Veja, meu amigo, o público está chegando!

Eduardo se inclinou para Rafael e disse, com um ar de vitória:

— É claro que convidamos outras pessoas. Muitas delas pensam como nós e procuram uma visão espiritual progressista e libertadora. Eu convidei até um ateu convicto, como você pediu.

Rafael concordou com um gesto, enquanto ajeitava os longos cabelos por detrás das orelhas, e falou:

— É assim que tem de ser! Nada de preconceitos ou restrições. Todos devem ter espaço para opinar, independentemente de etnia, religião, ideologia política ou opção sexual. Seja o que for! Todos somos irmãos, filhos do mesmo Pai e com direitos iguais perante a vida.

Em poucos minutos, o salão contava com pouco mais de 30 pessoas. Rafael olhou para os amigos e disse:

— Vamos começar! Não virá mais ninguém. Não adianta nos iludirmos. Acredito que se fosse um show de música teríamos 100 vezes mais pessoas.

Tadeu, sempre divertido, falou:

— Pense em Chico Xavier! Na sua primeira reunião não compareceu ninguém, apenas os espíritos, como afirmou o seu mentor espiritual, Emmanuel.

Todos riram e Rafael disse:

— É verdade! Certamente esse auditório está repleto de espíritos de boa vontade.

O anunciador da Nova Era, então, mais descontraído, iniciou a apresentação de seu projeto e pediu a colaboração de todos ao que chamou de uma nova visão espiritual para o mundo. Muitos olhavam para ele desconfiados, tanto por sua idade como por suas ideias revolucionárias. No entanto era difícil não se emocionar com a empolgação e a esperança que irradiavam daquele rapaz idealista sobre o palco.

Depois de Rafael expor a ideia central de seu projeto e apresentar de forma resumida os três alicerces do Universalismo Crístico, não demorou muito para um dos espectadores inquiri-lo:

— Por que temos que ouvir um espírita ditar regras sobre como deve ser a nossa crença espiritual?

Rafael abaixou a cabeça por alguns instantes, meditando sobre qual seria a resposta mais adequada, e depois prosseguiu, com imenso carinho e sinceridade:

— Não estou aqui na qualidade de espírita. Na verdade me despi de rótulos, e acredito que todos devam fazer o mesmo. Parece um contra-senso, mas somente quando abandonarmos as nossas dogmáticas religiões é que nos tornaremos verdadeiramente irmãos. Chega dessa luta sem fim do "nós" contra "eles". Quem detém a maior verdade? Peço que me vejam apenas como um ser em busca da verdade, nada mais que isso.

Além disso, não estou aqui na condição de quem irá ditar regras, mas sim na de mediador desse grande debate. O que apresento aqui é com o desejo de ser contestado, pois só assim poderemos construir um verdadeiro consenso de ideias. Eu sou um ser irrequieto, em busca da verdade! Se eu estiver errado, me ajudem a encontrar a verdade. Mas por favor, não se calem! Não me deixem só nessa busca. A minha maior tristeza seria caminhar sozinho em busca da verdade.

Ele olhou para todos e falou, quase em tom de súplica:

— E não me desmereçam pela minha idade. Analisem a minha proposta, e não a minha suposta maturidade. Lembrem-se de que Alexandre, o Grande tornou-se rei da Macedônia aos 16 anos. Não é a idade que torna alguém melhor para essa ou aquela tarefa, mas sim a qualidade do que se apresenta. Esqueçam-se de mim e foquem a sua atenção na proposta que lhes apresento.

Rafael suspirou por alguns segundos e depois prosseguiu:

— Para conseguirmos atingir o objetivo aqui apresentado teremos de deixar o nosso orgulho e prepotência do lado de fora dessa porta. As nossas verdades individuais aqui serão tratadas apenas como meras hipóteses a serem discutidas entre todos com o objetivo de um consenso. Somente a lei áurea, *ame ao seu próximo como a si mesmo*, deve ser entendida como absoluta. Todo o resto está passível de críticas e aberto ao debate.

O público então concordou com as palavras do jovem orador por meio de um olhar significativo de respeito. Ele agradeceu a todos e voltou a falar:

— Acredito que todos nós seremos grandes propagadores dessa nova ideia, pois quem está aqui nessa tarde já anseia há muito tempo por uma evolução na concepção espiritual que conhecemos. A nossa mais difícil tarefa será esclarecer aqueles que estiverem arraigados às suas crenças e que não desejam pensar. Para isso deveremos desenvolver uma linguagem moderna e que provoque reflexão. A nossa meta jamais será obrigar alguém a acreditar no Universalismo Crístico; entretanto, não podemos nos furtar do dever de retirar o cabresto dos olhos de nossos irmãos. Somente a fé raciocinada e compreendida realmente promove um crescimento interior e uma transformação para a Luz.

Todos se entreolharam, meditando sobre as palavras do jovem iluminado. Depois de alguns longos segundos, um senhor de cabelos grisalhos e tez morena falou:

— Meu jovem, eu acho louvável a sua preocupação com o despertar da consciência das pessoas, algo que creio ser necessário também. Mas me diga: o que você acha que está apresentando de novo? Isso tudo que você fala já foi discutido por outras pessoas em várias épocas da humanidade. O próprio conceito de amar ao próximo como a si mesmo é de conhecimento geral de todas as religiões. Qual é o mistério sobre o que você prega?

Rafael concordou com um gesto sereno e respondeu:

— Sim! Basicamente não estamos trazendo nada de novo, a não ser a tentativa de descerrar o véu da ilusão que obscurece os olhos do mundo. A questão da universalidade do conhecimento espiritual não é novidade, mas jamais ela foi aplicada de forma popular. Esse projeto é ousado porque coloca as coisas de forma clara até mesmo para as pessoas com restrita capacidade de compreensão. No passado somente os sábios seguiram por essa abençoada vereda da consciência espiritual plena. O nosso maior desafio é popularizar a compreensão da verdade.

Você falou sobre o conceito de amor, que é universal e que todos o compreendem. Será mesmo assim? Para vocês talvez isso não seja mistério, mas o nosso objetivo principal são os leigos e os espiritualizados que não enxergam a verdade por se escravizarem a dogmas e rituais em detrimento da verdadeira mensagem divina. As pessoas, tanto as alienadas como as espiritualizadas, entendem realmente o que é o amor e como ele age em nossos corações?

Rafael fez um sinal de dúvida, enquanto ajeitava o longo cabelo por detrás das orelhas:

— O amor é doação ou apego? — voltou a questionar. — Acredito sinceramente que até mesmo esse conceito elementar dentro das religiões ainda não foi bem compreendido. E por quê? Porque ainda estamos inseridos em uma compreensão espiritual limitada e alienante. Esses conceitos não são abordados com clareza e profundidade, e assim a humanidade caminha à margem do rumo que leva à verdadeira felicidade. Os homens em geral entregam os seus destinos às religiões, que apenas estipulam uma série de rituais simbólicos que pouco ou nada influenciam na verdadeira reforma interior de seus adeptos.

Alguns poucos percebem o que é o amor, através da exemplificação dos grandes avatares como Jesus. Entretanto a grande maioria desconhece que amar é se doar sem esperar nada em troca. Jesus demonstrou isso quando curava e amparava paralíticos, cegos e leprosos. O Mestre dos mestres não fugia do contato com esses, mesmo eles não tendo nada a lhe oferecer.

Infelizmente os ensinamentos mais ricos de Jesus sobre o amor ainda foram pouco explorados, porque não fazem parte dos evangelhos oficializados pela Igreja e por causa das distorções que sofreram esses relatos oficiais sobre a vida do grande mestre. Um dia teremos acesso a muitos outros ensinamentos de Jesus sobre essa complexa virtude, ainda tão pouco compreendida e aplicada. O material que temos (diversos livros das mais variadas correntes do Cristianismo moderno) nos mostra a natureza do amor ensinado por Jesus de Nazaré.

Rafael olhou para o teto do auditório, como se vislumbrasse o céu, e prosseguiu, parecendo ser inspirado pelo Alto:

— E como o homem vê o amor? Em geral de uma forma egoísta e dominada pelo apego. Até mesmo as mães, exemplos principais da virtude soberana do amor, algumas vezes manifestam toda a intensidade do seu amor como apego. Lutam ferozmente para mimar os filhos e protegê-los do mundo exterior, mas se esquecem de ensinar a conduta correta que devem seguir como cidadãos do mundo. Em vez de prepará-los para a caminhada rumo à Luz, os transformam em pequenos déspotas, que se irritam na primeira contrariedade. No desejo de amar, terminam por destruir!

Existe uma total ausência de consciência. Essas mães não percebem que os seus filhos não são suas propriedades, mas sim um tesouro abençoado que lhes foi confiado por Deus, com o objetivo de educá-los de forma saudável para que no futuro se tornem grandes homens. As mães lúcidas que compreendem a verdadeira acepção da palavra "amor" são aquelas que sabem quais são suas responsabilidades como educadoras e jamais fogem do senso de justiça para encobrir os equívocos dos filhos. Elas não são donas dos filhos e não possuem apego. Compreendem a missão de instrutoras, a mando do Pai, para iluminar o caminho das novas almas que encarnam no mundo físico.

Rafael caminhou de um lado ao outro, olhando nos olhos de toda assembleia, tentando perceber se havia sido claro.

— Um outro exemplo da distorção do verdadeiro significado do amor está nesse sentimento entre jovens enamorados. Raras vezes procuram doar-se! Em geral desejam "sequestrar" a beleza do outro para saciar os seus desejos. Caso ocorra algum imprevisto que cesse o desejo de cobiça, o amor deixa de existir, tão logo como surgiu. Não existe o sentimento puro do amor para compartilharem uma existência juntos, na alegria e na tristeza. O que ocorre é uma momentânea cupidez pelo que pode ser aproveitado da beleza e das posses alheias.

Por exemplo: um casal se une atraído pela beleza e elegância um do outro. Caso ocorra um acidente ou uma doença que cause debilitação, raros são aqueles que mantêm o sentimento de amor. Já percebi muitos casamentos que acabaram quando o outro deixou de atender ao desejo que gerou o apego. O amor é um sentimento eterno, e não volúvel como a afeição egoísta, a paixão e o desejo. Nem precisamos ser tão extremos para exemplificar isso. Algumas vezes pequenas contrariedades que firam o ego ou venham de encontro aos caprichos do cônjuge já bastam para colocar fim no relacionamento.

Se tivéssemos no mundo jovens espiritualizados, veríamos mais casos de amor duradouro em casamentos do que de paixões transitórias, que acabam à primeira contrariedade.

O amor verdadeiro é um sentimento que só encontra morada em corações equilibrados e generosos. Devemos aprender a senti-lo e a compreendê-lo, e não simplesmente falar o seu nome como se fosse um objeto a ser adquirido no mercado mais próximo. A frase "eu te amo" não pode ser banalizada. "Eu desejo você" não significa "eu amo você". Somente quem alia esse sentimento à busca da sabedoria é que realmente encontra paz, harmonia e felicidade. O segredo está na compreensão e no equilíbrio desse nobre sentimento que, em mãos despreparadas, se torna um cavalo selvagem, mas no coração de almas nobres torna-se o principal instrumento de evolução humana e espiritual.

O jovem iluminado sentou-se na mesa, pensou por alguns instantes e concluiu:

— Às vezes isso tudo me parece tão óbvio! E o que mais me impressiona é que a humanidade desconhece ou não sabe aplicar em si conceitos elementares desse amor, que é tão propagado.

O amor não é conveniência, mas sim doação incondicional. Ele não é a permissividade dos pais, mas educação rígida e ao mesmo tempo fraterna, com a consciência da responsabilidade outorgada por Deus. Amar é compreender a verdadeira natureza de Deus e viver em paz e harmonia com todos os seres ao nosso redor, sejam eles os animais, a natureza, o nosso cônjuge, os amigos, os demais povos, as demais crenças religiosas, as demais etnias; enfim, as culturas e hábitos diferentes pelo mundo. Ou seja, amar é viver em harmonia com todos os nossos irmãos, filhos de um único Pai: o Criador do universo!

Rafael olhou para o público e falou:

— Mas vocês podem dizer: "tudo bem, e quem não sabe disso"? Eu sei que é fácil chegar a essas conclusões, por esse motivo que afirmo a importância de promovermos um processo de "despertar" na mente humana, por meio de uma linguagem clara e desprovida de cacoetes religiosos. Essa mensagem tem de chegar forte no coração dos homens, assim como as músicas de sucesso do momento. Não sei como, mas temos de descobrir uma forma de traduzir as Verdades Eternas em uma linguagem que atinja as grandes massas.

Chega de hipocrisia religiosa e de argumentos que não tocam o coração e não despertam a mente humana. Temos de rever toda a cartilha religiosa que sempre nos foi imposta. O que é certo e o que é errado? O que é divino e o que é uma imposição religiosa medieval? A ciência está evoluindo a passos largos, mas os nossos conceitos sobre Deus e espiritualidade ainda se encontram no passado. Precisamos dar um basta nisso e mostrar a todos que nem tudo que as religiões nos ensinaram é absoluta verdade. Elas foram úteis ao seu tempo, mas hoje em dia precisam ser reformuladas.

Uma bela moça de uns 30 anos ergueu a mão e falou:

— Compreendo perfeitamente o que você fala e parece que foi isso que procurei por toda a minha vida. Jamais me conformei com os dogmas ultrapassados que as religiões sempre tentaram nos incutir. Mas não há como negar que esse novo conceito que você prega será algo como tirar o chão das pessoas. Elas pensam assim como pensavam os seus antepassados e suas mentes não foram programadas para realizar essa reflexão por si só!

Rafael concordou e disse:

— Você tem razão! Será uma grande batalha e eis mais um motivo para todos nos unirmos nessa abençoada tarefa de remover o véu de Ísis que ainda cega a humanidade do terceiro milênio. Nós estamos adentrando na Era de Aquário, a era do Mentalismo, onde a fé raciocinada será um elemento fundamental para promover a verdadeira espiritualização. Uma nova geração de espíritos iluminados já está reencarnando na Terra e necessitará de um terreno preparado e fértil para realizar o seu plantio.

Nós somos os desbravadores desse terreno. A nossa missão é preparar a terra para a semeadura divina das novas gerações que estão por vir. Caso não façamos o nosso papel, eles terão imensas dificuldades para se adaptar a esse obsoleto sistema religioso que ainda vigora em nossos dias. Isso certamente promoverá mais um longo atraso no despertamento consciencial da humanidade, como o que ocorreu nesses dois mil anos desde a vinda de Jesus.

A moça ergueu novamente a mão e falou, com um largo sorriso no rosto:

— Pode contar comigo nessa tarefa!

Ele agradeceu com um olhar e naquele mesmo instante um outro jovem falou:

— Comigo também! Mas não esqueça que você vai encontrar muitos inimigos. Mexer com assunto de religião é cutucar um vespeiro!

Rafael e seus amigos sorriram e ele falou:

— Tem razão! Ainda bem que os tempos são outros e hoje em dia vivemos em uma sociedade com liberdade de expressão religiosa. Todos nós procuraremos realizar um trabalho sério e principalmente que respeite as religiões. Não estamos aqui para destruir, mas sim para promover uma evolução no modelo religioso vigente. Aquele que refletir e for sincero consigo mesmo apoiará a nossa ideia. Já o que vive em hipocrisia e escravizado à escuridão de sua alma nos combaterá. No entanto não estamos aqui para julgar o comportamento deste ou daquele. Estamos aqui para cumprir o nosso papel no empolgante teatro da vida.

Não podemos esquecer também que teremos de respeitar os espíritos de boa vontade que não possuem ainda capacidade para vislumbrar um conceito superior de entendimento espiritual. Não é porque não estão prontos para o Universalismo Crístico que não estão do lado de Deus. Chegará o dia, em vidas futuras, que estarão conosco, já adaptados ao novo cenário que se instalará na Terra nas próximas décadas.

Existem casos que somente o renascimento pode modificar. Eis uma das diversas vantagens das sucessivas encarnações na matéria. Algumas vezes é importante esvaziar a vasilha para que ela receba novo conteúdo. Algumas almas não estão prontas para reciclarem-se em vida. A nova existência, apagando o passado, serve de importante instrumento para libertação das sutis amarras que às vezes aprisionam a mente.

Rafael suspirou, tomou um gole de água e voltou a falar.

— Já que estamos abordando com profundidade o primeiro alicerce do Universalismo Crístico, eu gostaria de falar também sobre o nosso compromisso com o cultivo das virtudes que os grandes avatares nos ensinaram. Eis mais uma prova da urgência de apresentarmos à humanidade uma nova compreensão espiritual, mais atual e participativa.

Até mesmo os que se dizem fiéis a alguma religião estão perdendo o compromisso com estes valores. Em todos os cenários da vida humana vemos corrupção, intrigas, ciúmes, inveja, ódio, vingança e todo o tipo de sentimento anticrístico. Isso não é apenas fruto da maldade humana, mas uma consequência natural da alienação espiritual em que vive o mundo.

Almas primárias jamais podem ficar distanciadas de uma educação verdadeiramente espiritual e que cultive a reflexão sobre a importância desses valores para a construção de uma sociedade harmoniosa. Quando um modelo social chega no nível em que a imensa maioria pensa somente em seus próprios interesses, alheia à sorte do resto da sociedade, é porque estamos chegando a uma situação apocalíptica. Assim como a natureza, a lei do carma não se protege, mas se vinga da maldade humana. As grandes provações coletivas vividas pela humanidade em toda a sua história foram alimentadas pelo mesmo desequilíbrio de valores em que vivemos nesse início de milênio.

É fundamental promovermos uma reflexão sobre os valores

que cultivamos. É necessário convidarmos todos a um sincero exame de consciência para refletirmos, em conjunto, sobre como estamos agindo em nosso dia-a-dia. O descaso para com a nossa ventura espiritual nos leva gradualmente a uma permissividade inconsciente e à prática do mal como algo muito natural. Se continuarmos nesse ritmo, em breve os criminosos serão aplaudidos por sua esperteza e os honestos, punidos por sua tolice.

O apóstolo João, no *Livro do Apocalipse*, já afirmava que quando o fim dos tempos chegasse, o que é certo passaria a ser errado, e vice-versa. Ou seja, nada além da inversão de valores que presenciamos hoje.

Rafael parou alguns instantes para recuperar o fôlego e, nesse instante, um dos espectadores solicitou a palavra. Era Silvio, o ateu que havia sido convidado por Eduardo. Ele pensou por alguns instantes e perguntou:

— Quando você fala sobre resgatar os valores morais que a sociedade está abandonando, a que se refere? Aos valores impostos pelas religiões? Mas você mesmo afirmou que todo o ensinamento e conceito espiritual devem ser rediscutidos. Como avaliaremos qual é a moral correta, já que a moral religiosa a que estamos habituados é um conjunto de valores medievais?

Rafael sorriu com a pertinente pergunta e respondeu:

— Excelente colocação, meu amigo! E eu pergunto a vocês: qual é a moral de Deus? É aquela imposta de acordo com os nossos costumes e compreensão do mundo ou é algo muito maior, que ainda não temos capacidade para compreender?

O público manteve-se em silêncio e o jovem sábio respondeu a sua própria pergunta:

— A moral sempre foi adequada aos costumes de cada povo. A nossa sociedade realmente vive de acordo com a concepção de moral imposta pela Igreja medieval. Nós conquistamos alguns avanços, mas ainda estamos cruelmente submetidos a conceitos baseados na repressão, dentro da concepção de que tudo é pecado. Até mesmo o dinheiro e o conforto são pecado para alguns religiosos mais ferrenhos, quando na verdade o pecado está unicamente na má aplicação do dinheiro. Quando usada para o bem da humanidade, a riqueza é motivo de grande júbilo aos olhos de Deus. São esses conceitos morais atrasados que afastam os homens do Criador.

E vocês querem saber qual é a moral correta aos olhos de Deus? É única e exclusivamente aquela que atende às leis: "ame ao próximo como a si mesmo" e "não faça aos outros aquilo que não gostaria que lhe fizessem". Essas leis (a lei áurea) nada mais são do que o primeiro alicerce do Universalismo Crístico!

Ou seja, a moral está diretamente ligada à nossa relação com os nossos semelhantes. Se porventura você for ser relacionar com uma pessoa idosa, acostumada com um padrão de conduta conservador, haja dessa forma. Se você estiver com pessoas que possuam a mesma concepção de mundo que você, sinta-se livre para agir conforme seu pensamento, pois não as ofenderá. Isso no que diz respeito a regras de comportamento social.

Um rapaz com grandes olhos negros e cabelos espigados então perguntou:

— Mas dessa forma então um assaltante poderá considerar correto roubar, pois seus amigos pensam da mesma forma?

Rafael olhou para ele e respondeu:

— Mas ele não estará prejudicando o seu próximo? Ele não estará causando prejuízo ao seu irmão? Lembrem-se: eu me refiro a ser livre para agir e ter um padrão de comportamento independente desde que não se fira a sensibilidade daqueles com quem estamos nos relacionando e também não se causem prejuízos a quem quer que seja.

Silvio concordou com um olhar e voltou a perguntar:

— Segundo essa sua tese então os homossexuais não teriam por que ser condenados pela religião, já que não prejudicam ninguém. Alguns se ofendem com a sua opção sexual, mas isso seria fruto de costumes preconceituosos. Não estou correto?

Rafael meditou por alguns instantes e respondeu:

— Você tem razão! Em nenhum momento um homossexual deve sofrer qualquer tipo de perseguição ou recriminação. O seu comportamento de forma alguma é imoral. No entanto temos de avaliar a finalidade do Plano Divino.

Rafael meditou por alguns instantes e concluiu:

— Entretanto esse é um tema que prefiro abordar em uma reunião futura, no transcorrer dessa nossa cruzada em busca do esclarecimento espiritual.

A pequena assembleia compreendeu que Rafael não desejava fugir do tema central da noite e também desejava um público maior para abordar um tema tão delicado. Todos concordaram e se mantiveram em silêncio.

Rafael, então, sacudiu os ombros, meditou por alguns instantes e voltou a falar:

— Como vocês viram, o que digo não é nada de novo! Talvez seja nada mais do que o mesmo, com outra roupagem só um pouco mais moderna. O que procuro é despertar o mundo da cegueira espiritual em que se encontra. Não é possível que no limiar do terceiro milênio a humanidade terrena ainda viva nessa hipocrisia religiosa, como se a crença espiritual fosse um hobby, um esporte ou, pior ainda: uma opção social a ser ostentada.

A espiritualidade deve ser um tema central na vida dos homens e da sociedade, independentemente das religiões. Que cada um trace o seu roteiro e faça uma reflexão interior sobre os aspectos internos que deve melhorar. Que busque pela sua própria consciência uma nova compreensão espiritual, abrindo horizontes em sua mente, rompendo crenças preestabelecidas. Essa é uma caminhada individual que só diz respeito a cada um de nós. Não precisamos provar nada para ninguém. Ninguém deve nos julgar, a não ser nossas próprias consciências e a Mente Suprema do Criador.

Que cada um abandone seus conceitos superficiais e encontre o seu tesouro interior. Os grandes mestres espirituais como Jesus não vieram à Terra para nos salvar, mas sim para nos ensinar o caminho. Deus não é um ser externo a nós ao qual devemos nos subjugar e humilhar sem entender os Seus desígnios. O Criador está em nós assim como estamos Nele. Nós somos centelhas divinas; como tal devemos compreender o que Ele deseja de seus filhos e, então, fazermos a nossa parte no grande projeto divino.

Rafael suspirou, já exausto de tanto falar, e concluiu:

— Amigos, é hora de despertar e fazer os outros despertarem!

Ele então ergueu as mãos para o alto e falou:

— Acho que por hoje já conversamos bastante. Eu preferi me concentrar no primeiro alicerce do Universalismo Crístico. Na próxima reunião falaremos sobre o segundo: *a crença na reencarnação e no carma, pois sem estes princípios não existe a Justiça Divina*. Esse tema será polêmico, porque ainda não podemos aceitá-lo como uma verdade absoluta, devido a diversas religiões cristãs ainda não concordarem com a crença na reencarnação. Espero contar com a presença de todos e que vocês possam convidar outros interessados na busca da Verdade. Seria muito bom ver esse auditório lotado de pessoas que almejam despertar para a Luz. Um grande abraço a todos e até a próxima reunião. Que Deus esteja conosco!

O pequeno público repetiu as palavras finais de Rafael e aplaudiu. O iluminado jovem agradeceu o carinho com um expressivo olhar. A assembleia se retirou tranquilamente enquanto ele recebia as felicitações dos amigos.

— Acho que começamos bem!

Eduardo o abraçou e disse:

— O tema de hoje na minha opinião é bem tranquilo. Quem pode contestar o "amor ao próximo como a si mesmo"? Na próxima reunião, quando você falar sobre reencarnação, é que a polêmica vai surgir. Ainda mais se conseguirmos lotar esse auditório e trouxermos pessoas menos abertas que as de hoje.

Rafael olhou para o amigo com preocupação:

— Você tem razão! É melhor eu me preparar bem para abordar esse tema ainda tão polêmico entre as religiões cristãs. Nesse momento temos de procurar agregar a todos da melhor forma possível. A má interpretação de nossas palavras pode causar desgostos. Além do mais, a nossa mensagem não pode parecer espírita demais, caso contrário isso afastará as pessoas de outras religiões.

Eduardo sorriu e falou:

— Será que você não poderia realizar alguns milagres? Isso facilitaria tanto o nosso trabalho...

Todos riram e Rafael disse:

— Acredito que Deus somente utiliza desse recurso através de seus filhos quando a humanidade ainda está demasiadamente atrasada. Quero acreditar que os homens se espiritualizarão por sua própria consciência e não por uma triste barganha para obter saúde ou ventura nessa vida. Ademais aqueles que são alvos dos milagres geralmente são os que inconscientemente aprenderam a libertar as forças internas que os escravizam. Não existe ação sem uma reação na mesma medida! Eis o equilíbrio universal da obra de Deus.

Os amigos concordaram e, quando estavam saindo abraçados do auditório, Rafael viu seu pai sentado em uma cadeira, em um canto bem reservado do amplo salão de eventos. Ao vê-lo, o jovem falou, espantado:

— Pai, que você está fazendo aqui?

— Vim ouvir as palavras de um sábio! Parabéns, meu filho. Você tem desenvoltura e muita segurança. Achei muito interessantes e sensatas suas colocações. Uma pessoa lúcida jamais deixaria de refletir sobre o que você disse. Creio que o público que aqui esteve saiu transformado. A sua mensagem realmente liberta as consciências. Fico feliz por você e por mim, pois agora começo a compreender algumas coisas que sempre me foram um mistério. Jamais em minha vida ouvi algo parecido a respeito de espiritualidade.

Rafael sorriu, com lágrimas nos olhos, e falou:

— Que bom, meu pai! Jamais imaginei que um dia você compreenderia tão bem essa mensagem que brota do meu coração com tamanha força. Quem dera a mãe pensasse assim também!

Paulo sorriu e disse:

— Vamos esperar que com o tempo ela modifique os seus conceitos. O passar dos anos nos convida a profundas reflexões. Eu mesmo sou um exemplo disso. Talvez se eu ouvisse você falar como hoje, há alguns anos, nada me tocasse. E talvez eu viesse a repreender você severamente por suas ideias religiosas, assim como antes de nossa conversa há poucos dias.

Paulo suspirou e prosseguiu:

— Acho que cresci nos últimos anos, algumas vezes pela dor, outras pela sensatez de compreender que a vida é como um rio que segue o seu caminho natural. Ou aprendemos a navegar segundo o seu curso, ou sofreremos nadando contra a correnteza. Deus realmente está por trás de nosso destino. Feliz daquele que percebe isso! Acredito que hoje sou um pouco sábio, pois já consigo entender esse grande plano divino, como você disse.

Pai e filho, então, sorriram e saíram abraçados. Paulo então falou para o filho e os amigos:

— Vamos comer uma pizza! Acho que estamos todos com muita fome.

Érica sorriu e disse, com uma vivacidade no olhar típica de almas que sabem viver a vida com intensidade e amor:

— Que bom! Pensei que ninguém lembraria que devemos também alimentar o corpo, pois a alma já está saciada com essa noite maravilhosa de paz e luz.

4
A reencarnação e o carma

No sábado pela manhã, Paulo e seu filho jogavam tênis na quadra particular da ampla mansão da família. Rafael, com os seus longos cabelos castanhos, presos à moda rabo-de-cavalo, movimentava-se com destreza de um lado ao outro para responder aos ataques certeiros do pai. Ambos suavam muito por causa do intenso calor do início do verão, mas ainda assim duelavam com entusiasmo. Paulo, mesmo sendo mais velho, venceu a partida. Ele praticava tênis desde criança e possuía excelente habilidade, ao contrário de seu filho, que sempre fora mais afeito à filosofia do que ao esporte. Terminada a divertida disputa, os dois mergulharam na luxuosa piscina próxima à varanda.

Depois, ofegantes e sedentos, sentaram-se nas cadeiras ao redor da piscina para descansar sob o sol acolhedor daquela bela manhã, enquanto Maria lhes servia um refrescante suco de limão com hortelã. Paulo, então, olhou para o filho com admiração. Rafael a cada dia se tornava um homem mais belo e completo aos seus olhos de pai. A afeição que nutria pelo filho era maior ainda por causa de sua notável sabedoria espiritual – não o conhecimento espiritual, mas à forma que ele tinha de encarar a vida e seus problemas. Desde criança, Rafael sempre demonstrara impressionantes lucidez e maturidade para lidar com os revezes, algo realmente incomum entre os jovens antes do advento da Nova Era.

Depois de meditar sobre isso por alguns instantes, Paulo falou ao filho:

— Rafael, eu estou impressionado com as mudanças que ocorreram comigo nos últimos dias. Eu ouvi informações sobre religiões a minha vida inteira e sempre desdenhei disso, mas agora tudo me parece novo e analiso os acontecimentos do dia-a-dia sempre por um enfoque enriquecedor, hábito que não me era comum até pouco tempo atrás. Tudo agora me parece um novo aprendizado, como se eu fosse um aluno que estivesse dormindo na classe, mas agora despertou.

Paulo meneou a cabeça, ergueu as mãos e concluiu:

— Como eu não havia percebido toda essa riqueza espiritual antes? É uma visão que transforma o mundo para melhor como jamais imaginei! Os livros que você me passou para ler são de uma grandeza incomparável, só que antes eu os considerava leitura para pessoas simplórias. Será que estou sofrendo somente de um entusiasmo passageiro ou uma nova compreensão de mundo se apresenta, incondicionalmente, à minha limitada percepção?

O iluminado jovem respirou fundo, recuperando-se do cansaço da partida, e disse:

— Meu pai, o que ocorreu com você é o que chamamos de "despertar da consciência". Na verdade passamos anos, décadas e até séculos, se formos analisar as nossas diversas encarnações, indiferentes à mensagem espiritual que agora, finalmente, chegou serena e impregnada de sabedoria a seus ouvidos. Porém, nem sempre estamos preparados para recebê-la em nossos corações e mentes. Mas todas aquelas experiências e informações não se perdem, mesmo o indivíduo não estando preparado para absorvê-las. Elas ficam arquivadas em nosso inconsciente, até que chega o momento do "estalo" que nos liberta.

A sua libertação do mundo da ilusão, meu pai, ocorreu durante a nossa conversa, talvez antes mesmo, no momento em que ouvia com os amigos do escritório a pregação do pastor evangélico na praça. Naquele instante o seu psiquismo deu mais um passo em direção à libertação, finalmente atingindo o limiar entre a alienação e a consciência. Naquele abençoado instante, você viu a luz e compreendeu que o mundo é muito mais que os nossos cinco sentidos conseguem perceber. A mensagem espiritual libertadora deixou de ser uma figura ilusória em sua mente para tornar-se elemento fundamental de evolução em seu coração. Você deixou de raciocinar com o mundo religioso, sectário e dogmático e passou a vibrar em sintonia com o aspecto espiritual da vida!

A partir daquele momento tudo se tornou novo e diferente. Esse mesmo fenômeno maravilhoso do despertar da consciência é exatamente o que me causa infinita preocupação, pois todo o projeto que estamos trabalhando para realizar depende diretamente desse despertar. E infelizmente até mesmo alguns religiosos com profundo conhecimento espiritual oferecerão resistência à libertação do cabresto imposto pelo modelo religioso dogmático do passado. Se com eles já será difícil, imagine com relação àqueles que se encontram muito distantes de uma verdadeira compreensão espiritual.

Rafael olhou para o belo e florido jardim e falou, com a mente voando longe:

— O despertar da consciência é algo realmente mágico e instigante! Aquele que ainda não despertou pode achar completamente sem coerência o sentimento de espiritualidade, mas basta romper um "pequeno lacre" dentro de seu eu e tudo se transforma, como um passe de mágica. Isso é algo muito interessante e me faz lembrar da conversão de Paulo de Tarso na estrada para Damasco, nos primórdios do Cristianismo.

O seu pai sorveu o suco com prazer e depois falou, apreciando a beleza das frondosas palmeiras que cercavam a piscina:

— Sinto-me muito feliz e realizado por descobrir esse mundo novo. Antes eu me sentia vazio e cansado. Agora parece que a eternidade se descortinou aos meus olhos e eu consigo perceber o mundo de forma infinita, fato que me motiva a realizar projetos de real longo prazo. A partir desse despertar passei a ver o mundo não através de anos, mas sim por meio de séculos infindáveis de progresso e ventura. Somos imortais e temos uma longa caminhada de engrandecimento espiritual a realizar. E isso é um desafio realmente excitante.

Ele olhou para o filho e falou, com um sorriso que iluminou o seu rosto:

— Até mesmo a beleza desse jardim não me encantava mais. Mas depois dessa experiência mística que eu vivi, tudo se modificou. Na quinta-feira acordei cedo. Só a Maria estava de pé, preparando o café. Eu caminhei descalço até aqui e observei o vôo de dois beija-flores em meio às flores de nosso jardim.

Paulo colocou as mãos sobre os ombros do filho e prosseguiu com os olhos marejados de lágrimas:

— Rafa, eu fiquei emocionado e chorei. Algo que era inconcebível para mim até algum tempo atrás. Estou vivendo emoções muito intensas e preciso me controlar para não ser tachado de louco. Muitos dos meus colegas do escritório já estão estranhando a minha nova forma de pensar e agir, mais humana e fraterna.

Rafael concordou com o sorriso de quem conhecia aquela situação como ninguém, e disse ao pai:

— Entendo os seus sentimentos, meu pai, mas o alerto para caminhar devagar nessa direção. O equilíbrio é a chave do sucesso e da harmonia em todas as situações da vida. As pessoas não compreenderão a sua brusca mudança e isso pode causar-lhe algum desconforto. Construa a sua metamorfose espiritual com discrição e calma para não chocar aqueles que ainda são escravos da ilusão.

O sábio jovem segurou a mão do pai e falou:

— Veja, por exemplo, a minha mãe! Tenho certeza de que ela não assimilará bem a sua mudança, assim como já questiona as minhas atitudes. Vá com calma, caso contrário ela se sentirá isolada e até agredida. Não podemos tirar de uma hora para a outra a segurança que ela sempre teve dentro de seu mundo de alegrias transitórias. A mãe ainda não compreende que as riquezas da alma são o tesouro eterno da verdade. Ela ainda necessitará passar por experiências que derrubem seu castelo de sonhos.

Se ela perceber as suas intenções dentro de seus conceitos equivocados sobre espiritualidade, provavelmente acreditará que ambos venderemos os nossos bens, vestiremos uma bata surrada e sairemos pelo mundo a pregar as "loucuras de Jesus". Isso provocará em seu coração um sentimento de pânico, que será prejudicial a ela e a nós.

Paulo concordou com o filho, impressionado com a sua lucidez. Ele imaginou então todo o tempo em que o filho guardou em segredo absoluto os sentimentos e as intenções de que agora ele compartilhava, sempre com o objetivo de não magoar a ele e a esposa, ignorantes do caminho da luz. Cada vez mais impressionado com o fantástico quilate espiritual do filho, que tinha apenas 17 anos, ele falou:

— O que devemos fazer, então?

Rafael pensou por alguns instantes e respondeu:

— A mãe ainda está muito apegada aos desejos materiais e à satisfação dos caprichos da vida humana. Creio que seu momento de despertar ainda não está próximo. Temos de respeitar isso! No entanto devemos trabalhar o seu comportamento, fazendo-a refletir sobre as suas atitudes arrogantes e prepotentes, que estão tão enraizadas que nem mesmo ela percebe. Podemos realizar uma transformação de valores a partir de nosso próprio exemplo, evitando falar sobre assuntos espirituais aos quais ela ainda não está preparada.

Antes de mostrarmos ostensivamente a nossa espiritualização, vamos viver conforme um comportamento honrado e digno em todos os sentidos, fazendo-a perceber que não existe mais espaço em nossos corações para a maledicência, a inveja, o rancor, o ciúme e o ódio. No início ela reagirá mal, questionando-nos, mas façamos de conta que isso é uma posição muito natural de nossa parte e que nos torna muito felizes. A grandeza da alma não se mostra com discursos religiosos, mas sim com a ação serena em prol do Bem no dia-a-dia.

Paulo abraçou o filho com o coração pulsando de alegria.

— Sim, meu filho! Mais uma vez a sabedoria está contigo. Nós faremos dessa forma que você fala. E apesar de concordar com as suas palavras sobre a longa distância a ser percorrida até o despertar de sua mãe, eu trabalharei ardentemente para acelerar esse processo. Eu sei que você tem muitas preocupações com o seu grandioso projeto, mas eu gostaria de me ocupar em transformar a sua mãe para a luz. Eu a amo! Amo verdadeiramente! E não quero que o nosso casamento acabe pela ausência de bons valores em nossas vidas e pelo negativismo que se instalou sorrateiramente em nosso lar há anos.

Rafael sorriu, abraçou o pai com carinho e disse-lhe:

— Mas é claro, meu pai! E eu ajudarei no que for possível para que isso ocorra. Eu também desejaria que nós três vivêssemos sintonizados com a verdade. Para mim já é uma grande felicidade presenciar o seu despertar. Imagine se isso ocorrer com a mãe em curto prazo? Para mim será o Céu na Terra!

O iluminado rapaz apertou firme o ombro de Paulo e concluiu:

— Vamos trabalhar por isso! Vamos lutar para manter viva a união de vocês. Que a ignorância e a alienação dos homens não separe o que Deus juntou. Muitos casamentos se desfazem por causa da ausência de consciência espiritual entre os cônjuges. Se eles se uniram em matrimônio, seja de que forma tenha ocorrido, é porque havia laços cármicos ou de afinidade. É de bom senso que o casal lute para aparar as arestas de suas almas imperfeitas para assim encontrar a harmonia. O casamento é responsabilidade sagrada e não deve ser anulado por motivos fúteis.

Ambos sorriram e seguiram abraçados para dentro da casa, porque Maria já os chamava para o almoço. A generosa amiga de Rafael sentia-se extremamente feliz pela mudança no humor do patrão, antes sempre com um olhar sério e preocupado. Além do mais a amizade radiante entre pai e filho era algo lindo de se observar.

Assim, nessa aura de luz e paz, na quarta-feira seguinte, Rafael e os amigos estavam novamente reunidos no amplo auditório alugado para as reuniões iniciais do Universalismo Crístico. No futuro aquele lugar viria a ser lembrado como o local onde um novo tempo se iniciou no campo da compreensão espiritual. Ali a consciência humana haveria de desatar as suas primeiras amarras.

Rafael e os amigos estavam radiantes porque naquela noite, já no segundo encontro, o auditório estava praticamente lotado. Seria, sim, uma noite inesquecível! Rafael era um idealista nato, nascido "sob o signo de aquário". A perspectiva de sucesso do projeto que acalentava em seu coração lhe dava uma energia e uma disposição contagiantes.

Por causa do grande número de pessoas, dessa vez o jovem idealista optou por falar com o microfone, com o objetivo de ser ouvido pelos que se sentavam mais ao fundo. Ele, então, rapidamente realizou uma prece íntima e se dirigiu ao público para iniciar a sua exposição.

Contudo uma das senhoras sentadas mais à frente ergueu a mão e gritou para que todos ouvissem:

— Rafael, ore conosco, meu filho. Iniciemos essa noite iluminada nos unindo ao Criador.

Ele sorriu, meio sem jeito, e falou:

— Eu estava procurando evitar as preces porque esse é um evento absolutamente aberto, com a presença também de pessoas que não crêem em Deus e nas religiões. Eu tinha intenção de torná-lo algo mais cientifico e menos religioso. Temo que uma prece possa causar desconforto em algumas pessoas.

Nesse instante, então, Silvio, um dos ateus, que agora estava acompanhado de vários amigos que pensavam como ele, falou:

— Sinta-se à vontade para orar, meu amigo. Se a sua oração tiver a mesma lucidez e sensatez de suas palavras como orador, certamente ela tocará até mesmo o coração de quem não crê em Deus!

Rafael agradeceu as palavras de Silvio com os olhos marejados de lágrimas. Ele estava profundamente emotivo naquela noite. Com a voz embargada, ele disse:

— Obrigado, meu amigo, por suas palavras. Elas se tornam ainda mais importantes e valiosas vindas de você. Eu sempre acreditei em toda a minha vida que o que nos aproxima de Deus não é a nossa crença religiosa, mas sim os valores que trazemos em nossa alma. Acreditando ou não em Deus, acreditando ou não nas religiões, o que nos une ao Pai é nossa sintonia com o Seu amor. É a nossa prática natural em direção ao Bem comum. E isso independe de crenças religiosas! Existem pessoas que não crêem em Deus mas que estão ajudando a sanar a fome e a miséria na África; a sua ação é centenas de vezes mais benéfica aos olhos do Criador do que as de muitos religiosos renomados.

Todos aplaudiram Rafael, que abaixou serenamente a cabeça, fechou os olhos e orou em tom suave, carregado de puro magnetismo, envolvendo todos os presentes em uma aura mística de amor e paz:

"Deus Pai, Criador de todo Universo, abençoa-nos nessa noite... ilumina-nos nessa noite...

Estamos aqui reunidos, em Teu Nome, para darmos um novo passo em direção à Tua magnânima mensagem, trazida por diversos mestres em todas as épocas, com o objetivo de ser o farol que nos conduz à Tua Infinita Sabedoria, onde encontraremos a paz, o amor e a felicidade.

Séculos se passaram, e por incrível que pareça ainda continuamos escravos da triste luta entre o Bem e o Mal, pois esquecemo-nos de que o Bem e o Mal são apenas formas de compreender a dicotomia que representa o conhecimento e a ignorância.

'Conhece a verdade e a verdade te libertará', nos ensinou um dos Seus principais enviados: Jesus. No entanto quase nada aprendemos a respeito disso, pois dedicamos nossas vidas apenas às superficiais questões humanas, relegando a um segundo plano a aquisição da sabedoria espiritual que liberta a alma.

Todo aquele que descobre os porquês da vida criada por Ti, meu Pai, liberta-se do Mal e dos sentimentos negativos que o aprisionam às teias do infortúnio. Abre nossos olhos, querido Pai, para a busca da Verdade, porque ainda não a conhecemos!

Se eu pudesse realizar um pedido especial essa noite, que atingisse toda a humanidade, meu Deus, pediria para que um raio da Tua Infinita Sabedoria libertasse a humanidade de sua alienação e ignorância. Somente o Conhecimento da Verdade Maior pode nos despertar da nossa escravidão ao mundo das ilusões: o 'maya', conforme afirmam nossos irmãos budistas.

Faz, Senhor, com que nos tornemos cidadãos lúcidos do Universo. Não podemos mais continuar nessa trilha infinita de ignorância espiritual que enxerga a vida como uma mera manifestação de um acaso biológico.

Séculos se passaram desde a vinda de Jesus e dos demais iluminados avatares de nosso mundo, entretanto parece que a humanidade em geral pouco aproveitou de seus sublimes conceitos.

Por isso peço-Te, com humildade: ajuda-nos a compilar uma nova forma de compreender o complexo mecanismo espiritual, do qual a vida humana é somente um restrito campo de aprendizado.

Uma Nova Era surge no horizonte de nossa humanidade, exigindo uma mensagem espiritual mais clara e universalista. Somente a união dos homens de boa vontade em torno de um tratado unificador poderá libertar a humanidade de suas ilusões, porque as religiões hoje em dia apenas entorpecem o homem, que crê mais por formalismo do que por real identificação com a mensagem de luz.

Portanto, auxilia-nos, ó Senhor, a fazer com que nossos

irmãos compreendam que a vida humana é apenas um estágio de aprendizado, dentre muitos, e que a finalidade de nossa existência é evoluir a níveis superiores de consciência.

Para isso é necessário alimentar, educar e preparar a humanidade para uma nova compreensão do mundo e das coisas. É necessário quebrar paradigmas, com o objetivo de ingressarmos em um novo nível de consciência em todos os aspectos da vida.

Tenho certeza de que quando o homem entender que o Teu objetivo com relação a ele está acima do que nos apresenta as religiões, que apenas tentam interpretar as Tuas intenções, caminharemos para um mundo novo.

Auxilia-nos através dessas reuniões a construirmos um modelo concreto da Tua vontade, aperfeiçoando as mensagens anteriores e procurando estimular, através da ciência, da filosofia e do próprio espiritualismo, uma forma de provocar uma grande reflexão na humanidade para que ela compreenda e sinta que Tu não és apenas fruto da imaginação dos homens do passado, mas Aquele que criou o Todo e mantém a vida no Universo.

Dá-nos, Senhor dos Mundos, maturidade para colocarmos nossas crenças religiosas de lado para que possamos, através de uma sincera análise de toda a filosofia espiritual já compilada em nosso mundo, em todas as épocas, criar um novo modelo espiritual condizente com o avanço da humanidade no terceiro milênio. Inspira-nos a criar um verdadeiro Universalismo Crístico. Nós vivemos atualmente em uma era futurista na ciência e na tecnologia, no entanto ainda cultivamos crenças medievais no aspecto religioso.

Nascemos para evoluir, para nos tornarmos melhores a cada nova existência. Que o homem desperte para a sua missão, para o objetivo maior de sua vida. Que ele possa se libertar de seu pequeno mundo de ilusões e enxergar a verdadeira e infinita vida, como um pequeno peixe que é solto de seu aquário nas águas intermináveis do oceano e se surpreende com a ausência de limites em meio ao infinito.

Que assim seja!"

Rafael, depois de concluir a oração, manteve-se por alguns segundos com a mão apoiada sobre a grande mesa onde seus amigos o acompanhavam com lágrimas nos olhos. Para todos, as palavras não foram tão importantes quanto a energia gerada pelo anjo iluminado.

A vontade de Rafael de despertar a humanidade era tão grande que algo incompreensível se irradiava de seu ser de uma maneira única. Era uma energia carismática encontrada em raríssimos líderes na história da humanidade. Todos que o ouviam, pouco a pouco, percebiam que estavam em frente a uma criatura incomum. Mesmo com a sua pouca idade ele impunha um respeito e uma autoridade impressionantes.

Algumas freiras sentadas próximas do palco confabulavam entre si.

— Não há duvida! O Espírito Santo de Deus está com ele.

Enquanto isso a plateia absorvia, em silêncio, aquela energia abundante que colocou todos em um agradável estado de êxtase. Até mesmo aqueles que estavam ali para contestar as ideias do jovem inovador tiveram de se render à paz de espírito que contagiou a toda assembleia. Os mais sensitivos conseguiram inclusive perceber as irradiações de luz de quinta-essência que se expandiam por todo o amplo auditório, e que tinham um único foco gerador...

Rafael demorou mais alguns breves instantes para iniciar a sua exposição. Parecia que ele também estava inebriado com tanta luz. Espíritos iluminados das mais altas esferas espirituais da Terra o amparavam naquele instante mágico. Com o auditório em absoluto silêncio, ele iniciou a sua exposição. A sua voz suave, mas firme, irradiou-se por todo o amplo auditório:

— Meus amigos, hoje gostaria de falar-lhes sobre o segundo alicerce do Universalismo Crístico: *a crença na reencarnação e no carma, pois sem eles não existe Justiça Divina.* A esta verdade, diferentemente da primeira, que apresentamos semana passada, nós a trataremos como uma "verdade relativa". Isto porque não termos ainda elementos suficientes para atestar a sua autenticidade de forma indiscutível. No entanto, iremos hoje expor os argumentos que nos levam a crer que Deus não poderia existir, nem a Sua justiça soberana, caso vivêssemos uma única vida para alcançar o Reino dos Céus.

Peço-lhes, como fiz na semana passada, que todos se dispam de suas religiões e crenças preconcebidas para esse debate. Como já lhes afirmei: não sou o dono da verdade! Posso estar equivocado e por isso desejaria um debate sincero e sem paixões sobre os temas aqui apresentados. Tenho certeza de que, de uma forma ou de outra, todos sairemos daqui melhores e com mais subsídios espirituais do que quando aqui entramos.

Rafael olhou para todos com carinho e prosseguiu:

— A construção da crença espiritual de cada um cabe a si próprio. O nosso objetivo aqui é enriquecer a alma de todos e contribuir para a caminhada individual de cada um.

Ele pensou por alguns instantes e entrou no tema polêmico, frente a um público com muitos adeptos do Cristianismo tradicional:

— A reencarnação sempre foi aceita entre as antigas religiões e os sacerdotes iniciados desde os tempos da antiga Suméria, e mais remotamente na extinta Atlântida. Entretanto essa crença não era compartilhada pelos poderosos de todos os tempos, que achavam desconfortável a ideia de que poderiam vir a reencarnar, em uma vida futura, como mendigo ou escravo. Por esse e outros motivos, a reencarnação sempre ficou relegada ao universo restrito dos sábios e dos sacerdotes. A crença espiritual das múltiplas existências, além de ser um tema complexo, era naturalmente indigesta para aqueles que desejavam manter-se sempre no poder, mesmo que isso fizesse somente parte de uma fé religiosa.

No âmbito do Cristianismo, depois do retorno de Jesus ao plano espiritual, por diversos anos os ensinamentos do grande rabi da Galiléia foram ensinados de acordo com o entendimento de diversas correntes.

Uma delas era o grupo dos seguidores de Tiago, o irmão de Jesus, que entendia a mensagem de Jesus como a de um líder espiritual e humano para a libertação de Israel do jugo romano, ideia compartilhada por sua mãe. Tiago acreditava que a mensagem de Jesus era para os judeus, portanto todo aquele que desejasse ser um cristão deveria ser circuncidado e aceitar a religião judaica. Ele aceitava a mensagem filosófica de seu irmão, mas acreditava ser necessário utilizar-se de armas para libertar Israel. Para ele a mensagem era mais humana do que espiritual. Jesus era o messias "físico", o libertador de Israel.

Outro segmento importante era o conhecido como Gnosticismo (seita dos "gnósticos"), que se subdividia em diversas correntes internas. Nem todas possuíam uma mensagem coerente. Entretanto o seu segmento mais destacado era composto por verdadeiros filósofos que buscavam interpretar os ensinamentos do Mestre de acordo com a sua real profundidade. Eram em geral admiradores dos ensinamentos de Sócrates e Platão e procuravam conciliar esses ensinamentos com os do Cristo. Os "gnósticos" não acreditavam na divindade de Jesus, mas criam que ele era um grande instrutor da humanidade, e não o próprio Deus, como muitas das religiões cristãs hoje em dia crêem. Eles pregavam que todos deveriam aprender a mensagem de Jesus e evoluir com ela. Ou seja: a verdadeira busca da Luz, aquilo que procuramos hoje em dia para a construção de um novo modelo religioso. Para os gnósticos, Jesus era o professor, e não o Salvador. Não havia adoração religiosa, mas sim esclarecimento espiritual a partir da mensagem do Cristo.

E, por fim, havia o principal segmento do Cristianismo nascente, que ficou conhecido como a corrente dos "paulinos", ou seja, os seguidores de Paulo de Tarso (o apóstolo Paulo). Este segmento construiu a Igreja cristã tradicional como a conhecemos hoje. Os adeptos dessa corrente acreditavam que Jesus era o próprio Deus e que o sacrifício na cruz redimiria todos os pecados da humanidade. Em resumo: Jesus era o Salvador, e não o professor. A facção dos "paulinos" com o passar dos anos tornou-se fundamentalista e acusava todas as demais de serem hereges por ensinar conceitos que eles não aceitavam.

Assim, com o passar dos anos, pouco a pouco, por causa de seu desconhecimento espiritual e interesses obscuros, os cristãos primitivos foram descartando os conceitos sobre a reencarnação do espírito e do carma, aceitos em todo o Oriente. Nas diversas traduções e recompilações dos textos, foi-se, paulatinamente, trocando-se o sentido das palavras, adaptando-as ao entendimento daqueles que as traduziam, sempre com o objetivo de aproximá-las dos interesses daqueles que começavam a dar força à religião nascente. Os poderosos da época: a águia romana!

Então, no século IV, durante o Concílio de Nicéia, em 325 d.C., o imperador Constantino oficializou o segmento dos "paulinos" como o "verdadeiro Cristianismo". A partir daquele momento todos os demais segmentos foram perseguidos até serem extintos. Os "livros hereges" então foram destruídos sem piedade. Eis o primeiro capítulo de longos séculos de inquisição religiosa, que chegaria ao seu ápice na Idade Média.

Assim, com o poder de polícia (apoio do império) obtido pelos paulinos (ortodoxos), em pouco tempo não existiam mais registros das correntes alternativas do Cristianismo, que terminaram caindo no esquecimento. Até que em 1945, em Nag Hammadi (Egito), foi encontrado um vaso de cerâmica que continha diversos evangelhos de outros discípulos de Jesus, que resgataram para a atualidade parte dos ensinamentos das demais correntes Cristãs. Esses evangelhos hoje em dia são conhecidos como "apócrifos", pois não são aceitos pela Igreja. Os da Igreja tradicional são chamados de "canônicos".

Essa maravilhosa descoberta reacendeu o debate sobre o que é real dentro do Cristianismo como o conhecemos. Portanto esse é mais um motivo para realizarmos debates sinceros pela busca da Verdade. O terceiro milênio não comporta mais frases feitas como: "a Bíblia é a própria palavra de Deus". Como afirmarmos isso se a Bíblia foi escrita por homens, e não por Deus?

Rafael tomou um gole de água, meditou por alguns instantes sob o olhar atento da plateia e prosseguiu:

— Dessa forma a crença na reencarnação foi perseguida e apagada da história cristã primitiva. O objetivo era não deixar rastros para o futuro. A reencarnação do espírito era um ensinamento tranquilamente aceito na época e ainda constam algumas informações sobre ela nos próprios evangelhos canônicos. Mas o imperador Constantino e sua esposa não viam com bons olhos a possibilidade de reencarnarem como mendigos ou em situação pior.

Constantino não era um cristão humilde. Ele se considerava um deus vivo por ser o imperador do grande império romano. Além disso, algumas mulheres da época ironizavam a sua esposa, afirmando que ela reencarnaria em uma vida futura como uma prostituta para corrigir o seu passado de crime e pecado.

E assim, afogado pelo ego humano, ensinamentos de Jesus, como "a cada um será dado segundo as suas obras" e "a semeadura é livre, mas a colheita obrigatória", perderam o seu real significado, ou seja, o de colhermos em existências futuras o bom ou mau plantio que realizamos no presente.

Rafael olhou com humildade para o público e voltou a falar:

— Talvez muito do que afirmo aqui necessite de comprovação e de estudos mais profundos. No entanto trata-se de informações atuais sobre o "Jesus histórico". Nas últimas décadas, novas pesquisas a respeito da mensagem de Jesus surgiram. Não podemos agir como se isso não existisse. Necessitamos estudar essas informações e deixar de lado a nossa passividade frente às tradições religiosas. Não é pecado buscar esclarecer o que de fato ocorreu há dois mil anos. Isso é um comportamento louvável e de pessoas inteligentes, que buscam desenvolver a verdadeira fé, aquela que é raciocinada.

Ele então silenciou por alguns instantes, observou a reação do público e prosseguiu:

— Mais uma vez lembro a importância de colocarmos de lado o nosso ego e as nossas crenças pessoais para podermos realizar um estudo imparcial sobre todas essas informações. Talvez eu esteja equivocado sobre a reencarnação e sobre o carma, mas serão necessários argumentos muito sólidos para me fazer crer que eu nasci com perfeita saúde, com uma condição financeira confortável e com a perspectiva de uma vida muito feliz, enquanto vários de meus irmãos nasceram com múltiplas deficiências físicas e mentais, em situação de extrema miséria e com um futuro sombrio, e que Deus teria dado uma única vida a cada um de nós para alcançar o reino dos Céus, só não nos deu condições iguais. Onde estaria a justiça de Deus se vivêssemos uma única existência? No mínimo Ele nos permitiria uma relativa igualdade de condições e oportunidades. Qualquer pai justo age dessa forma!

Jesus mesmo disse-nos que, mesmo sendo maus, nós damos boas coisas aos nossos filhos. O que devemos esperar então de Deus-Pai, o Ser Perfeito? Seria o Criador tão absurdamente injusto a ponto de privilegiar alguns filhos e condenar outros à miséria e à imperfeição?

Meus amigos, não há como negar a reencarnação do espírito. Somente através dela podemos vislumbrar a perfeita Criação de Deus. As nossas venturas ou desventuras nessa vida são fruto do plantio do passado. E Jesus não desconhecia a reencarnação do espírito. Ela era uma ideia vaga para o judeu comum daquela época, portanto, este conceito no Evangelho de Jesus não ficou claramente definido. O Mestre, percebendo que o povo não conseguia assimilar seus mais elementares ensinamentos, preferiu deixar para o futuro o aprofundamento deste assunto, lançando apenas algumas senhas aos discípulos e seguidores mais atentos a estas verdades.

A famosa conversa de Jesus com Nicodemos, um doutor da lei hebraica, mostra a dificuldade para implantar esse conceito igualitário na sociedade judaica da época. Mas todo aquele que analisar esta máxima evangélica, "se alguém não nascer de novo, não pode ver o Reino de Deus", verá que Jesus falava sobre a impossibilidade de alcançarmos o Céu em uma única vida. Diz-nos o Mestre que devemos renascer da água, que é a matéria, e do espírito, que é a nossa renovação interior, a busca da evolução espiritual, através dos diversos estágios evolutivos na matéria, pois é impossível atingir o ápice evolutivo em uma única existência.

Rafael ergueu os braços para o público e falou, com extrema convicção:

— Irmãos, o grau de perfeição para alcançar as esferas paradisíacas é muito alto para crermos ser possível, com todas as nossas falhas, até lá chegarmos nesta única existência. Se tivéssemos uma única vida, o Céu estaria deserto e o inferno abarrotado de irmãos desviados da pureza máxima.

A evolução espiritual é contínua e infinita, através de diversas reencarnações, sendo mera ilusão acreditar que, após uma única vida, ficaremos tocando flauta nos Céus, sentados em cima das nuvens, enquanto uma legião de irmãos sofrerá eternamente nas zonas de trevas. A obra de Deus é muito mais sábia do que isso! O Criador jamais permitiria a perda de uma única ovelha de seu rebanho, como ensinou-nos Jesus. É óbvio que a condenação eterna ao inferno também é um contra-senso.

Pensem bem nisso! Temos muito trabalho de auto-aperfeiçoamento pela frente, pois a pureza da alma necessária para alcançar as esferas sublimadas do plano espiritual é comparável somente ao estado de espírito de grandes missionários do Alto, dos quais ainda estamos muito longe.

E não se iludam! É comum encontrarmos pessoas que acreditam ser dignas do Céu, no entanto essas em geral são aquelas que vêem um cisco no olho do próximo mas não enxergam o galho que está encravado em suas vistas!

Reflitam, meus amigos: Se Deus nos desse uma única vida para conquistarmos Seu Reino de Amor e de Paz, elevando os bons aos Céus e rebaixando os maus às zonas infernais, Ele não seria um bom Pai e um justo Criador. Como já lhes disse, vejam quantas diferenças existem entre todos nós que estamos encarnados neste mundo. Alguns nascem saudáveis e perfeitos, outros com diversas deficiências físicas. Alguns nascem ricos, outros pobres. Alguns são abençoados com uma vida feliz, outros com contínuas dificuldades de toda a natureza.

Como Deus poderia ser justo, se em uma única vida colocasse Seus filhos em diferentes situações com vistas a alcançar um mesmo objetivo? Isto sem falar daqueles que renascem sem nem ao menos possuírem a capacidade mental necessária que lhes permitiria optar pelo caminho de Deus ou o caminho do desregramento moral.

Analisando desta forma, vemos que é inaceitável a crença de uma única vida, pois se agora temos algumas dificuldades estas são, provavelmente, frutos de vidas passadas. E se temos méritos, não devemos julgar ser fruto de uma graça divina, pois Deus não dá nada de graça aos Seus filhos; isto seria injustiça com aqueles que não a receberiam. Tudo o que recebemos é fruto das diversas existências que vivemos, boas ou más.

As máximas de Jesus "a cada um será dado segundo suas obras" e "a semeadura é livre, mas a colheita é obrigatória" são senhas perfeitas que nos alertam para a inevitável lei de ação e reação que opera em todos os níveis da vida, desde o científico até o espiritual. Lembrem-se de que podemos encontrar a paz para as nossas vidas, tanto atual como futuras, com a aplicação de uma simples fórmula: *ame ao seu próximo como a si mesmo* e *não faça aos outros aquilo que não gostaria que lhe fizessem*. Meus irmãos, o fundamento da reencarnação e do carma é isto, a compreensão sobre o mecanismo da vida criada por Deus! Quando praticamos o Bem, educamos os filhos com amor e dignidade, vivemos em harmonia com os nossos semelhantes, auxiliamos na construção de um mundo melhor através de nossas ações do cotidiano, estamos executando integralmente a etapa de evolução espiritual à qual fomos designados nessa encarnação. Já aqueles que fogem às suas responsabilidades, entregando-se aos vícios e atitudes negativas, necessitam retornar em vidas futuras para corrigir os seus erros, mas com uma carga maior, por causa do acúmulo de obrigações. É por isto que temos tantas diferenças no mundo. Alguns, além de fugirem de suas obrigações, semeiam o mal, causando prejuízos aos seus semelhantes, portanto, devem indenizar aqueles que foram lesados através do inteligente mecanismo do carma, que é gerenciado pela Mente Suprema, que jamais se equivoca e jamais permite injustiça no plano divino!

Rafael então se sentou sobre o canto da mesa e falou:

— Meus amigos, Deus é evolução! Talvez essa seja a palavra que melhor resuma o Criador e o objetivo traçado para a Sua obra, que somos nós. Através de uma sensata caminhada em direção ao aperfeiçoamento, nós estamos realizando a vontade de Deus. O estacionamento e a indiferença com relação ao nosso destino produzem apenas dor e sofrimento.

Deus nos criou para evoluirmos da animalidade à angelitude. E isso se processa através de uma série infindável de encarnações no mundo físico. E é isso que dá sentido a vida!

Nesse instante um homem, já em avançada idade, falou:

— Desculpe, meu filho, mas eu discordo de você. Eu não acredito nessa necessidade de evoluirmos e também não vejo sentido em vivermos diversas vidas com esse objetivo. Acredito que Deus nos criou por seu próprio desejo, para que habitássemos o mundo que criou em sete dias. E deseja apenas que sejamos tementes a Ele para sermos dignos de seu reino. Se existem diferenças entre as pessoas no mundo, isso é obra da vontade divina, que não deve ser contestada, pois é pecado contestar. Ele desejou que eu fosse saudável e definiu que outros tivessem vidas diferentes para atender aos Seus desígnios. Nós devemos acatar a vontade de Deus e nos submetermos a Suas leis, que estão na Bíblia.

Rafael coçou a cabeça, meditando sobre a dificuldade de esclarecer aqueles pontos com respeito e harmonia. Depois de alguns instantes, ele falou:

— Por que devemos acreditar que o objetivo de Deus é a nossa evolução? O processo criador de Deus segue sempre um único princípio, tanto no microcosmo como no macrocosmo. Observem os planetas girando em torno do sol. Eles não são exatamente como os elétrons e prótons que circundam o núcleo de um átomo? O que está em cima está também em baixo, na mesma referência, seguindo o mesmo princípio divino.

Sendo assim, vamos observar o Universo físico. Segundo os cientistas, ele está em constante evolução. Desde o seu nascimento, há bilhões de anos, ele continua se expandindo indefinidamente. Não será assim o objetivo de Deus para com Seus filhos, que são a Sua mais importante e perfeita criação?

Outro exemplo: a evolução das espécies, comprovada através dos estudos de Charles Darwin e ficou conhecida como "darwinismo". Esse estudo nos mostra que todas as espécies de vida estão em constante evolução no planeta. Seria o mundo físico diferente do espiritual nesse aspecto? Até mesmo o próprio homem das cavernas evoluiu e se tornou o homem tecnológico dos dias atuais. Não seria essa uma prova de que Deus espera uma evolução espiritual de Seus filhos em um ciclo sucessivo de encarnações? Serão esses exemplos algo maior que a nossa própria natureza espiritual?

O homem então levantou a mão e falou:

— Deus criou o mundo em sete dias! O homem é descendente de Adão e Eva. Afirmar que ele evoluiu do macaco é uma heresia, um desrespeito a Deus.

Rafael ouviu com respeito a afirmação do sincero ancião e respondeu:

— O "creacionismo" nos afirma que o mundo foi criado por Deus pouco mais de 6 mil anos atrás, algum tempo antes do grande dilúvio bíblico. Se essa afirmação é verdadeira, como explicar as ossadas de dinossauros com milhões de anos de idade e que são estudadas pelos paleontólogos? Ou então os estudos geológicos que atestam a formação de rochas também em um período muito anterior às lendárias informações bíblicas, que devem ser interpretadas simbolicamente, e não ao "pé da letra"?

Como eu lhes disse, estamos aqui para realizar um estudo sensato. Nenhuma crença ou religião será desrespeitada, contudo devemos confrontá-las com a lógica e a razão.

As narrativas da Bíblia devem ser interpretadas de forma figurada, metafórica. Acreditar que as histórias ali contidas sejam verdade é o mesmo que entregar a sua crença religiosa à ficção.

Hoje em dia cada vez se torna mais evidente a crença evolucionista de Darwin. Até mesmo a gestação de um bebê humano mostra como o ser humano passou por diversos estágios evolutivos, por milhões de anos, até chegar ao ser evoluído que é hoje.

Vocês já repararam como um feto em suas primeiras semanas se assemelha a um peixe?

Não devemos esquecer que o corpo físico é apenas o veículo de manifestação do espírito na matéria. Por milênios Deus preparou o corpo físico humano para chegar a ser o que é nos últimos séculos. Antes disso, as nossas almas evoluíam em outros mundos e assim ocorrerá sucessivamente até atingirmos a perfeição, segundo os padrões que conhecemos, momento em que partiremos para um novo processo evolutivo, em outro mundo ou dimensão, dentro de uma concepção ainda desconhecida para nosso restrito grau de entendimento.

Nesse instante uma mulher que estava demonstrando estar muito angustiada disse, em um tom ríspido:

— Por que cada um não pode ficar somente com a sua religião? Por que temos de discutir tudo isso? Eu não quero saber dessas coisas. Isso não me interessa.

Rafael concordou com as palavras da agitada mulher e falou:

— Minha amiga, não fique triste! Como falei no início, todos somos livres para seguir acreditando em nossas crenças. Essa reunião tem a finalidade de provocar apenas uma reflexão. Quem não deseja mudar sua concepção de mundo, ampliando horizontes, não necessita se submeter a essa nova forma de pensar as religiões. Basta que você mantenha um padrão de comportamento orientado sinceramente para o "ame ao seu próximo como a si mesmo" e "não faça aos outros aquilo que não gostaria que lhe fizessem". Dessa forma você já estará atendendo a vontade de Deus.

A mulher então se levantou e saiu rapidamente do auditório, aos prantos. A mudança de concepção religiosa ainda era um desafio muito grande para a sua mente aprisionada aos velhos conceitos.

Rafael esperou que ela se retirasse, em silêncio. Logo após ele falou:

— Podemos continuar, irmãos? E lembrem-se: todos somos livres para ir e vir, para crer ou não. A verdade absoluta está somente nas mãos de Deus. A única verdade absoluta que temos e que jamais deve ser esquecida é, repito: "ame ao seu próximo como a si mesmo" e "não faça aos outros aquilo que não gostaria que lhe fizessem".

Um outro homem de meia-idade ergueu-se e falou, em tom nada amistoso:

— Você quer dizer então que a imposição da reencarnação é o novo dogma? Você quer promover um estudo universal, mas estabelece como alicerce básico uma crença em que não acreditamos e sobre a qual não encontramos argumentos sólidos?

Rafael meditou sobre a argumentação coerente e falou:

— Você tem razão em questionar. Escolhemos a reencarnação e o carma como um dos alicerces do Universalismo Crístico e os consideramos uma verdade relativa porque diversos estudos demonstram que é uma questão de pouco tempo para termos comprovações definitivas sobre isso.

Certamente que a respeito ainda existe muito a ser discutido. Entretanto hoje em dia existem pesquisas sérias pelo mundo inteiro sobre terapia de vidas passadas, que através da regressão da consciência dos pacientes podem vir a comprovar a pré-existência da alma, de forma científica. Temos também os estudos sobre transcomunicação instrumental, que se trata da comunicação de espíritos desencarnados através de instrumentos eletrônicos, além de outros estudos que no transcorrer das próximas décadas, irão esclarecer muito para nós este ainda obscuro mundo espiritual.

A reencarnação e o carma explicam muitas das eternas perguntas que realizamos a respeito da vida e dos objetivos de Deus. Acredito que o grupo de céticos aqui presentes sente muito mais afinidade com essa crença do que com a dos cristãos tradicionais. Como eu sempre digo: "é necessário esvaziar a xícara antes de inserir um novo líquido". Aqueles que já possuem suas crenças são mais refratários a uma ideia que vá de encontro a sua fé.

Um dos homens, então, do grupo dos ateus, ergueu a mão e falou:

— Concordo com a sua afirmação que para nós a ideia da reencarnação é mais lógica. Todavia temos um problema anterior a essa crença, que é a própria existência de Deus e de um mundo espiritual. Nada nos leva a crer que somos mais do que o nosso próprio corpo. E você há de convir que não existem provas que sustentem a afirmação de que existe vida após a morte. Os estudos que você defende não são conclusivos, e sim especulativos.

Rafael concordou e disse:

— Sim! Não temos provas absolutas, mas estamos na busca, como acabei de falar. Talvez não tenhamos ainda essas provas porque Deus deseja que realizemos uma busca interior, através da fé. Talvez Ele espere que, antes de crer pela razão, através de testemunhos irrefutáveis, venhamos a realizar uma caminhada para dentro de nós mesmos, em direção a nossas próprias consciências, para sentir a Sua presença e o grandioso mistério do despertar através da fé. Deus está sempre conosco, bem próximo. Nós é que às vezes nos afastamos Dele por causa de nosso orgulho e excessivo racionalismo.

Talvez toda a discussão que aqui estamos realizando seja pura ilusão, pois o mundo espiritual é muito mais do que podemos compreender. No entanto estamos caminhando em direção a uma compreensão superior. A descoberta interior de Deus transcende qualquer explicação na linguagem humana. É um ato de sentir, de saber existir. Como se uma voz interior tocasse o ponto mais oculto de nossas almas.

Rafael colocou a mão sob o queixo, meditou por alguns instantes e perguntou:

— Quem aqui já não viveu uma experiência mística em momentos de grande estresse e dor? Refiro-me a situações de perda iminente de um familiar querido, ou momentos em que nos sentimos à beira do precipício, necessitando dos generosos braços do Pai. Certamente quem viveu essas situações sentiu a presença do Todo-Poderoso. Entretanto, depois de regularizada a situação, fica no ar uma sensação de que fomos iludidos pela nossa própria imaginação, ou então devido ao forte estresse nos deixamos envolver por fantasias.

Pensem a respeito disso! Aquilo que vocês viveram nesses momentos especiais é rotina para quem tem o dom da mediunidade. E nessas fantásticas situações é que devemos parar e pensar sobre a existência Daquele que criou o Universo. Não deixem a sua excessiva racionalidade fazê-los crer que tudo ao nosso redor é obra do acaso. O Universo, em toda sua amplitude e perfeição, não pode ser apenas casualidade. Uma mente brilhante tem de estar por trás de tudo que nos cerca e também por trás do que os nossos precários sentidos físicos não conseguem captar.

O que quero dizer é: não creiam cegamente, pois a fé cega não nos traz respostas, mas também não fechem os olhos, negando a tudo. Estudem, meditem, reflitam. Busquem respostas! Esse é o caminho para a ampliação de nossa compreensão das coisas de Deus e, por conseguinte, de tudo que nos cerca. Lembrem-se também de que não devemos procurar Deus fora, pois Ele está mais dentro de nós do que podemos imaginar.

Mal Rafael havia respondido a dúvida do descrente um senhor de avançada idade se ergueu, demonstrando revolta no olhar, e falou:

— A reencarnação é uma grande enganação! A ideia de que vivemos diversas vidas para nos santificarmos atrai multidões de ingênuos por causa da baixa exigência moral. Essa crença absurda apregoa que a correção das más condutas e o abandono dos vícios podem ser adiados para uma vida futura. Isso é coisa do demônio, que vai rir de todos que acreditam nisso quando chegar o Dia do Juízo. Além disso, a reencarnação e o carma negam o amor de Deus, pois desconsideram o perdão divino para criar um ciclo interminável de castigo e punição. Aquele que acreditar na verdadeira fé será perdoado! E os que negarem a palavra de Deus serão punidos eternamente no fogo do inferno. As escrituras são claras: "aos homens está ordenado morrerem uma só vez, vindo, depois disto, o juízo".

Rafael se manteve sereno, quase em estado de oração, pedindo a Deus para que o clima de debate não descambasse para sentimentos negativos. Depois de alguns instantes de meditação ele falou, com voz pausada e tranquila:

— Meu irmão, você não acha mais clara a lei de justiça para todos os filhos de Deus, apresentada pelo carma, do que a lei de privilégios da "doutrina da graça"? Será que basta apenas pedir perdão e simular uma devoção ao Todo Poderoso para que os erros sejam simplesmente apagados, sem nenhuma ação em direção ao Bem? Sem que haja a correção dos equívocos do passado? O Criador não é paternalista, e sim perfeito! Basta refletir um pouco sobre isso que percebemos que a justiça de Deus é suprema perfeição. Até a justiça dos homens emprega um processo de retificação do erro, por que a magnânima justiça do Criador seria inferior a dos homens?

Rafael respirou um pouco e refletiu rapidamente sobre o que mais falaria a respeito:

— A ideia da graça divina perdura desde o tempo das crenças primitivas em Deus, quando os fiéis acreditavam serem necessários sacrifícios ao Criador para obter favores e perdão. Hoje em dia já temos uma capacidade de compreensão maior para percebermos que somos os responsáveis por nossa própria evolução. Creio firmemente que Deus não perdoa, porque Ele nem se ofende com os nossos erros, que apenas refletem a nossa imaturidade.

E isso faz parte de nossa evolução! O melhor método de aprendizado e crescimento está na ação retificadora e educadora do carma. Não há dúvida nisso! Não é possível conceber que se creia em anjos no Céu que não construíram sua evolução passo a passo, e sim chegaram lá porque apenas adoraram a Deus e por isso foram estranhamente privilegiados.

A nossa "salvação" não virá pela "graça divina", e sim pelo esforço constante que temos de realizar para extirpar, paulatinamente, as nossas imperfeições morais, através do combate sincero às nossas más inclinações...

A doutrina da graça divina em favor de determinadas almas

escolhidas por devoção são criações dos homens que se reduzem a autômatos e rebaixam a ideia do Deus infinitamente bom e justo.

Rafael ergueu as mãos e disse, com serenidade:

— Meus amigos, Deus não espera adoração, mas sim ação em prol do Bem comum. Somente quem trilhou o caminho do auto-aperfeiçoamento pode ser digno de ingressar no reino espiritual superior. As escrituras são claras: "Nem todo o que me diz: 'Senhor, Senhor!' entrará no reino dos céus, mas aquele que faz a vontade de meu Pai, que está nos céus".

O velho pastor sentiu-se desconfortável com as colocações de Rafael e disse:

— Menino, não vemos em nenhum lugar nos evangelhos a afirmação de que os erros cometidos no presente devem ser resgatados através de carma no futuro. No entanto Jesus afirma que o arrependimento dos pecados leva à salvação. Isso está lá, na Sagrada Escritura!

Rafael concordou com as palavras do homem e retrucou:

— Eu poderia dizer que tudo isso é fruto da incompreensão dos seguidores de Jesus, erros de tradução dos evangelhos, uma necessidade de Jesus adequar-se a compreensão religiosa da época, etc. Mas prefiro citar uma passagem do Evangelho onde Jesus demonstra a lei de ação e reação através do carma. Em uma das curas realizadas por Ele, e narrada no Evangelho de João, Cristo diz ao enfermo depois de curá-lo: "Olha que já estás curado; não peques mais, para que não te suceda coisa pior".

Rafael sacudiu os ombros e disse:

— Para mim não há dúvida de que Jesus se referia à lei de ação e reação. Não podemos com tantas evidências claras negar a reencarnação e a lei de causa e efeito. Acreditar que uma criança que nasça com algum tipo de deficiência sofre essa situação porque os seus pais pecaram é outro absurdo. Reflitam, meus irmãos! Que Deus é esse! Injusto e vingativo. A reencarnação e o carma nos mostram um Deus justo e magnânimo, pois nos permite a correção dos erros. Bem ao contrário da crueldade das penas eternas, que ainda é defendida pelas crenças cristãs tradicionais. Se Jesus disse que não se perderia nem uma ovelha do aprisco do Senhor, como entender a ideia de uma condenação eterna ao inferno para aqueles que ainda não se ajustaram às sábias leis de Deus?

O homem se aturdiu com a eloquência e a tranquilidade de Rafael e gritou:

— A minha religião, meu filho, é a cristã! Espiritismo não

é Cristianismo! Eu creio na ressurreição da carne e não na reencarnação do espírito. Essa é a crença de todas as religiões cristãs. E assim confessamos a nossa fé há séculos. O sacrifício de Jesus, redimindo os nossos pecados na cruz, e a sua ressurreição são os alicerces da verdadeira fé cristã. O que você prega não está na Bíblia e contradiz fundamentos essenciais do Cristianismo.

Rafael, sempre inabalável, respondeu:

— Em primeiro lugar não estamos aqui defendendo religiões, como já dissemos no início. Apesar de a crença na reencarnação e no carma serem fundamentos essenciais do Espiritismo, procuramos aqui criar uma convergência para o Universalismo Crístico. No meu modo de pensar, esses fundamentos defendidos pela doutrina Espírita e pelas religiões orientais são muito coerentes e por isso os defendo. No entanto nós estamos abertos ao debate.

Infelizmente o Cristianismo foi moldado na ideia de que precisamos ser salvos, e não nos salvarmos. Colocar o nosso destino nas mãos de um Deus piedoso é muito mais fácil do que enfrentar as nossas falhas de caráter e vencer os nossos vícios de conduta, que são frutos de nossa ignorância espiritual. Convido o senhor, meu amigo, a ler outros textos sobre Jesus e Espiritualidade. Hoje em dia existem estudos mais claros e abertos.

O homem praguejou em tom ríspido:

— Não vou continuar ouvindo esse absurdo. Deus não é mau! Ele é misericordioso! Isso que você fala é coisa do demônio. Deus não permitirá que você continue com esse absurdo.

Rafael manteve-se sereno, sem demonstrar irritação. Na verdade ele se sentia muito triste naquele instante. Ele não desejava que os debates partissem para o confronto e causassem mágoas.

— Não é uma questão de Deus ou demônio, mas sim de conhecimento e ignorância...

O pastor ficou ainda mais irritado e disse:

— Ainda esse fedelho nos chama de ignorantes por seguirmos a verdadeira fé...

Rafael tentou corrigir, dizendo:

— Não me entenda mal! Esse tema é muito polêmico e certamente não teremos um consenso a respeito dele em curto prazo. Só gostaria de debater essas ideias de forma aberta e livre de agressões e preconceitos. As minhas dúvidas a respeito da graça divina, do sacrifício de Jesus para redimir os nossos pecados e outros temas também são as mesmas indagações dos jovens de minha idade. Eles não aceitarão jamais a submissão a esses conceitos sem uma explicação lógica.

O pastor e mais 15 pessoas que o acompanhavam, então, se retiraram com uma expressão de raiva e indignação, carregando de fluidos negativos a maravilhosa vibração espiritual que envolvia o auditório desde a oração de abertura.

Rafael se abalou com a atitude agressiva e sentou-se, aguardando que o grupo contrariado se retirasse do salão. Logo depois ele se levantou novamente e disse a todos:

— Meus amigos, eu acho que por hoje é só. Esse tema é muito amplo e polêmico. Teremos outras oportunidades para discuti-lo. Acredito que a partir de agora temos um bom material para refletir.

Ele então acenou para o público, com infinito carinho, e disse:

— Espero que vocês queiram me ouvir novamente na semana que vem, quando falaremos sobre o terceiro e último alicerce do Universalismo Crístico: a busca incessante pela sabedoria espiritual aliada ao progresso filosófico e científico com o objetivo de promover a evolução integral da humanidade.

Ele abaixou a cabeça, de forma tímida, e o inesperado aconteceu. Toda a assembleia se levantou e o aplaudiu de pé, causando grande alegria e conforto para Rafael e seus amigos.

Logo depois várias pessoas vieram conversar com ele, estimulando-o a prosseguir com sua missão. Entre eles, dois servos de Deus, muito amigos. Um era pastor evangélico e o outro, padre católico.

O pastor então lhe disse:

— Não fique triste, meu filho! Nem todos estão fechados para as ideias renovadoras que você prega. Nós dois estamos aqui. Somos de religiões diferentes, no entanto isso apenas nos torna mais amigos, porque podemos trocar ideias sobre a nossa tarefa na Terra para melhor servir.

O padre sorriu e falou:

— É verdade, meu rapaz! Nós costumamos brincar que trabalhamos em empresas diferentes, mas temos o mesmo chefe, que é o seu também.

Rafael sorriu e abraçou os dois com os olhos úmidos. Em seguida, com a voz asfixiada pelas lágrimas, ele disse:

— Obrigado, muito obrigado! Vocês não sabem como é importante o apoio de vocês nesse momento.

Os sacerdotes amigos se retiraram e, logo em seguida, Silvio, o ateu, aproximou-se e falou, com ironia:

— Agora você entende por que motivo eu me mantenho distanciado das religiões?

Rafael concordou com um gesto e disse:

— E o pior é que tenho de lhe dar razão. Algumas vezes é melhor realizar a caminhada por uma terceira via, tal é a batalha que se trava dentro das religiões. Contudo, não as desmereça, existem vários focos de luz em meio a todas elas. Esses dois sacerdotes que saíram daqui nesse instante são um belo exemplo disso. Aqueles que estão nos postos de controle geralmente estão contaminados com o poder, mas nas bases encontramos muita gente boa.

Silvio concordou e disse:

— Vou refletir sobre suas palavras. Nos vemos na semana que vem.

Rafael sorriu e agradeceu pela confiança e atenção.

Depois que todos foram embora, Tadeu se aproximou e falou:

— Parabéns, meu irmão! Apesar da polêmica, foi mais uma noite de luz.

Rafael agradeceu as palavras, enquanto o amigo prosseguiu dizendo:

— Fiquei muito impressionado com aquela mulher que não suportou o peso das novas revelações. Ela me lembrou muito o filme "Matrix" quando o personagem Neo é libertado da Matrix e não crê no "mundo real" que lhe é apresentado. No início inclusive a luz do mundo real o cega porque na verdade ele nunca havia usado os olhos.

Eduardo concordou e disse:

— É, meu amigo, a mente reage de forma negativa à quebra de um paradigma, assim como a luz cega os olhos que se encontram na escuridão. Toda a transformação causa dor e desconforto, principalmente quando temos conceitos muito arraigados em nossa mente. De qualquer forma, o diamante bruto necessita ser lapidado para encontrar a perfeição. Assim é conosco! Mais cedo ou mais tarde ela terá de ter um encontro com o mundo real. Ninguém consegue isolar-se eternamente da verdade.

Rafael pensou por um instante e ponderou:

— Sim! E devemos lembrar que não estamos aqui para impor uma nova verdade a quem não está preparado. A nossa missão é semear a concepção de espiritualidade progressista para o terceiro milênio que só será aproveitada integralmente pelas gerações futuras: os eleitos para a Nova Era.

Essa nossa irmã que saiu perturbada da reunião, assim como o grupo que se retirou no final, caso cumpra integralmente o mandamento do amor retornará em encarnação futura para viver na Terra e provavelmente estará mais preparada para se integrar a conceitos mais avançados no que diz respeito a Deus e à evolução.

Todos então ficaram em silêncio. Érica percebeu em Rafael um profundo desânimo, e perguntou:

— Você não está pensando em desistir, está?

Ele olhou para ela com um sorriso cansado e respondeu:

— Desistir? Desistir, para mim, é o mesmo que morrer. Esse é o ideal de minha vida. Muitos me virarão as costas, mas tenho certeza de que outros tantos ouvirão a minha voz que clama pela libertação da alienação humana.

Ela sorriu, feliz com a resposta de Rafael.

— Será que o ideal não seria apenas promover uma integração entre as religiões e permitir que cada um pense da sua forma? O que você está fazendo é abalar as crenças religiosas das pessoas. Poucos estão preparados para isso.

Rafael pensou por alguns instantes e respondeu:

— Minha querida amiga, se eu me conformasse com somente realizar um grande congraçamento entre as religiões, não estaria implantando o que entendemos por Universalismo Crístico. Seria apenas a proposta de um "multiculturalismo religioso". A verdade de cada religião estaria sendo respeitada, mas ao mesmo tempo estaríamos condenando a urgente necessidade de avanço da filosofia espiritual a um terrível retrocesso.

O debate é necessário para que a gente possa aprimorar o modelo espiritual vigente. Para o nosso diamante brilhar teremos que lapidá-lo. E isso inevitavelmente causará dor! O que devemos fazer é evitar que essa dor seja insuportável para alguns, medindo sempre até onde podemos avançar.

Devemos principalmente reforçar plenamente o primeiro alicerce do Universalismo Crístico. O amor é fundamental para o nosso sucesso e é o único elemento capaz de unir ideias contrárias. Façamos o nosso trabalho com muita seriedade e amor, e até mesmo as pessoas mais inflexíveis reconhecerão que Deus está conosco.

Não estamos aqui querendo criar um Ecumenismo. Já lhes disse, todos devem se esquecer de suas religiões. O Universalismo Crístico é uma metodologia de compreensão espiritual a ser construída. Não é uma colcha de retalhos em que costuraremos as crenças que nos deixam confortáveis. Toda doutrina ou crença que não se sustentar dentro de um debate democrático e sensato não terá nosso apoio.

Todos concordaram com as palavras de Rafael e seu pai disse, ainda fortemente impressionado com o discurso do filho naquela noite:

— Vamos, meninos, já está tarde!

Todos eles partiram felizes por entenderem que o objetivo estava sendo atingido. Mas naquela noite Rafael teve dificuldades para dormir. Após tomar banho e comer alguma coisa, ele ficou sentado na varanda que dava para a piscina da casa, meditando sobre a dificuldade em conquistar a compreensão de todos. Preso a seus pensamentos, ele nem notou a presença de Maria, que lhe perguntou com carinho:

— Rafa, você deseja mais alguma coisa?

Ele sorriu para a querida amiga e disse, de forma descontraída:

— Eu desejo que as pessoas compreendam o que quero dizer. Maria, poucos entendem a minha mensagem! E isso é muito triste.

A tímida senhora, então, respondeu, para surpresa de Rafael:

— Eu compreendo, meu filho. A sua mensagem é de amor e de liberdade, mas somente quem está preparado ouve a sua voz. Foi assim com Jesus também, quando ele esteve na Terra. E mesmo dois mil anos depois de sua vinda, as pessoas ainda não o compreenderam.

Rafael ficou com os olhos cheios de lágrimas e respondeu:

— Maria, você é mais iluminada que todos os sábios catedráticos que terei de enfrentar. Quem lhe revelou isso não foram os homens, mas os anjos, dos quais o seu coração consegue ouvir a voz.

Ele então ficou cabisbaixo e falou:

— Eu estou tentando falar da forma mais clara e simples possível, mas vejo que não será suficiente. Como eu gostaria de dizer "faça-se a luz" e as pessoas compreenderem o quero dizer, sem rancores e lutas de ego. Seria muito bom seu eu pudesse falar-lhes diretamente à alma, sem palavras. Acho que só assim me entenderiam.

Ele riu, ironizando a própria situação, e balbuciou:

— Será que se eu estivesse no local do público eu compreenderia o que quero que eles entendam? O Universalismo Crístico é ao mesmo tempo tão simples e tão complicado.

Maria, envergonhada por conversar sobre um assunto tão profundo com aquele jovem iluminado, apenas disse:

— Talvez seja, meu filho, porque é necessário sentir antes de compreender. E as pessoas parecem estar esquecidas da importância da humildade e da fé.

Rafael olhou para a nobre senhora com imenso carinho e depois a abraçou. Por fim disse-lhe:

— Hoje você está inspirada, Maria! Que Deus a abençoe.

O anjo iluminado então estava se levantando para seguir para o seu quarto e Maria o segurou, perguntando:

— Rafael, meu filho, revele para essa velha a sua identidade. Eu sou uma mulher no fim da vida e a única coisa que peço é saber isso. Guardarei esse segredo no meu coração. Prometo não revelar a ninguém. Diga-me: você é Jesus, nosso Senhor, que está voltando para o Juízo Final?

O jovem se impressionou com a afirmação de Maria. Em seguida ele passou a mão no rosto da adorável senhora, enquanto grossas lágrimas desciam serenas por aquele semblante feliz. Ela então recostou o seu rosto na generosa mão de Rafael enquanto ele dizia, com o olhar perdido no horizonte.

— Minha velha, Jesus voltará, mas será somente no coração dos homens de boa vontade. Quem descerá à Terra é um espírito iluminado que, junto a uma falange de almas abnegadas, selará o início da Nova Era. Tudo o que estou realizando é para preparar o terreno para a tarefa desses anjos iluminados. Você me entende?

Ela fez um sinal com a cabeça e falou:

— Entendo, meu filho! É como João Batista anunciando a missão de nosso Senhor.

Rafael sorriu com a inteligente comparação de Maria e concordou:

— Sim, Maria! É como João Batista. A minha tarefa é a de ser o anunciador da Boa Nova do Terceiro Milênio.

Ela sorriu e disse:

— Obrigado, Rafa, por confiar nessa velha que não deveria nem mesmo dirigir-lhe a palavra, de tão ignorante.

Rafael olhou para ela, contrariado com a sua afirmação, e disse:

— Aí que você se engana, Maria! Jesus e todo aquele que busca o Bem jamais devem desmerecer os mais simples. O nosso querido Mestre negou a companhia dos fariseus e doutores da Lei para caminhar com prostitutas e pecadores. Escolheu para seus auxiliares os pescadores simples, e não os escribas letrados.

Ele olhou para a doce senhora e prosseguiu, em tom profético:

— Hoje em dia observamos a humanidade questionando aqueles que dizem se sentir próximos a Jesus, argumentando que somente altas autoridades dentro das religiões possuem essa prerrogativa, quando na verdade Ele se faz presente sempre junto dos humildes de coração, aqueles que realmente crêem em sua mensagem e trabalham por ela. Em verdade lhe digo,

Maria: Jesus está conosco nesse instante... Eu posso senti-lo!

Ela abraçou Rafael, como uma criança, e falou:

— Oh, meu Deus! Eu não sou digna dessa honra.

Ele retribui o abraço e falou:

— Vamos dormir, minha "mãe" querida. Já é tarde! Vamos aproveitar que Jesus está em nossos corações.

5
A ciência aliada à espiritualidade

Ao contrário do que Rafael poderia esperar, na semana seguinte o público era ainda maior. Os assentos estavam todos tomados e algumas pessoas já começavam a acomodar-se nos degraus do auditório. Ainda faltavam 40 minutos para o início da palestra.

Os quatro amigos estavam emocionados com a receptividade do público, ainda mais depois da polêmica da semana anterior. Rafael conversava muito animado com o seu pai, que decidira frequentar todas as reuniões, quando uma moça de uns 30 anos se aproximou do jovem iluminado.

— Rafael, eu gostaria de me aconselhar com você sobre o meu relacionamento amoroso. Eu vivo há 5 anos com o meu namorado, mas parece que ele não me completa. Eu esperava um comportamento e uma dedicação da parte dele que nunca se realizou. Eu estou em dúvida. Diga-me o que fazer.

Rafael virou-se para ela com espanto e disse:

— Talvez eu não seja a pessoa mais indicada para opinar sobre esse assunto. Ainda não tive a experiência de viver como um casal e passar por todas as vicissitudes que naturalmente ocorrem nos casamentos.

O pai de Rafael também acreditava nisso. E se perguntava o que faria essa mulher achar que seu filho tinha respostas para tudo.

No entanto o jovem sábio prosseguiu, dizendo:

— Eu tenho pouco a acrescentar a respeito desse tema, mas gostaria de contar uma história muito interessante que talvez lhe seja útil.

Rafael então se sentou sobre a mesa e falou para todos que estavam ao seu redor naqueles minutos que antecediam o início da palestra.

— Um dia um discípulo perguntou ao seu mestre, que conhecia a filosofia da vida perfeita: "Mestre, você nunca pensou em casar?". "Sim", respondeu ele, "em minha juventude resolvi conhecer a mulher perfeita, pois, a encontrando, imaginei que seria eternamente feliz. Atravessei o deserto e em Damasco encontrei uma mulher espiritualizada e linda, mas ela era desinteressada pelas coisas do mundo. Vi que não seria feliz, porque ela jamais me amaria por completo, de corpo e alma.

Continuei então a viagem até que encontrei, em um povoado distante, uma mulher que conhecia o reino do espírito e da matéria, mas não era bonita. Ainda insatisfeito, eu resolvi ir até o Cairo, onde finalmente encontrei uma linda mulher, espiritualizada e conhecedora dos anseios da vida humana. Ela era absolutamente perfeita, meu filho".

Intrigado, o discípulo perguntou: "E por que você não casou com ela, meu mestre?". Ele suspirou e respondeu: "Ah, meu caro discípulo, infelizmente ela também procurava um homem perfeito!".

Rafael meditou por alguns instantes e depois, olhando nos olhos da mulher que o interpelara, disse:

— Você compreende? Nós procuramos a perfeição no outro, já que não podemos encontrá-la em nós mesmos. O problema reside em sempre desejarmos que o outro seja especial, esquecendo que todos ainda somos imperfeitos, que temos nossas exigências e idealizações.

Assim podemos questionar: será que eu tenho essa característica ou as virtudes que procuro no outro? Será que ele também não tem uma lista de exigências como a minha? Eu preencho os meus próprios requisitos?

Você sonha com alguém que seja companheiro, que seja sincero e em quem possa confiar. Já parou para analisar se você está disposta para ser assim para com o outro?

Antes de exigir qualquer virtude do próximo, vamos nos certificar de que estamos trabalhando para conquistá-las. Ainda estamos longe da sublimidade, mas é preciso caminhar em direção a ela, todos os dias.

Ademais, devemos compreender que o homem e a mulher possuem uma compreensão de vida e personalidades diferentes. O que para a mulher é fundamental, não é tão importante aos olhos do homem, e vice-versa.

Rafael sacudiu os ombros de um jeito bem humilde e prosseguiu:

— O importante é dialogar e verificar até onde cada um deseja se modificar para atender aos anseios alheios. Todos possuem os seus limites e as suas propostas de vida. Não dá para dizer quem está certo e quem está errado. Na verdade cada um apenas busca o seu caminho, dentro de sua concepção de mundo e de sua natural evolução espiritual naquela existência.

Somos livres para decidir o nosso caminho, contudo devemos tomar as nossas decisões com sabedoria. Um casal alienado vive perdido e desarmonizado, já aquele que conversa e procura se iluminar sempre caminha feliz e consciente, mesmo que a opção seja o afastamento para cada um seguir o seu caminho.

Rafael meditou por alguns segundos e depois concluiu:

— Vocês perceberam como a vida não é complicada? Basta termos noção do que procuramos e harmonia e sensatez para perceber isso.

Todos ao seu redor ficaram atônitos com a sabedoria daquele jovem. O seu pai, em silêncio, pensava: "Em que momento de minha vida cheguei perto de ter uma lucidez igual a essa? O que eu pensava e como agia na idade de Rafael?".

Como todos se mantinham em absoluto silêncio, absorvendo aquela energia de luz e sabedoria, o admirável adolescente falou:

— Espero ter ajudado!

A mulher que havia feito a pergunta falou, com lágrimas nos olhos:

— Ajudou sim! Ajudou muito. Que Deus o abençoe. Vou refletir sobre tudo o que você falou. Não tenho esperanças, porém; não acredito que haja um final feliz para nós.

Rafael se aproximou da mulher e a abraçou, dizendo:

— Não se separe hoje! Tente novas possibilidades. Mude a rotina, estabelecendo o diálogo. Se isso não funcionar, faça o que a fizer feliz. Somente trilhando o caminho é que você compreenderá o que é a verdadeira felicidade. Ninguém pode descobrir isso sem a própria experimentação.

Uma senhora de meia idade que ouvia a conversa falou:

— Desculpe me intrometer, mas sempre entendi que as religiões ensinam que um casamento deve ser indissolúvel. Por que você afirma o contrário?

Rafael a olhou com respeito e respondeu:

— As religiões foram criadas para auxiliar o entendimento espiritual do homem, e não para escravizá-lo a dogmas absolutos. Nem tudo que as religiões dizem que é certo é certo, assim como nem tudo que elas dizem ser errado é errado! Vamos retirar o cabresto e pensar por nós mesmos, porque cada situação é diferente e exige uma análise minuciosa dos fatos para definirmos uma decisão.

Certamente que Deus espera que as uniões sejam estáveis e que durem por toda aquela existência. Contudo, algumas vezes o casal não está preparado para evoluir junto. E o plano fundamental de nossas existências é a evolução espiritual e humana. Se não der para manter o casamento nessa vida, é melhor adiar para uma próxima, mas permitindo que no momento os dois fiquem livres para conquistar outras riquezas da alma e assim se tornem mais preparados para a inevitável vida em comum que terão de viver em existência futura.

Enquanto Rafael respondia a essa pergunta, a jovem meditava sobre as palavras de Rafael a cerca da felicidade, e voltou a perguntar:

— Eu acho que a conquista da felicidade está muito distante. Por diversas vezes me empenhei em ser feliz, porém o sentimento de alegria é tão passageiro. Hoje em dia começo a perder a esperança em uma felicidade eterna. Por mais que eu tente, não consigo fazer brotar em meu coração esse sentimento.

Rafael meditou um pouco e disse com serenidade:

— Você desconhece a verdadeira felicidade porque sempre a definiu como a conquista de seus desejos e anseios meramente humanos. Essa é apenas uma felicidade transitória, absolutamente perecível como a vida física! A verdadeira felicidade é muito mais que isso. Ela é espiritual!

Para nós compreendermos a felicidade eterna, o primeiro passo é tomar consciência de que existe a presença de Deus em todas as coisas do universo, portanto devemos amá-Lo e perceber a Sua presença a todo o momento, em todo lugar. Isso ajuda muito a interagir e obter melhores resultados na vida. E não podemos esquecer de agradecer a Ele por tudo o que temos. Se nós compreendermos a presença de Deus em toda a Criação, aprenderemos a dar valor à vida de forma especial. Isso causa uma mudança revolucionária em nossas vidas. Nós quebramos a corrente do pessimismo e ingressamos na sintonia da vitória sobre os nossos dramas internos.

Em segundo lugar devemos amar a nós mesmos, todos os dias, sempre afirmando, com convicção, que somos filhos do Altíssimo, criados a Sua imagem e semelhança, ou seja, seres maravilhosos e com um potencial ilimitado. Digamos sempre pela manhã ao acordar: "eu sou importante, eu tenho valor, eu sou inteligente, eu sou capaz e nada me é impossível!".

Nosso terceiro passo em busca da felicidade deve ser pôr em prática todas as afirmações que fazemos. Se nos achamos importantes, ajamos como tal! Se nós somos inteligentes, trabalhemos para isso tornar-se realidade, se nos consideramos pessoas amorosas, ajamos assim em todas as situações da vida. Nós temos de estabelecer metas e não podemos descansar enquanto não as atingir. Somos filhos de Deus! Nada nos é impossível.

Ninguém pode nos derrotar, a não ser o nosso próprio medo e as nossas fraquezas.

Em quarto lugar, jamais devemos guardar rancor em nossos corações. Esse sentimento gera o oposto da felicidade: a tristeza. Jamais conheci uma criatura rancorosa que fosse feliz. Deixemos que Deus faça a justiça. Ocupemo-nos apenas em perdoar e esquecer a ofensa. O rancor é como um câncer que destrói o coração e a mente, dia após dia.

O quinto passo é não termos inveja de ninguém, seja pelo que possuam ou pelo que são. A inveja nos faz perder um precioso tempo que deveríamos dedicar à construção de nossa felicidade. O invejoso não avança porque fica aprisionado ao sentimento de cobiça pela felicidade do próximo. O amor e o ódio não conseguem conviver no mesmo coração. "Não se pode servir a Deus e a Mamon", já nos disse Jesus.

Em sexto lugar não devemos nos apropriar do que não é nosso. Lembrem-se de que temos aquilo que Deus deseja que seja nosso. Tudo que não obtivermos pelo nosso próprio esforço e mérito não nos pertence. Privilégios e conchavos para obter posses e destaque na sociedade são recursos de almas que ainda não encontraram o caminho dos verdadeiros valores.

O sétimo passo é respeitarmos e amarmos ao próximo. Todos os seres criados na natureza, tanto homens como a natureza em geral, têm direito à vida, ao respeito e ao amor.

E por último sejamos simpáticos, observemos ao nosso redor e descubramos o lado bom e valoroso de cada coisa. Vamos pensar como somos afortunados pelo que possuímos e por termos essa consciência. Já somos mais do que os animais e nossos irmãos alienados, que vivem escravos de suas paixões. Vamos ajudar ao próximo, sem esperar recompensa. Vejamos as pessoas ao nosso redor e descubramos nelas qualidades. E não nos esqueçamos de passar a elas, também, o "segredo" para serem vencedoras, porque só assim viveremos em um mundo verdadeiramente feliz...

Após a notável e espontânea exposição de Rafael sobre os verdadeiros valores para se atingir a felicidade eterna, o grupo que o cercava ficou em absoluto silêncio. Não havia nada a ser dito. O silêncio e o sentimento de gratidão de todos falavam por mil palavras.

O pequeno grupo que o rodeava então percebeu que estava na hora de começar a exposição do jovem notável e se acomodou. O público basicamente era o mesmo, com exceção da ausência das pessoas que se revoltaram na última reunião e aqueles novos que agora lotavam as dependências do audítório. Isso fez com que Rafael expusesse rapidamente a definição do Universalismo Crístico e depois explanasse sobre os dois primeiros alicerces, que já haviam sido debatidos nas semanas anteriores.

Ele bebeu um gole de água da taça que estava sobre a mesa, respirou fundo e então disse:

— Depois dessa explicação inicial, vamos entrar então no terceiro e último alicerce que identifica a visão espiritual para a Nova Era. Estou me referindo à busca incessante pela sabedoria espiritual aliada ao progresso filosófico e científico, com o objetivo de promover a evolução integral da humanidade.

Rafael andou de um lado ao outro do palco e prosseguiu perguntando ao público:

— Por que devemos pensar e agir conforme os nossos antepassados e de acordo com as doutrinas religiosas de séculos atrás? Será que eles estavam certos ou estavam somente inseridos dentro de uma capacidade de entendimento que hoje em dia já está ultrapassada? Por que devemos nos escravizar a dogmas religiosos de veracidade duvidosa?

Pensem! Será que realmente Jonas foi engolido por uma baleia, ficou três dias vivo dentro do animal e depois ainda recuperou a liberdade como nos afirma o Velho Testamento? Será que Adão e Eva existiram realmente ou trata-se apenas da representação simbólica do início da raça humana? E será que a "cobra falante do mal", que seduziu Eva, não é uma restrição à busca do conhecimento, já que a serpente entre os povos antigos representava a sabedoria? A quem interessava, e interessa, manter o povo na ignorância?

Jesus ressuscitou o seu corpo físico ou o que os discípulos viram era apenas o seu corpo espiritual materializado para dar-lhes o testemunho de que a vida continua após a morte da matéria? As palavras de Jesus serão aquelas mesmas que nos acostumamos a ler nos evangelhos canônicos ou elas serão apenas a compreensão limitada de seus discípulos e, além disso, com graves erros de tradução e adulteração no decorrer dos séculos?

Eu particularmente não acredito que o espírito mais iluminado da Terra diria do alto da cruz: "Pai, por que me abandonaste?". Ele sabia de antemão a sua missão e o desfecho que ela tomaria. Também não creio que Jesus estivesse interessado em fundar uma igreja, assim como os evangelhos oficiais relatam, embora contrariados pelos textos apócrifos.

O templo que Jesus desejava fundar era o templo do próprio coração. Acredito também que a posição da mulher dentro da sociedade, aos olhos de Cristo, deveria ser de igualdade com os homens. Entretanto vários de seus seguidores, como Paulo de Tarso, trabalharam para que a posição da mulher fosse de subserviência aos homens.

E o que dizer sobre Maria Madalena? Ela era uma prostituta endemoninhada ou uma das mais importantes discípulas do Cristo? E Judas Iscariotes? Era um traidor ou um colaborador importante para o êxito da mensagem de Jesus?

Rafael meditou por alguns instantes e prosseguiu:

— Tudo isso deve ser analisado, porque na verdade essas informações não são de Deus, mas sim dos homens, nada mais são que interpretações humanas de uma mensagem divina. As religiões são instrumentos de ligação do homem ao Criador. E para isso devemos compreender que, com o passar dos séculos, a humanidade evoluiu, adquiriu nova compreensão, e conceitos medievais de religiosidade não atendem mais à verdadeira fé, aquela que compreende a mensagem e o objetivo da vida criada por Deus: evoluir para nos tornarmos espíritos iluminados, à imagem e à semelhança do Criador.

E se hoje em dia as religiões não atendem mais ao nível de compreensão da humanidade, tanto é assim que ela cada vez mais nega as religiões por não encontrar eco em seu coração, o que dirá as gerações futuras, que serão as almas eleitas para o novo estágio de evolução da Terra no terceiro milênio?

Esse terceiro fundamento do Universalismo Crístico talvez seja o mais essencial para o importante avanço espiritual necessário para ingressarmos na Nova Era, o que o manterá vivo e sempre avançando para o futuro. Como eu disse desde a primeira reunião, o que eu afirmo aqui não é uma verdade absoluta, com exceção da lei áurea, presente em todas as religiões.

Logo, tudo está aberto à troca de ideias e ao estudo. A busca do debate filosófico e científico deve estar sempre impulsionando o saber espiritual para o futuro. Não é possível que no início do terceiro milênio ainda sejamos escravos de conceitos religiosos tão medievais, como a crença de que devemos ser subservientes a Deus e de que Ele é uma entidade externa, quando na verdade está dentro de nós!

O Criador não deve ser visto de forma paternalista, como se servisse somente para atender aos nossos lamentos e pedidos. Deus deve servir de exemplo para a nossa caminhada rumo à perfeição. Ao lembrarmos Dele, devemos procurar melhorar, com o objetivo de honrar o Seu nome. O sacrifício ou o pagamento de promessa mais agradável aos olhos do Criador é o cultivo das virtudes crísticas. Rituais de natureza exterior são inúteis!

Nós somos centelhas divinas do Criador e possuímos um

potencial ilimitado. Não faz sentido que nos comportemos como criaturas frustradas, sempre nos punindo por nossos "pecados". Pecado é não evoluir! É não abrir a mente! O resto é experiência evolutiva. Colheremos o que plantarmos, mas só acertaremos e nos tornaremos verdadeiros filhos de Deus através da vivência de nossos próprios erros. E o erro é filho da ignorância. Irmãos! Vamos abrir as nossas mentes!

Sigamos em nossa jornada com o primeiro alicerce do Universalismo Crístico em nossos corações: o amor ao próximo, sem cabresto, procurando compreender que somos seres iluminados e não "pecadores amaldiçoados". Vamos nos valorizar e nos tornar dignos do título de filhos de Deus.

O Universalismo Crístico exige que sejamos filósofos e cientistas. Filósofos, por nos fazer pensar tudo que aprendemos no campo da religiosidade e aperfeiçoar esses ensinamentos para uma visão verdadeiramente espiritualizada. E cientistas, porque a realidade material e a espiritual não devem ser dissociadas. Será através do estudo científico que em breve a humanidade obterá as primeiras comprovações de que a vida após a morte é uma realidade, e não apenas mera fantasia de mentes simplórias. Esse avanço da ciência, associado à visão espiritual, permitirá que o homem do futuro desfrute de tecnologias ainda invisíveis aos seus cinco limitados sentidos físicos.

E quem define o que é certo ou errado? Nem tudo pode ser comprovado de forma categórica. Então essa informação ficará em suspenso, aberta aos debates, até que um dia se chegue a um consenso. O que não podemos é continuar a manter crenças que não se sustentam. Elas são fruto de uma devoção cega e sem nenhuma base coerente. Não somos bonecos ou robôs em que Deus injeta a sua "graça divina" para nos tornarmos melhores. O homem é fruto de suas ações e aquisição de consciência, e não um ser alienado controlado por uma vontade externa.

As gerações futuras terão uma expectativa de vida muito superior à atual, por causa da mudança dos hábitos e dos avanços da Medicina em todas as suas áreas. Essa longevidade permitirá um acúmulo de conhecimento muito maior por parte dos indivíduos, estimulando-os ao progresso.

As mentes progressistas do terceiro milênio estarão sempre abertas para descobrir o novo e o impensado. No campo da filosofia religiosa novas descobertas trarão luz aos ensinamentos mal interpretados dos grandes avatares da Terra. As pesquisas históricas sobre a personalidade de Jesus nos farão ver uma nova mensagem por detrás daquela distorção criada nos primeiros séculos do Cristianismo e na Idade Média.

Será o fim de rituais sem sentido e de simbologias que nada acrescentam para a real metamorfose do homem, das trevas para a luz. A confrontação sobre as crenças de cada religião poderá nos trazer uma visão mais coerente e universal sobre a mensagem de Deus e seus objetivos para a nossa evolução.

Não podemos mais nos submeter aos dogmas das religiões, às escrituras ditas sagradas, mas que foram escritas pelos homens, pois se assim nos comportarmos jamais teremos um progresso no campo espiritual. As religiões ensinaram os nossos antepassados a não questionar a "palavra de Deus", que isso era pecado e falta de fé. Mas é muito fácil perceber que isso era interesse dos homens que desejavam manter o controle sobre os fiéis. Já a verdade cristalina de Jesus era outra: "conhecei a verdade, e a verdade vos libertará".

Do alto de Seu reino de Luz, o grande Mestre aguarda o nosso despertar. Ele espera que abandonemos a alienação imposta pela sociedade e pelas religiões e mergulhemos na busca por respostas. Nós estamos entrando em uma Nova Era que selará o fim dos gurus e dos líderes religiosos. Eles não serão mais necessários, pois o homem do futuro compreenderá que a verdadeira e única religião é a da sua própria consciência em busca de espiritualização.

Um rapaz que estava sentado na primeira fila então perguntou:

— Pelo que você diz não só os líderes religiosos se tornarão desnecessários, como também as próprias religiões. Estou certo?

Rafael aproveitou para tomar um gole de água e prosseguiu:

— Eu estava esperando o momento certo para tocar nesse assunto, porém acho que ele já chegou, pelo menos para você. Realmente, analisando segundo o prisma da Nova Era, as religiões se tornarão desnecessárias. Elas servirão somente como material histórico para que as futuras gerações compreendam o processo de espiritualização no ciclo evolutivo anterior à chegada do terceiro milênio.

Veja bem! Hoje em dia elas são necessárias para agregar os seus fiéis em torno de um ritual que os eleve ao grau de consciência reflexivo para ligar-se ao Pai. Por que isso é necessário?

Rafael mesmo respondeu:

— Isso era necessário no passado para espiritualizar a limitada consciência da humanidade da época. Já hoje em dia é importante para desligar o homem da sintonia materialista em que se escravizou. Com o passar dos séculos a civilização, principalmente a ocidental, resolveu entregar o seu sentimento de espiritualidade a ritualísticas reuniões semanais em algum templo religioso, desligando-se por completo de uma conversa íntima e sincera com Deus em sua rotina diária, salvo raras exceções.

Obviamente que a humanidade do terceiro milênio será bem mais espiritualizada que a do passado e a do presente. Fica então fácil perceber que o cidadão do terceiro milênio viverá procurando aliar a sua vida humana com a espiritual, diariamente. A busca natural pela compreensão maior fará com que as religiões tornem-se absolutamente obsoletas. Isso fará com que gradualmente elas percam sua utilidade e sejam abandonadas assim como acontece a um oásis sagrado que um dia secou.

Um exemplo disso são as antigas máquinas de escrever. Eram instrumentos maravilhosos e muito necessários. Com o surgimento dos computadores elas não perderam a sua essência, mas deixaram de ser úteis ao novo estágio tecnológico que se apresentou à humanidade.

Jamais haverá uma caça às bruxas às religiões do passado, no entanto elas não atenderão aos anseios das gerações do futuro. Hoje em dia ainda elas se demonstram bem necessárias, tanto que até mesmo religiões que se apresentam como inspiradas na Nova Era são associadas ao velho modelo religioso: velas e incensos, rituais dos mais diversos, mentores espirituais que são associados ao mesmo papel dos santos do passado, e assim por diante.

Rafael caminhou de um lado ao outro procurando mensurar até onde poderia avançar em seus conceitos. Logo depois prosseguiu, demonstrando energia e conhecimento de causa:

— A busca pelo avanço no debate sobre espiritualidade deve abordar temas importantes como os dogmas religiosos, os rituais, o processo de evolução espiritual, a doutrina da graça ou o mérito/débito do carma, os cultos de adoração... Em resumo, adorar a Deus ou aprender a seguir o Seu abençoado caminho?

Há respostas para tudo, e essas respostas sempre partem de um princípio lógico. As leis de Deus não são imprevisíveis ou irracionais. E elas seguem sempre um padrão de absoluta justiça, sem premiações ou condenações imerecidas. Acreditar em acaso ou injustiça de Deus é desconhecer os mecanismos criados por Ele com o objetivo de promover a nossa ascese evolutiva. É fundamental buscarmos respostas!

Deve ser realizado um processo de reversão na fé. A adoração a um Deus inconstante e misterioso que premia aqueles que crêem Nele e condena quem é indiferente deve ser substituído por um Deus coerente, aberto e que promova a Sua justiça de acordo com nossas ações, exclusivamente. O Criador não espera que O adoremos como a um ídolo. Ele espera o nosso amadurecimento espiritual através da sábia lei áurea *"ame ao seu próximo como a si mesmo"*.

Por outro lado devem ser realizados estudos científicos que venham a atestar a veracidade da realidade espiritual. O estudo cientifico da espiritualidade trará a credibilidade tão necessária para que a humanidade olhe para os temas espirituais com seriedade.

Deverão ser realizados estudos sobre processos de curas espirituais, sobre o poder da oração no psiquismo humano, sobre regressão de memória e de terapia de vidas passadas (TVP). Além disso, nós deveremos confrontar informações das religiões com estudos científicos comprovados, com o objetivo de estabelecer uma fé racional.

Aquele que compreende a lógica espiritual utiliza melhor os recursos espirituais para o seu bem viver e para a sua felicidade, além de avançar consideravelmente no processo evolutivo.

Rafael mal terminara essas palavras e foi rechaçado por uma mulher que disse:

— Isso é uma afronta ao verdadeiro Deus. Ele é transcendental e não pode ser avaliado através da razão humana. O que O torna tão importante para a humanidade é que Ele é a resposta para o "grande mistério".

Em seguida várias pessoas protestaram, alegando que o jovem Rafael estava passando dos limites e que não possuía maturidade para compreender a natureza divina.

Ele refletiu por alguns instantes e depois falou com serenidade:

— Analisando mais esse impasse, que parece ser uma rotina no decorrer dos séculos, lembrei-me da antiga lenda egípcia do "peixinho vermelho". O descortinar de uma nova verdade sempre causa uma reação de aversão. Quem deseja perder o controle sobre o seu mundinho? Quem se predispõe a abrir mão de seu status e poder para aceitar a chegada de uma nova forma de pensar.

Lembrem-se, meus amigos, Jesus foi crucificado por promover exatamente uma mudança para um novo paradigma espiritual. A sua iluminada mensagem, que hoje em dia tanto veneramos, causou um imenso desconforto entre os poderosos da época. Não vamos cometer o mesmo erro de outrora!

Rafael então procurou entre seus livros a obra "Libertação", do espírito André Luiz, psicografada pelo grande médium Chico Xavier. Ele meditou por alguns instantes e depois voltou a falar com a sua voz suave e envolvente:

— Vou ler a história contida no prefácio dessa obra. Prestem atenção, meus amigos, nessa bela mensagem. O peixinho vermelho dessa narrativa retrata a personalidade de seres inovadores, revolucionários, como Jesus e todo aquele que deseja enxergar o futuro e caminhar em direção ao progresso.

A Lenda do Peixinho Vermelho

No centro de formoso jardim, havia um grande lago, adornado de ladrilhos azul-turquesa. Alimentado por diminuto canal de pedra, escoava suas águas, do outro lado, através de grade muito estreita. Nesse reduto acolhedor, vivia toda uma comunidade de peixes, a se refestelarem, gordos e satisfeitos, em reservadas grutas, frescas e sombrias. Elegeram um dos concidadãos de barbatanas para os encargos de rei, e ali viviam, plenamente despreocupados, entre a gula e a preguiça.

Junto deles, porém, havia um peixinho vermelho, menosprezado de todos. Não conseguia pescar a mais leve larva, nem refugiar-se nos nichos barrentos. Os outros, vorazes e gorduchos, arrebatavam para si todas as formas larvárias e ocupavam, displicentes, todos os lugares consagrados ao descanso.

O peixinho vermelho que nadasse e sofresse. Por isso mesmo era visto, em correria constante, perseguido pelo desconforto ou atormentado de fome.

Não encontrando pouso no vastíssimo domicílio, o pobrezinho não dispunha de tempo para muito lazer e começou a estudar com bastante interesse. Fez o inventário de todos os ladrilhos que enfeitavam as bordas do poço, arrolou todos os buracos nele existentes e sabia, com precisão, onde se reuniria maior massa de lama por ocasião de aguaceiros.

Depois de muito tempo, à custa de longas perquirições, encontrou a grade do escoadouro. À frente da imprevista oportunidade de aventura benéfica, refletiu consigo: 'Não será melhor pesquisar a vida e conhecer outros rumos?'.

Optou pela mudança. Apesar de macérrimo, pela abstenção completa de qualquer conforto, perdeu várias escamas, com grande sofrimento, a fim de atravessar a passagem estreitíssima. Pronunciando votos renovadores, avançou otimista pelo rego d'água, encantado com as novas paisagens, ricas de flores e sol que o defrontavam, e seguiu, embriagado de esperança...

Em breve, alcançou grande rio e fez inúmeros conhecimentos. Encontrou peixes de muitas famílias diferentes, que com ele simpatizaram, instruindo-o quanto aos percalços da marcha e descortinando-lhe mais fácil roteiro. Embevecido, contemplou nas margens homens e animais, embarcações e pontes, palácios e veículos, cabanas e arvoredo. Habituado com o pouco, vivia com extrema simplicidade, jamais perdendo a leveza e a agilidade naturais.

Conseguiu, desse modo, atingir o oceano, ébrio de novidade e sedento de estudo. De início, porém, fascinado pela paixão de observar, aproximou-se de uma baleia para quem toda a água do lago em que vivera não seria mais que diminuta ração; impressionado com o espetáculo, abeirou-se dela mais que devia e foi tragado com os elementos que lhe constituíam a primeira refeição diária.

Em apuros, o peixinho aflito orou ao Deus dos Peixes, rogando proteção no bojo do monstro e, não obstante as trevas em que pedia salvamento, sua prece foi ouvida, porque o gigante dos mares começou a soluçar e vomitou, restituindo-o às correntes marinhas.

O pequeno viajante, agradecido e feliz, procurou companhias simpáticas e aprendeu a evitar os perigos e tentações. Plenamente transformado em suas concepções do mundo, passou a reparar as infinitas riquezas da vida. Encontrou plantas luminosas, animais estranhos, estrelas móveis e flores diferentes no seio das águas. Sobretudo, descobriu a existência de muitos peixinhos, estudiosos e delgados tanto quanto ele, junto dos quais se sentia maravilhosamente feliz. Vivia, agora, sorridente e calmo, no Palácio de Coral que elegera, com centenas de amigos, para residência ditosa, quando, ao se referir ao seu começo laborioso, veio a saber que somente no mar as criaturas aquáticas dispunham de mais sólida garantia, de vez que, quando o estio se fizesse mais arrasador, as águas de outra altitude, continuariam a correr para o oceano.

O peixinho pensou, pensou... e sentindo imensa compaixão daqueles com quem convivera na infância, deliberou consagrar-se à obra do progresso e salvação deles. Não seria justo regressar e anunciar-lhes a verdade? Não seria nobre ampará-los, prestando-lhes a tempo valiosas informações? Não hesitou. Fortalecido pela generosidade de irmãos benfeitores que com ele viviam no Palácio de Coral, empreendeu comprida viagem de volta. Tornou ao rio, do rio dirigiu-se aos regatos e dos regatos se encaminhou para os canais que o conduziram ao primitivo lar.

Esbelto e satisfeito como sempre, pela vida de estudo e serviço a que se devotava, varou a grade e procurou, ansiosamente, os velhos companheiros. Estimulado pela proeza de amor que efetuava, supôs que o seu regresso causasse surpresa e entusiasmo gerais. Certo, a coletividade inteira lhe celebraria o feito, mas depressa verificou que ninguém se mexia. Todos os peixes continuavam pesados e ociosos, refestelados nos mesmos ninhos lodacentos, protegidos por flores de lótus, de onde saíam apenas para disputar larvas, moscas ou minhocas desprezíveis.

Gritou que voltara a casa, mas não houve quem lhe prestasse atenção, porquanto ninguém, ali, havia dado pela ausência dele. Ridicularizado, procurou, então, o rei de guelras enormes e comunicou-lhe a reveladora aventura. O soberano, algo entorpecido pela mania de grandeza, reuniu o povo e permitiu que o mensageiro se explicasse.

O benfeitor desprezado, valendo-se do ensejo, esclareceu, com ênfase, que havia outro mundo líquido, glorioso e sem fim. Aquele poço era uma insignificância que podia desaparecer, de momento para outro. Além do escoadouro próximo desdobravam-se outra vida e outra experiência. Lá fora, corriam regatos ornados de flores, rios caudalosos repletos de seres diferentes e, por fim, o mar, onde a vida aparece cada vez mais rica e mais surpreendente. Descreveu o serviço de tainhas e salmões, de trutas e tubarões.

Deu notícias do peixe-lua, do peixe-coelho e do galo-do-mar. Contou que vira o céu repleto de astros sublimes e que descobrira árvores gigantescas, barcos imensos, cidades praieiras, monstros temíveis, jardins submersos, estrelas do oceanos e ofereceu-se para conduzi-los ao Palácio de Coral, onde viveriam todos, prósperos e tranquilos. Finalmente os informou de que semelhante felicidade, porém, tinha igualmente seu preço. Deveriam todos emagrecer, convenientemente, abstendo-se de devorar tanta larva e tanto verme nas grutas escuras e aprendendo a trabalhar e estudar tanto quanto era necessário à venturosa jornada.

Antes de terminar, gargalhadas estridentes coroaram-lhe a preleção. Ninguém acreditou nele. Alguns oradores tomaram a palavra e afirmaram, solenes, que o peixinho vermelho delirava, que outra vida além do poço era francamente impossível, que aquela história de riachos, rios e oceanos era mera fantasia de cérebro demente e alguns chegaram a declarar que falavam em nome do Deus dos Peixes, que trazia os olhos voltados para eles unicamente.

O soberano da comunidade, para melhor ironizar o peixinho, dirigiu-se em companhia dele até a grade de escoamento e, tentando, de longe, a travessia, exclamou, borbulhante:

'Não vês que não cabe aqui nem uma só de minhas barbatanas? Grande tolo! Vai-te daqui! Não nos perturbes o bem-estar... Nosso lago é o centro do Universo... Ninguém possui vida igual à nossa!...'

Expulso a golpes de sarcasmo, o peixinho realizou a viagem de retorno e instalou-se, em definitivo, no Palácio de Coral, aguardando o tempo.

Depois de alguns anos, apareceu pavorosa e devastadora seca. As águas desceram de nível. E o poço onde viviam os peixes pachorrentos e vaidosos esvaziou-se, compelindo a comunidade inteira a perecer, atolada na lama..."

Ao terminar a envolvente narrativa, Rafael silenciou e aguardou que a plateia assimilasse a moral da história. Depois ele prosseguiu, dizendo:

— Essa história pode ser empregada tanto para aqueles que não acreditam na vida espiritual quanto para aqueles que crêem nela, mas negam a oportunidade de enxergar mais além. Só o que peço a todos vocês é que se mostrem abertos ao diálogo. Desde o primeiro dia afirmei que não sou o dono da verdade, mas desejo aprofundar esse debate. Aqueles que desejam manter suas crenças, por tradição ou por alguma questão íntima, terão sempre meu total respeito, carinho e atenção.

Mas aqueles que desejam avançar, ir mais além, atravessar

a "grade" que nos separa do Mundo Maior, assim como fez o peixinho vermelho, mostrem-me que estou em erro sobre algum ponto, que as informações que defendo são equivocadas, através de argumentos sólidos, e poderemos rever conceitos com o objetivo maior de nos aproximarmos o máximo da verdade absoluta de Deus.

Abram suas mentes, meus amigos!

Levem essas informações para a casa e reflitam. Eu sei que é difícil aceitar mudanças estruturais em nossas crenças. Entretanto gostaria de oferecer a vocês a oportunidade de refletirem sobre alguns aspectos das crenças religiosas que precisam ser repensadas e atualizadas. E se caso depois dessa reflexão nada mudar em suas convicções, não há porque se preocupar.

As religiões continuarão à disposição de todos até o final de nossas vidas, quando ingressaremos no "grande mistério" e saberemos abertamente todas as respostas. Entretanto o meu trabalho é o de preparar o terreno para as novas gerações, que necessitarão de um modelo espiritual realmente coerente, moderno e progressista para que possam expandir as suas consciências até o limite de suas potencialidades.

Rafael meditou por alguns instantes e prosseguiu:

— A partir da semana que vêm abordaremos diversos temas que inevitavelmente devem ser abertos à discussão. Os três alicerces que dão vida ao Universalismo Crístico já foram apresentados nesses três encontros vibrantes que já realizamos.

Agora aqueles que desejam prosseguir nessa busca devem me auxiliar a manter essa mecânica: Amar ao próximo, estudar a reencarnação integrada a lei de causa e efeito e associar a sabedoria filosófica e cientifica as nossas pesquisas espirituais, jamais permitindo que se criem dogmas inamovíveis ou barreiras a novas teses espirituais.

Convoco a esse debate todos os livres pensadores que aceitam meditar sobre novas ideias, sem preconceitos. Manter o dinamismo e a humildade para reconhecer opiniões alheias: eis o segredo para atingirmos o objetivo proposto.

O Universalismo Crístico não terá jamais nenhum líder ou proprietário, e isso fará com que ele seja de todos, independente da religião que cada um professe até o momento. Ele será absolutamente universal, independente de etnia, posição social ou aspectos culturais. Por ser dinâmico, de natureza filosófica e liberto de rituais, poderá se adaptar aos mais diversos tipos de culturas e níveis de entendimento. O aprofundamento será ditado de acordo com o interesse e o discernimento de cada um.

O jovem iluminado agradeceu mais uma vez a atenção de

todos e encerrou a preleção da noite. A atmosfera era de muita paz, apesar de vários espectadores sentirem-se contrariados com as ideias revolucionárias daquele jovem que, apesar de tudo, parecia, inexplicavelmente, estar falando a língua dos anjos.

6
Visita inesquecível

Naquela noite Rafael teve imensa dificuldade para pegar no sono. As ideias revolucionárias que acalentava bailavam em sua mente no mesmo ritmo intenso de seu coração idealista. Ele pensava, angustiado, em uma metodologia que fosse capaz de libertar aqueles que se mantinham mais arraigados aos antigos conceitos religiosos e se negavam a dar a devida atenção à visão espiritual do futuro.

Como fazer para iluminar as mentes mais enraizadas nos conceitos religiosos do passado? Era preciso fazer-lhes perceber que a submissão religiosa e o culto a rituais são métodos de espiritualização ultrapassados e que pouco auxiliam na evolução espiritual. Como estimulá-los a uma verdadeira busca espiritual, através da reforma íntima e de uma sincera busca pela conquista de valores espirituais? Sendo que muitos nem acreditam nessa necessidade para alcançar os Céus!

Apesar de estarmos no verão, uma forte brisa balançava as copas das árvores próximas ao quarto de Rafael, inquietando o jovem que iluminava e expandia cada vez mais a sua consciência. Ele, então, se levantou e fechou hermeticamente a janela do quarto para abafar os ruídos da noite ventosa.

Em seguida ele retornou a cama e foi invadido por estranho torpor. Antes que contasse até dez, sentiu-se muito leve, como se o pesado corpo físico não mais existisse. Rafael virou o rosto para parede do seu quarto e teve uma espantosa surpresa. A parede não mais existia e lhe era possível observar amplamente o belo jardim de sua casa e a piscina iluminada pelas lâmpadas submersas.

As copas das árvores agora estavam absolutamente paradas. O vento havia cessado por completo. E o mais impressionante: as estrelas brilhavam intensamente no céu, como se o nosso planeta tivesse se aproximado milhares de anos-luz daquelas distantes casas celestiais, ou vice-versa. Além disso, Rafael observava planetas multicoloridos nos céus, maiores que a própria lua, que não estava visível naquele instante mágico.

Ele se sentou na cama, temeroso com aquela situação digna dos mais espetaculares sonhos, e balbuciou:

— Meu Deus, o que estou vendo? Só posso estar em desdobramento espiritual para isso estar acontecendo.

Ele então olhou para o leito e viu o seu corpo físico esparramado em decúbito ventral, com o pescoço mal acomodado, num profundo sono. Naquele instante ele pensou: "É por isso que ando acordando com tanta dor nas costas e no pescoço!"

Rafael mal se libertou dessa reflexão e percebeu a presença de um ser iluminado, de longos cabelos castanhos, quase louros, e que vestia uma simples túnica branca que descia até os pés. Pensou que talvez fosse Jesus. O nobre anjo estava sentado em uma das cadeiras em frente à piscina e parecia aguardá-lo para um encontro.

Impulsivamente ele se dirigiu até lá, sem perceber que havia atravessado a parede do quarto e flutuado do segundo piso da casa até o gramado do magnífico jardim, com um simples gesto. Com passos lentos, Rafael se aproximou daquela enigmática figura que estava de costas para ele, observando a beleza das flores ao seu redor.

O jovem idealista também se impressionou e se deslumbrou. Aquele não era o jardim de sua casa, mas algo muito mais belo. Por ter uma espantosa lucidez espiritual, logo percebeu que se tratava da contrapartida astral de sua própria casa, ainda mais bela pelas energias fulgurantes daquele ser iluminado.

Ele então olhou para as suas roupas e percebeu-se vestindo uma túnica branca imaculada, muito semelhante à do anjo que o aguardava.

Mais dois passos e Rafael agora estava muito perto do enigmático ser iluminado, que sentiu a aproximação e se virou com um radiante sorriso no rosto. O anjo era belíssimo. Ele possuía pele clara, olhos verdes e cabelos castanhos longos que repousavam sobre os ombros; era uma cascata de luz a iluminar ainda mais o seu magnânimo rosto.

Rafael não se conteve e desabou de joelhos, dizendo:

— Não posso crer que sou digno de estar em sua presença!

O anjo se agachou e segurou Rafael pelos ombros para dizer-lhe, olhando profundamente em seus olhos:

— Bem-aventurado és tu, que compreendeste a vontade de Deus para a Nova Era que se avizinha. A tua consciência é ampla e permitirá que as mais altas esferas de Luz da Terra desçam sobre ti uma nova compreensão da vida, tanto espiritual como física. És abençoado, meu caro!

Rafael o abraçou de forma espontânea e falou:

— Diz, Mestre, o que devo fazer para que a vontade de Deus se cumpra na Terra. É para isso que dedicarei toda a minha vida!

A entidade de luz convidou Rafael a se sentar nas confortáveis cadeiras em volta da piscina e disse-lhe:

— Não preciso te dizer, pois a tua sintonia maravilhosa com a vontade do Alto a tudo capta. Se eu estou aqui junto a ti nesse instante não é para ensinar-te o que deve ser feito, mas sim para alertar sobre "como deve ser feito".

Rafael ficou um pouco confuso e falou:

— Não entendo, mestre!

O anjo celestial sorriu e respondeu:

— O que pretendo esclarecer-te é que já tens a sabedoria espiritual para cumprir a tua missão, entretanto estás muito angustiado por não receberes a aceitação que desejas por parte daqueles que te ouvem. Ao trabalhador das Verdades Eternas cabe somente executar a vontade dos Céus, sem esperar nada em troca. Não te preocupes com a aceitação da tua mensagem. Apenas materialize-a no mundo físico, sem esperar resultados. A ansiedade em ver os resultados conquistados somente diminuirá a tua capacidade de realização.

Rafael abaixou a cabeça e disse, com voz reticente:

— Eu entendo! A minha mensagem perderá o brilho e a beleza se eu forçar as pessoas a enxergar o que vejo. Preciso respeitar as limitações alheias.

O ser angelical se levantou e disse, com empolgação:

— Exatamente! Divulga a tua mensagem com paixão, como se a estivesse apresentando para seres perfeitos e em plena sintonia com as tuas ideias. Preocupa-te com a tua Luz e deixa nas mãos de Deus o destino da mensagem da qual és portador. Um grande artista idealiza a sua obra e sabe como ela é valiosa. Ele não precisa que o digam o que ele já sabe! Durante toda a confecção o gênio vibra em uma sintonia superior com a sua criação, até que ela fique pronta e ele diga: "Fiz o melhor que pude! Alcancei o meu limite". Depois essa obra é apresentada ao grande público, mas muitos não reconhecerão a beleza que somente o seu criador concebeu, assim como os homens em geral não compreendem a mais bela obra de Deus: a vida! Entretanto, a obra está pronta e imortalizada, até o dia em que a humanidade reconheça a inigualável beleza ali concebida. Foi assim com grandes músicos como Mozart, ou então grandes pintores como Leonardo da Vinci. Tu me compreendes?

Rafael apenas respondeu, com os olhos brilhantes, refletindo toda a pureza de seu ideal:

— Completamente!

O anjo então se aproximou, irradiando a sua luz diamantina a Rafael e disse-lhe com suas iluminadas mãos sobre os ombros do jovem:

— Então apenas faz a tua parte, pois te garanto que a tua mensagem se expandirá pelo mundo. Esse é o desejo do Pai!

Grossas lágrimas desceram dos olhos de Rafael, face àquela experiência única. Ele então percebeu que da nuca do anjo celestial corria pelo infinito um magnífico cordão prateado, o que acusava sua encarnação no mundo físico. Rafael não se conteve e perguntou:

— Mas quem és tu?

O anjo celestial sorriu e disse com serenidade:

— Eu sou aquele para quem estás abrindo o caminho! A tua mensagem preparará os homens para melhor compreenderem a minha missão. Mas muitos não nos ouvirão no início. As religiões institucionalizadas tentarão nos barrar, e temos de ter serenidade quanto a isso.

Rafael, muito impressionado, perguntou:

— Estás encarnado no mundo físico. Como te chamas? Eu preciso te encontrar!

O anjo sorriu e falou:

— Tu não deves me encontrar, mas sim cumprir a tua missão. Eu estou apenas iniciando o meu trabalho. Em breve tu me encontrarás naturalmente. Não precisamos apressar a vontade divina. E eu me chamo... Gabriel.

Após aquelas palavras do anjo Gabriel, Rafael conseguiu relembrar os momentos que antecederam a sua encarnação e a grande festa realizada na cidade astral Império do Amor Universal para preparar a missão daquele que viria a ser responsável pela concretização do Universalismo Crístico na Terra, que estava agora à sua frente em desdobramento. Mais informações sobre esse acontecimento marcante no astral superior podem ser obtidas pela leitura do livro *A história de um anjo*, capítulo 14.

Ele colocou a mão no rosto e balbuciou:

— Sim, agora lembro de tudo. Eu sou um dos 318 emissários enviados a Terra para auxiliá-lo na transformação religiosa para o terceiro milênio.

Gabriel apenas fez um gesto afirmativo com a cabeça e depois falou:

— Por isso estou aqui, meu querido irmão! Eu necessito que tu e teus amigos realizeis essa tarefa com perfeição. A tua metodologia e a tua mensagem espiritual estão perfeitas. Só te peço que sejas tolerante com aqueles que não aceitarão a mensagem.

Nós viemos da luz, e aqueles que conhecem a luz jamais devem se comportar de forma intolerante ou desrespeitosa. Eu sei que esse não é o teu perfil espiritual, no entanto viverás momentos intensos de debates para fazer brilhar a tua mensagem. Não te deixes arrastar por debates ferinos e antifraternos. Não é essa a nossa missão!

Rafael abraçou o mestre e disse-lhe, um tanto angustiado:

— Que fazer, Gabriel, frente àqueles que atacarão a minha mensagem e me cobrirão com o seu ódio e a sua indignação?

O anjo iluminado apenas respondeu:

— Perdoa a ignorância alheia e apenas ama! O amor é a linguagem universal e somente através dele a tua palavra será imorredoura. Apresenta tuas ideias com convicção, mas não permitas que a intolerância e o desrespeito encontrem abrigo no teu coração. Compreende que nem todos estão prontos para novas verdades. Semeia o terreno e passa! Se este for fértil dará bons frutos, caso contrário as ervas daninhas tomarão conta. Mas os que gerarem bons frutos iniciarão também a sua semeadura, a partir da tua boa semente, e chegará o dia em que todos os terrenos da Terra estarão férteis e a mensagem do Universalismo Crístico se alastrará por todo o globo.

Gabriel abraçou o amigo e falou, com um tom de voz impregnado de imensa sabedoria:

— Lembra-te! Apenas faz a tua parte e deixa que o Grande Arquiteto disponha da obra conjunta. Cada um tem a sua missão no mundo e a realização de todos concretizará a vontade de Deus na Terra. Mesmo que algum dia te pareça que o Bem está sendo derrotado, não te preocupes. Não temos condições de enxergar toda a complexa Obra Divina. A Mente Suprema de Deus não se equivoca jamais.

Rafael agradeceu as palavras e disse:

— Obrigado, meu amigo! Era disso que eu precisava para acalmar o meu coração. Deus queira que as impressões desse divino encontro fiquem bem claras na mente do meu corpo físico quando eu despertar no mundo humano.

Gabriel assentiu com um gesto e falou:

— Preciso partir! Fica com Deus, meu querido irmão.

O anjo celestial então subiu aos céus e sumiu no horizonte noturno, em meio àquela magnífica constelação que se desdobrava na dimensão espiritual.

Rafael então imaginou aquele grande espírito retornando para o local onde o seu corpo físico repousava, em um dos milhões de lares brasileiros, e falou para si mesmo:

— Abençoada mãe da Luz do mundo, proteja esse jovem iluminado!

Naquele mesmo instante ele foi então atraído para o corpo físico e imediatamente despertou.

A primeira impressão que teve foi uma forte dor no pescoço, por causa de sua má postura ao dormir. Entretanto ele se lembrava de toda a fantástica experiência realizada em espírito. Para não perder aquelas informações, o jovem idealista levantou, lavou o rosto e sentou-se ao computador para registrar aquelas fortes emoções. Ele temia que, ao dormir novamente, durante o sono se apagassem todas as informações vividas no astral, como é muito comum.

Na manhã seguinte, Rafael acordou cedo e sentou-se na mesma cadeira onde ouviu, em espírito, atentamente a mensagem do anjo iluminado que o visitara. De olhos fechados em direção ao sol nascente, ele ficou por longo tempo meditando nas palavras abençoadas que lhe chegaram aos ouvidos pela magnânima vontade do Pai.

Perdido em seus pensamentos, ele nem percebeu a aproximação de Érica. A sempre prestativa Maria a recebeu com efusivos abraços e disse:

— Vá lá, minha filha, e converse com o meu menino. Hoje ele está muito estranho. Falou pouco no café da manhã e agora está há horas no jardim, olhando para o céu. Parece que ele está fora desse mundo.

A bela Érica concordou e sentou-se bem ao lado do grande amigo. Ele se virou para ela e sorriu, com imensa simpatia e cumplicidade.

— Que bom ver você, minha querida! Já está aqui faz tempo?

Ela sorriu com a sempre cordial recepção do amigo.

— Não! Cheguei agora. Eu estava conversando um pouco com a Maria. Ela está estranhando você hoje.

Rafael então virou sua cadeira em direção à amiga para olhar em seus olhos e disse, como se fosse lhe confidenciar o maior segredo da Terra:

— Você não imagina o que me aconteceu essa noite. Se eu lhe contar, você não acreditará!

Érica arqueou as sobrancelhas, realçando ainda mais a beleza cativante de seus encantadores olhos verdes, e perguntou:

— Do que se trata? Você já está me deixando curiosa... sabe como fico quando isso acontece.

Ambos riram se divertindo dos incontroláveis acessos de curiosidade dela. Em seguida Rafael ficou muito sério e falou, enquanto esfregava as mãos demonstrando um nervosismo que não lhe era peculiar:

— Essa noite eu tive dificuldade para dormir. Mas quando isso aconteceu...

Rafael olhou para os lados para ver se estavam sozinhos e prosseguiu:

— Depois de dormir, rapidamente me enxerguei livre do corpo. Ao meu redor as paredes haviam desaparecido e o jardim da minha casa tornou-se absolutamente deslumbrante.

Rafael ergueu os seus vigorosos braços em direção ao céu e prosseguiu, com um olhar assombrado que realçava ainda mais a beleza divina de seu rosto.

— No céu vi diversas estrelas gigantes e planetas belíssimos que estavam muito próximos da Terra, de uma forma impossível de ocorrer sem que prejudicasse a órbita de nosso planeta. Só podia ser coisa de outra dimensão...

No entanto, o mais impressionante estava para acontecer. Passado alguns breves segundos, percebi, sentado nessa cadeira em que você se encontra, a presença de um anjo iluminado que me aguardava para uma entrevista.

Érica ficou toda arrepiada e apenas balbuciou, enquanto ajeitava os lindos cabelos castanhos:

— Não brinca...

Rafael a olhou com toda a atenção e disse, com muita sinceridade:

— Juro por tudo que há de mais sagrado nesse mundo!

— E o que ele falou? — perguntou a graciosa menina, mal contendo a sua curiosidade.

— Ele me disse que estamos no caminho certo com a ideia do Universalismo Crístico, mas que devemos ter muita cautela para que a nossa mensagem não fuja do virtuoso caminho da paz, da compreensão e da tolerância, procurando sempre respeitar as diferenças e aqueles que não crêem na nossa nova visão espiritual para o mundo.

Os lindos olhos de Érica, que refletiam a beleza e a grandeza de sua alma, brilharam e ela falou:

— Eu já tinha certeza de que estávamos no caminho certo, mas agora, com as bênçãos de um anjo, que dúvida podemos ter disto? E quem era ele? Como se apresentou?

Rafael se levantou, ajeitou os cabelos e andou de um lado ao outro, enquanto meditava sobre o acontecido. Por fim, respondeu com empolgação, com seus envolventes olhos brilhantes fixos nos da amiga:

— Ele me disse que é aquele a quem nós anunciamos: o precursor da Nova Era na Terra! Ou seja: o eleito dos Céus para centralizar a mensagem crística do terceiro milênio. Ele falou também que antes de encarnarmos no mundo físico, para essa atual existência, nos comprometemos a "arar o terreno" para que quando ele iniciasse sua missão fosse realizado o "divino plantio" em terras férteis. E não somos só nós. Muitos outros trabalharão por essa mesma mensagem em todo o Brasil e no mundo.

Érica agora estava com o queixo caído. Ela apenas pôde balbuciar, com sua voz doce e angelical:

— Eu estou sem palavras... Você é mestre em me deixar assim.

Rafael sorriu, magnetizado com o brilho maravilhoso que se irradiou do rosto da querida amiga. Ela lhe trazia uma alegria interior que ele não saberia explicar... Depois ele sacudiu a cabeça e voltou a falar:

— Eu também! Estou sem palavras... É uma responsabilidade muito grande que está em nossas mãos. E infelizmente percebo que teremos imensas dificuldades para fazer as pessoas crerem que o futuro está no modelo espiritual que estamos divulgando. Ademais creio que haverá pouca mobilização. Em geral as pessoas até podem crer na mensagem, mas poucas se mobilizam para realmente divulgá-la com o objetivo de ela ganhar o mundo, isso sem contar que poucas abrem mão de suas rotinas profanas para se dedicarem a um trabalho divino, sem compensações humanas.

Rafael sentou novamente na cadeira, colocou as mãos sobre a cabeça e suspirou. Em seguida ele segurou a mão da amiga, fato que acelerou o batimento de seu coração, magnetizada com o toque amável.

Os dois se olharam por alguns instantes, com uma cumplicidade muito especial, até que ele virou o olhar em direção as flores do belo jardim, talvez por timidez. Érica não saberia dizer. Ela, então, sentiu algo mágico no coração do amigo. Algo com que ela sonhava e que desejava havia muito tempo. Mas ele desconversou e disse:

— Eu temo não ser grande o suficiente para essa missão. Quantos já tentaram mobilizar a humanidade para diversos ideais diferentes e só conseguiram com muito apoio e dinheiro?

A bela fada que havia descido dos Céus para ajudá-lo a iluminar o mundo passou a sua delicada mão no rosto do amigo e disse:

— Jesus mudou o mundo e era apenas um pobre carpinteiro... Grandes ideais estão acima dos mesquinhos interesses humanos.

Rafael meneou a cabeça, com o olhar tímido voltado para o chão e respondeu:

— Eu não sou Jesus... E estou muito longe de Seu carisma. Quando Ele se aproximava, as pessoas percebiam imediatamente a Sua majestade. E veja a polêmica que surgiu com as minhas ideias, quantas agressões eu sofri e ainda sofrerei. Sinto que a humanidade não está pronta para o que tenho a dizer.

Érica o abraçou com imenso carinho, sem conseguir controlar o descompasso de seu coração, e respondeu de forma imperturbável:

— Jesus também foi atacado pelos sacerdotes do templo e por aqueles que tinham a perder com a Sua mensagem. Durante a Sua passagem pelo mundo humano somente àqueles que tiveram olhos para ver perceberam que Ele era o Rei dos reis.

A bela adolescente ergueu os olhos para o céu, suspirou e falou, como se estivesse sendo instrumento das mais altas esferas espirituais da Terra:

— Vamos trabalhar como nos propusemos no dia em que você nos apresentou o Universalismo Crístico: dia após dia, sem maiores pretensões. Se for a vontade de Deus, como o anjo já sinalizou, então obteremos êxito. Lembre-se também de que eu, Eduardo e Tadeu somos amigos para a vida toda, e me refiro à vida imortal! Nós jamais abandonaremos você, mesmo que não compreendamos algo da mensagem que lhe foi inspirada pelo Alto.

Esses dias nós estávamos conversando e chegamos à conclusão de que as suas ideias não são apenas suas, mas sim da Alta Espiritualidade da Terra. Você é um instrumento de Deus, assim como nós. E se o Criador escolheu a você para ser aquele que centralizará esse projeto, então estaremos contigo para o que der e vier.

Rafael ficou emocionado com as palavras da amiga.

— Vocês realmente não existem! Hoje em dia é muito difícil encontrar pessoas que demonstrem tamanha grandeza. É raro alguém se conformar em ficar em um segundo plano, não ser o centro das atenções. Pois na verdade eu também não sou o centro das atenções. Sou apenas mais um mensageiro, um anunciador, assim como João Batista.

Ela sorriu, demonstrando como estava emocionada com as palavras sinceras do amigo e disse:

— As grandes realizações exigem trabalho em equipe, e não um querendo roubar a posição do outro. Nós temos de unir as nossas forças para atingirmos o objetivo traçado pelo Alto, deixando nossos egos de lado.

Rafael a abraçou por longos minutos, ainda não percebendo que ela, a cada dia, nutria um amor maior por ele.

Érica já havia se decidido. Ela amaria Rafael por toda a sua vida, mesmo que ele não correspondesse ao seu amor, pois este era tão sublime que estava acima da necessidade premente do toque físico. Ela conseguiria se completar somente com a amizade e o companheirismo e com a oportunidade de trabalhar ao lado dele naquele grandioso projeto de renovação espiritual da humanidade.

Rafael percebeu, em forma de intuição, os pensamentos da doce menina. Lágrimas intensas desceram de seus olhos ao ver a grandeza de seu amor. Ele pensou em beijá-la, mas ficou com receio.

Será que a sua intuição não estava lhe pregando uma peça? Não seria tudo uma loucura de sua alma fragilizada pela insólita experiência noturna e também pela ausência de almas brilhantes como ele no mundo? Ele se sentia tão sozinho no mundo... Poucos o compreendiam verdadeiramente.

Não! Devia ser apenas um devaneio de seu coração solitário. Rafael era desligado das coisas do mundo. Não era afeito às festas e às rotinas sociais que tanto atraem os jovens. Érica não se interessaria por nada além da sua amizade sincera.

Entretanto naquele instante Maria se aproximou com uma jarra de suco de laranja e desviou a atenção dos anjos que estavam perdidos em suas conjecturas íntimas. A querida senhora então falou em tom amável:

— Eu fico feliz, Rafa, que você esteja sorrindo. Já estava preocupado com o seu cenho franzido. Parecia, menino, que você estava carregando o mundo nas costas.

Ele sorriu e respondeu, com descontração:

— Minha querida Maria, era mais ou menos isso. Felizmente a Érica está aqui para dividir esse peso comigo.

Maria olhou com ternura para a adorável adolescente, que ajeitava os longos cabelos, envolvida em uma aura de luz, e disse:

— Essa menina vale ouro! Lembre-se, meu filho: verdadeiros amigos, nós não encontramos todos os dias. Trate-a como a mais preciosa das jóias.

Rafael concordou e respondeu, olhando nos olhos brilhantes da querida amiga e cativado pelo seu encantador sorriso.

— Eu sei disso, Maria. E jamais vou me esquecer dos grandes amigos que Deus permitiu estarem comigo em mais essa jornada no mundo dos homens. Algumas pessoas entram em nossas vidas por um breve instante, outras, por alguns anos, mas são pouquíssimas aquelas que caminham conosco pela vida inteira. Érica estará em meu coração por toda a vida. Eu tenho certeza disso.

A doce menina sorriu e deixou escapulir uma serena lágrima. Em seguida ela pulou no pescoço daquele que era a luz de seu viver, o abraçou e disse em seu ouvido:

— Não só por essa vida, mas por toda a eternidade!

7
Adoração a Deus e evolução espiritual

Mais uma noite, mais um momento mágico. O que esse jovem tem de tão especial que cativa a todos? Os temas levantados por ele são polêmicos e causam raiva e indignação nos religiosos ortodoxos, entretanto a sua forma simples e sincera, sempre conciliadora, desarma até mesmo os mais zelosos pelas religiões antigas.

Que poder é esse que emana de si com tanta facilidade? Como ele consegue trazer tais assuntos à discussão sem sofrer um verdadeiro "apedrejamento mental" por parte daqueles que negam a inevitável mudança? Outros não conseguiriam abordar um tema tão controverso como a religião sem serem amplamente retaliados. Alguns dizem: "Temos que matar esse mal pela raiz", no entanto sentem-se de mãos atadas ao ouvir o jovem pregador, talvez magnetizados pela sua fala cordial e impregnada de profunda sensatez e lógica.

As suas palavras parecem uma sublime música, que toca fundo na alma dos homens. Mesmo os que têm dificuldade em aceitar os seus conceitos iluminados não conseguem deixar de perceber a energia maravilhosa que ele irradia com tanta facilidade, porque almas puras se fazem amar pela sua simples presença.

Esse era o pensamento que corria pela mente de várias pessoas no amplo auditório. Todos se sentiam muito intrigados com a força interior e o idealismo daquele menino. Era até mesmo engraçado observar os que lutavam para "manter tudo como está", quando estavam frente a frente com Rafael. Eles não possuíam argumentos e sentiam-se ridículos em questionar o inquestionável. Somente a perda da razão os fazia bradar, de forma descontrolada, sem argumentos lógicos.

Naquela noite Rafael subiu ao palanque do auditório vestindo uma simples calça jeans e uma camisa branca. Seus longos cabelos estavam presos e seus olhos irradiavam uma energia encantadora de paz e sabedoria.

Não demorou muito para ele se sentar de forma descontraída sobre a mesa do orador e, com um vasto sorriso no rosto, começar a falar:

— Queridos amigos, hoje vou convocá-los a novas reflexões. Algumas já debatemos superficialmente aqui, mas sinto a necessidade de aprofundar esses conceitos. Uma delas é a questão da adoração a Deus.

Desde o princípio da história da humanidade o homem acreditou que Deus esperava de seus filhos um gesto de devoção e submissão. Era fator crucial dentro das civilizações primitivas o ato de agradar ao Criador através de oferendas e de uma subserviência sem limites a um ser invisível ou, pior, a uma simples estátua de pedra ou ouro. Nos tempos modernos esse gesto também é reproduzido em relação aos santos, orixás, mentores espirituais, mestres ascensionados ou qualquer denominação que se dê aos intercessores divinos. Todos eles são adorados e inúmeros pedidos lhes são feitos em troca de pagamento de promessas; é uma submissão que não faz mais sentido na Nova Era.

Desde a época de Moisés, recebemos a orientação de não cultuar imagens, pois isso fere o segundo mandamento divino e também entorpece a busca de espiritualização do fiel, que coloca, algumas vezes, a sua crença ou devoção nos intercessores divinos, acima da reforma moral íntima e da filosofia espiritual imprescindíveis à busca da evolução, que é a meta principal de todo filho de Deus.

O jovem iluminado levantou-se e falou com imensa humildade no olhar:

— Somos todos irmãos e ninguém deve se submeter aos seus semelhantes de forma humilhante, mesmo que esse ser seja muito mais evoluído espiritualmente que nós. Com relação ao Pai, o Criador, somos feitos de Sua essência, somos centelhas de Seu magnífico Ser. Nós somos partes de Deus. Não faz sentido nos rebaixarmos perante o Criador, como escravos. O que o nosso Pai quer de nós é respeito e dignidade, sendo que o maior gesto de dignidade e honradez espiritual que Ele espera é que nos tornemos pessoas melhores. Já disse isso a vocês: adorar a Deus e submeter-se às religiões não é nada comparado à glória de compreender e seguir o ensinamento divino "ame ao seu próximo como a si mesmo".

Deus Pai, o Criador, não é um conquistador bárbaro que deseja ver os Seus filhos de joelhos, em total submissão à Sua vontade. Ele é um Pai generoso que deseja ver o crescimento e o sucesso de Seus filhos. Ele prefere nos ver de pé a nos ver de joelhos!

Rafael suspirou profundamente, meditando sobre o que diria a seguir.

— Irmãos, nós somos deuses, como nos disse Jesus em Suas magníficas exposições há 2 mil anos. Graças a Deus essa mensagem de Jesus não foi deturpada ou apagada dos evangelhos, como tantas outras. Portanto vamos nos portar como verdadeiros filhos de Deus, buscando viver conforme a lei áurea. Não é muito difícil ter uma relação positiva com o mundo. E é só isso que Deus espera de nós. Chega de nos portarmos como ratos miseráveis, pecadores, sempre nos posicionando como figuras desprezíveis que devem beijar os pés de estátuas, em vez de nos dedicarmos ao desenvolvimento do nosso ilimitado potencial. Nós somos o que pensamos! Se nos comportarmos de maneira submissa, pessimista, conformista e desinteressada pelo verdadeiro progresso espiritual, jamais despertaremos o potencial divino que está dentro de nossas almas.

Naquele instante uma parte da audiência protestou de forma veemente, sentindo-se muito ofendida. Algumas senhoras ficaram com os olhos úmidos pelas palavras duras do jovem iluminado, mas contiveram os seus protestos, ao verem que os olhos do anjo também estavam rasos de lágrimas. Elas compreendiam como estava sendo duro para ele, também, aquele esforço para abrir os olhos de todos, sem melindrar. Algumas irmãs, que já despiam o cabresto impositivo das religiões, ergueram as suas nobres cabeças e fizeram um gesto afirmativo, respaldando as palavras de Rafael. Elas já tinham presenciado muitos gestos fraternos, amorosos e respeitosos dele para confiar naquela sua atitude ousada de confrontar as crenças conformistas e que obrigavam os fiéis a uma terrível submissão.

Elas lembraram-se também de Jesus, que, mesmo sendo sempre amorável, não abriu mão de ser rude com os fariseus hipócritas, que segundo o Grande Mestre, eram sepulcros caiados; "belos por fora, mas podres por dentro" e "coavam um mosquito, mas engoliam um camelo".

O anjo divino olhou para elas com imensa gratidão, sem emitir som algum. Elas compreenderam o agradecimento.

Ele meditou por mais alguns instantes, aguardando que a assembleia assimilasse serenamente suas primeiras argumentações, e depois prosseguiu:

— As religiões não deveriam cumprir o papel de consolar, mas sim o de conscientizar e promover evolução espiritual através da aquisição de valores e sabedoria. Infelizmente o distanciamento dos fiéis da mensagem espiritual os faz pensar que as religiões são instrumentos para consolação, quando na verdade deveriam tratá-las como a universidade do saber espiritual, procurando respostas para a existência humana, e não consolo para as dores do mundo. Quem compreende a finalidade da vida não se deixa abalar com as supostas "dores do mundo" e não se preocupa com a inevitável chegada da "morte física", porque compreende que este é apenas mais um estágio em sua infinita existência espiritual.

Eu tenho certeza de que tanto o Criador como os espíritos evoluídos a que pedimos amparo ficariam muito mais felizes se nos dedicássemos à aquisição de valores espirituais, amor e sabedoria, do que simplesmente nos entregarmos a um ritual mecânico de submissão e adoração que em muitos casos não é sincero, ou então é apenas pouco reflexivo.

É com desalento que vejo a humanidade realizando superficiais reflexões espirituais nos momentos de dor e sofrimento. É com tristeza que observo as "declarações espirituais" de pessoas que nem ao menos crêem na vida imortal quando uma grande personalidade desencarna ou quando acontecem catástrofes coletivas. Segundo elas a religião é somente uma forma de levar conforto às pessoas frente ao inevitável mistério da morte.

Rafael levantou-se e caminhou de um lado ao outro, procurando escolher as palavras certas para prosseguir com a sua importante linha de pensamento. Depois de cautelosa análise, ele voltou a falar:

— Às vezes é difícil abrir mão de nossa forma de pensar, e então aceitar novas ideias. Mas peço que reflitam sobre isso. Fomos criados a partir de um modelo baseado na vida humana como o centro de tudo e o mundo espiritual como sendo algo nebuloso e distante. No entanto, a verdade, e o que quero lhes fazer ver, é que o mundo espiritual é a vida principal. Nós estamos aqui na existência humana para realizar um breve estágio de aprendizado com o objetivo de regressarmos ao Mundo Maior um pouco melhor do que quando de lá saímos. E isso se processa através da aquisição de valores nobres como o amor, a brandura, a retidão de caráter, a tolerância, o perdão, a responsabilidade, o respeito. Isso é evolução espiritual! É necessário que o homem perceba que somente a adoração a Deus, Jesus e intercessores do Mundo Maior não "salva". O que "salva" as nossas almas são as conquistas espirituais obtidas com o nosso próprio esforço.

Sei que isso parece não ser nada de novo, mas por que tantas pessoas parecem não compreender essa necessidade urgente de angariar valores para suas vidas? Será que isso ocorre por causa da dificuldade de vencermos os nossos caprichos? Será o entorpecimento provocado pelo excessivo apego ao mundo das formas e desleixo sobre os valores espirituais? Ou será por causa de nosso egoísmo? Sem dúvida é muito conveniente desejarmos que somente os nossos interesses sejam plenamente atendidos. E sem dúvida alguns deles implicam prejuízo aos nossos semelhantes... Com certeza eis uma luta interior difícil de ser vencida. Entretanto não podemos fingir desconhecimento dessas situações para vivermos de forma alienada. Não adianta esconder o problema para que aleguemos ignorância na hora de decidir as nossas ações.

Talvez inconscientemente terminemos bloqueando a nossa consciência espiritual para viver conforme o nosso instinto animal. É da natureza humana buscar o caminho da acomodação, porém devemos vencer esse entorpecimento, assim como o aluno deve dominar sua preguiça para estudar e passar de ano.

Rafael olhou para o teto do auditório e pareceu divisar o mundo imponderável, o "Reino dos Céus" proclamado por Jesus, e prosseguiu:

— Assim como Jesus, o meu desejo... o meu destino... a minha missão... é trazer fogo à Terra. O que eu quero é que esse fogo se alastre. As minhas palavras são o "fogo do despertar" com o objetivo de alertar sobre nossos compromissos espirituais. Eu estou aqui para convidar todos vocês a abandonar a posição de passividade, conformismo e submissão, com a finalidade de permitir que uma nova pessoa nasça dentro de cada um. Eis o fim da era do "homem alienado" e o início da era do "homem consciente". A Nova Era, tão apregoada nos dias de hoje, é basicamente isso: o fim do "homem religioso" e o início do "homem espiritualizado".

Poucos instantes depois de Rafael dar uma breve pausa para beber um copo de água, um homem alto e com semblante sereno ergueu-se e falou:

— Eu vejo verdade e luz em suas palavras, porém creio ser impossível alcançar isso que você propõe. O sentimento religioso não pode ser racionalizado dessa forma. A crença em Deus não pode ser determinada pela razão, mas sim pela fé. Além disso, o que você afirma é verdadeiro: raros são aqueles que desejam realizar uma sincera reforma íntima. Todos vêem o mal nos atos do próximo, mas para si... É como aquele famoso ditado do Cristo: "Não aponte o cisco no olho de seu companheiro, mas veja o galho que obscurece a sua visão".

O sincero rapaz sacudiu a cabeça, em sinal de negação, e complementou, com tristeza no olhar:

— Cada um tem a sua verdade e a sua forma de ver as coisas. Para mim, o que você diz é algo cristalino e inconteste, mas a maioria da humanidade será refratária às suas palavras.

Rafael concordou com as palavras do interessado espectador e falou:

— Sim, você tem razão. Já conversamos aqui sobre isso em outras ocasiões. Toda nova mensagem espiritual sempre sofre uma ação negativa por causa da acomodação daqueles que querem manter tudo como está. Não devemos nos preocupar com isso, mas trabalhar para o futuro. As novas gerações se sentirão muito confortáveis com essa nova visão espiritual.

Quanto àqueles que não quiserem mudar da geração atual, tenhamos paciência, porque o Universalismo Crístico não deve ser uma imposição. Quem desejar viver até o fim de sua vida dedicado exclusivamente à sua religião deverá ser respeitado e compreendido sempre.

A minha tarefa é abrir os olhos de todos que desejarem ouvir a minha voz. A decisão de transpor esse novo mundo é uma decisão individual. Só posso dar-lhes a minha palavra de que quem penetra nessa "toca do coelho" que lhes apresento mudará totalmente a sua vida e promoverá "milagres" nela nunca antes imaginados.

Ressaltei a palavra "milagres" porque eles não existem como os concebemos. O que entendemos por milagres são feitos extraordinários, inexplicáveis. Mas na verdade tudo tem uma explicação lógica e sensata dentro do grande mecanismo da vida criada por Deus. Infelizmente vivemos em ignorância, sem nos aprofundarmos na ciência e na filosofia espiritual.

O homem estuda dezenas de profissões e métodos humanos, mas foge do aprimoramento e do estudo da ciência e da filosofia transcendentais, o que lhe causa graves prejuízos no decorrer de sua vida.

É inevitável! Todos nós um dia necessitaremos da sabedoria espiritual para vencermos os obstáculos dessa grande experiência que chamamos de vida. Quem se dedicar a essa busca será feliz! Quem depositar toda a sua fé na crença material estará órfão quando essa hora chegar. Não há riqueza material que solucione certos percalços da existência humana. Somente o tesouro espiritual nos habilita a vencer esses transtornos. Ele nos dá a clareza e a leveza necessárias para enfrentarmos e compreendermos plenamente a vida. As grandes tormentas, na visão do sábio espiritual, tornam-se pequenas tempestades em um copo de água.

Rafael fez mais uma breve pausa e rapidamente surgiu uma nova pergunta na assembleia. Uma senhora perguntou:

— Meu jovem, o primeiro mandamento de Deus é "amar a

Deus sobre todas as coisas". Como você pode afirmar que não devemos adorá-Lo e orar aos Seus pés?

O jovem iluminado, que angariava a cada dia um maior respeito por parte de todos, meditou por alguns instantes e afirmou:

— Nobre senhora, quando afirmei que não deveríamos adorar a Deus me referia ao gesto mecânico de subjugação. Como a senhora disse, o mandamento é "amar a Deus sobre todas as coisas". Amar não é adorar! A senhora adora os seus filhos ou os ama? Coloca-se aos pés deles em posição de idolatria ou se esforça para ser uma boa mãe, exemplo de dignidade para seus filhos e netos?

Assim é com o nosso Pai, que rege a vida lá das esferas celestes. Ele não espera adoração, mas sim compromisso de honra no que diz respeito à conquista das virtudes que Seus filhos devem almejar.

Quanto ao ato de orar a Deus, não afirmei em momento algum que deveria ser descartado. Só gostaria de lembrar a todos que as "linhas de comunicação espiritual" de pedidos para Deus estão lotadas, mas as de agradecimento estão sempre estranhamente ociosas. O homem pede muito e agradece pouco! Essa é uma triste realidade, típica de uma humanidade inconsciente!

Eis um comportamento que somente empobrece nossa alma. Quem muito agradece as bênçãos da vida vive em sintonia com energias positivas, pois é feliz. Já quem muito pede a Deus é porque está sempre insatisfeito, depressivo e pessimista. Lembrem-se: somos o que pensamos!

Recomendo a todos que carreguem uma pequena pedra ou objeto no bolso. Sempre que tocarem nesse objeto, lembrem-se de agradecer algo a Deus. Esse exercício quebra as nossas conexões mentais equivocadas.

O nosso cérebro, com o passar dos anos, vai estabelecendo "conexões sinápticas" entre os neurônios, de acordo com as nossas ações, que promovem uma viciação de nossos hábitos. Com o passar do tempo, se somos sempre pessimistas e mal-humorados, estaremos viciados nesse tipo de comportamento que só nos traz tristeza e sofrimento. Necessitamos quebrar essas equivocadas conexões neuroniais! E essa não é uma tarefa fácil...

Precisamos criar novos hábitos, novos comportamentos para o nosso cotidiano. Além do exercício da gratidão com a pedra, vamos estabelecer três horários no dia em que devemos nos obrigar a executar uma boa ação, uma ação simples, como dar a vez a uma pessoa com mais idade ou perguntar a um colega de trabalho se ele está precisando de alguma ajuda.

Essas pequenas ações mudam a nossa relação com o mundo. Lembrem-se sempre: nós somos espelhos! O mundo reage a nossas ações na mesma medida. É dando que se recebe. Quem represa as energias de sua alma se intoxica, assim como ocorre com toda a água que fica parada, que se torna ambiente para larvas de mosquitos e podridão.

Ela concordou com um gesto e voltou a perguntar:

— Eu sigo os preceitos morais da minha religião à risca. Por que não posso prosseguir adorando a Deus?

Rafael sorriu e respondeu com carinho:

— Não estamos aqui para impedir ninguém de realizar os seus cultos religiosos. Apenas estamos buscando novas reflexões sobre a utilidade de certos rituais. Eu fico feliz que a senhora esteja bem realizada nas conquistas das virtudes espirituais. E acredito que a senhora não adora a Deus, apenas conversa com Ele. Assim como fazemos quando desejamos obter um conselho de nosso melhor amigo.

A adoração a que me refiro é aquela vazia, sem reflexão. Simplesmente por uma imposição de ser subserviente, como se tivéssemos medo da ação vingativa de um Deus que não toleraria a nossa audácia de não nos submetermos a um código moral que nem ao certo sabemos se veio da parte Dele.

A essência do Evangelho do Cristo é bela e inquestionável. Mas muitos dos costumes impostos pelas igrejas são ditados por questões culturais e sociais, e não espirituais. Por isso a urgente necessidade de reflexão e de espiritualização. Devemos buscar uma prática espiritual condizente com nossa consciência e necessidade evolutiva. Não necessitamos nos submeter a um conjunto de normas e rituais que talvez não nos digam nada. Cada um deve saber, para si, o melhor método de encontrar Deus em sua vida. Eis a religião do terceiro milênio! Eis a essência do Universalismo Crístico.

Em resumo: não devemos adorar a Deus e nem imagens de nenhuma natureza. A idolatria não é um caminho sadio para o crescimento espiritual. Ao invés de nos colocarmos na condição de aflitos necessitando do amparo divino, procuremos perguntar a Deus em nossas orações: "Senhor, no que posso ser útil à Sua obra?".

Alguns podem argumentar que possuem muitos problemas em suas vidas e que em nada poderiam ajudar, pois são dignos apenas de auxílio. Ledo engano! Ninguém é tão sofredor nessa vida que não possa agir em benefício da coletividade de alguma forma. Isso é tudo uma questão de estado de espírito. Aquele que estiver necessitando de amparo divino e se esquecer de si mesmo para ajudar ao próximo receberá bênçãos ainda maiores da parte de Deus. É dando que se recebe. Deixem fluir as energias espirituais!

É lamentável ver pessoas sadias e em situações razoáveis na vida argumentando que não podem agir em benefício alheio. Todos podemos fazer algo, por menor que seja, em proveito de nossos irmãos.

O que quero que entendam é que devemos ser parceiros de Deus na construção de um mundo melhor, e não eternos pedintes de graças divinas.

Somos filhos de Deus, criados à Sua imagem e semelhança, e não mendigos espirituais ou pecadores que devem rastejar aos pés do Criador. Vamos mudar esse pensamento! Quem não se ama, jamais obterá sucesso em qualquer campo da vida.

Quero abordar essa questão também quando formos estudar a crença do carma entre as religiões reencarnacionistas. É necessário reverter o entendimento do que é o carma. A sua função é explicar os porquês da vida e nos motivar para corrigirmos nossas fraquezas, e jamais se tornar argumento para o conformismo e acomodação.

Rafael fez nova pausa e outra pergunta não demorou muito a surgir:

— Não entendo por que você se refere à relação com santos, mentores espirituais etc. como uma adoração. Eu os entendo como os nossos guias ou modelos para nossa caminhada.

Rafael concordou e voltou a falar:

— Sim! Essa é a função desses espíritos que se tornaram personalidades de destaque nas religiões por causa de suas vidas voltadas para a busca da iluminação da humanidade. Eles devem servir de guias, faróis que nos mostrem o caminho da vitória sobre nossas imperfeições. Mas o que ocorre é um rosário de pedidos a esses santos, ou interventores divinos, com o objetivo exclusivo de atender a interesses pessoais. Poucos refletem sobre a mensagem deixada por esses guias, mas são incessantes os pedidos mais excêntricos.

Inverte-se a função desses interventores divinos. Em vez de servirem de bússola para a ascese evolutiva dos homens, as suas imagens foram distorcidas para tornarem-se atendentes de pedidos: um marido, mais dinheiro, cura de doenças, realização pessoal etc. O homem mais uma vez então coloca a sua responsabilidade em se autocurar e vencer as suas fraquezas nas mãos de um terceiro. Toda a mudança deve ser primeiro trabalhada dentro de si mesmo. Temos de nos melhorar com o objetivo de gerar a luz interior que sublimará a doença ou afugentará a vibração negativa que nos causa perturbação ou prejuízo.

Paulo de Tarso afirmou: "Posso tudo com Aquele que me fortalece". Temos de crer na presença amparadora de Deus, dos santos, mentores espirituais, mestres ascencionados, seja qual for o nome que lhes seja dado, mas ao mesmo tempo ter a consciência de que eles estão próximos para ajudar-nos em um trabalho que é só nosso: o da melhoria interna.

Doenças, problemas pessoais, fracassos, distúrbios de toda a natureza são fruto do desequilíbrio de nosso próprio eu. "Conhece-te a ti mesmo", afirmavam os sábios gregos da antiguidade. Quem conhece a si mesmo sabe como mudar para se sintonizar com a Luz. E quem se sintoniza com a Luz atinge a plenitude.

Eu percebo também entre alguns teosofistas modernos um culto exagerado aos mestres ascencionados: os senhores dos sete raios. Parece-me que, em vez de aprenderem com os mestres, procurando modificar-se para melhor em suas vidas, estão mais preocupados em realizar um culto de adoração a essas entidades iluminadas. Isto se repete com relação a todas as religiões que se prendem mais a imagens do que em absorver a essência espiritual de sua crença.

A Teosofia, assim como o Espiritismo, foi concebida para atender a visão espiritual do terceiro milênio, mas está sofrendo um descompasso por causa da miopia de parte de seus seguidores. A Teosofia e o Espiritismo são escolas filosóficas do saber espiritual, e não religiões dogmáticas e ritualísticas. A adoração não faz parte de seus princípios.

Rafael fez uma breve pausa, meditou por alguns instantes e depois voltou a falar:

— Estamos já próximos do encerramento da reunião dessa noite, portanto gostaria de ler um texto muito interessante que talvez nos mostre a importância da evolução espiritual como peça fundamental em nossas vidas.

O jovem, sob elevada inspiração, começou a leitura.

"Apenas um lembrete...

Lembre-se de que você é um espírito imortal vivendo breve experiência num corpo físico.

Lembre-se de que o seu corpo é feito de matéria e, como tal, sofre o desgaste natural, mas esse desgaste não atinge o espírito imortal.

Assim, quando você perceber que a sua pele está enrugando, lembre-se de que esse é um fenômeno que não alcança o espírito.

Enquanto a sua pele enruga, seu espírito pode ficar ainda mais radiante e mais iluminado. Você não pode deter os segundos nem evitar que se transformem em anos.

Não pode impedir que o seu cabelo caia ou se torne branco, mas isso não é motivo para levar a vitalidade da sua alma imortal.

Sua esperança jamais poderá estar atrelada à sua forma física, pois o ser pensante que você é, é o mais importante e sobreviverá por toda a eternidade. Sua força e sua vitalidade independem da sua idade.

Seu espírito é o agente capaz de espanar a poeira do tempo.

Lembre-se de que você não é um corpo que tem um espírito, mas um espírito temporariamente vivendo num corpo físico.

Chegará um dia em que você se deparará com uma linha de chegada e perceberá que logo à frente há outra linha de partida...

A vida é feita de idas e vindas... Partidas e chegadas.

Um dia você terá que abandonar esse corpo, mas lembre-se de que jamais abandonará a vida...

Lembre-se de que cada dia é uma oportunidade de viver, e viver bem.

Se acontecer de cometer um engano, não detenha o passo; siga em frente que logo adiante encontrará outro desafio... A vida é feita de desafios...

Vencemos uns, somos vencidos por outros, mas não podemos deter o passo. E o maior de todos os desafios é vencer-se a si mesmo, usando a razão para não se deixar dominar por vícios e prazeres excessivos e prejudiciais. Importante é não perder tempo, vivendo de lembranças amargas e fotografias pela metade, amarelas e empoeiradas...

O dia mais importante é o dia de hoje. Hoje você tem a oportunidade de reescrever a sua história... Conhecer novas paisagens... Colecionar imagens de cores vivas.

Lembre-se sempre de que você é um espírito feito de luz, e a luz sempre pode suplantar as trevas, por mais densas que sejam.

O importante é que jamais detenha o passo. Se as forças físicas não lhe permitem mais correr como antes, ande depressa. Se algo o impedir de andar depressa, caminhe lentamente, mas siga em frente.

E se por algum motivo não puder mais caminhar sem apoio, use bengalas, muletas, mas continue.

E se um dia você não puder mais movimentar seu corpo

para continuar andando, voe com o pensamento.

Seu pensamento, nada e nem ninguém poderá deter.

Você é livre para pensar, para aprender, para alcançar os céus em busca de esperança e paz.

O essencial é que você não pare nunca... Deus não criou você para a derrota.

Deus criou você para a vitória, para a felicidade plena. E essa conquista é parte que lhe cabe.

Este é apenas um lembrete, pois um dia um sublime alguém já nos disse tudo isso e nós esquecemos.

Esquecemos que ele saiu do corpo, mas jamais saiu da vida.

O Seu suave convite ainda paira no ar.

'Quem quiser vir após mim tome a sua cruz negue-se a si mesmo e siga-me.' Esquecemos que Ele afirmou com convicção e firmeza:

'Nenhuma das ovelhas que o pai me confiou se perderá'.

Eu sou uma de suas ovelhas e você também é. Não importa a que religião você pertença. Não importa a que religião eu pertença.

Somos as ovelhas que o Criador confiou ao Sublime Pastor, para que Ele nos ensine o caminho que nos levará ao Pai.

Este é apenas um lembrete, que você pode desconsiderar. Mas uma coisa é certa: você não deixará de existir, pois é espírito imortal. Não evitará os percalços nem as lições da caminhada, pois é filho de Deus.

Pense nisso!".

Depois da longa exposição, Rafael respirou fundo. Via-se o seu desgaste por falar sobre um tema tão delicado por tanto tempo. Ele, então, sorriu e perguntou se alguém tinha mais alguma dúvida.

O publico, sensível ao desgaste do jovem abençoado, que parecia ser um canal vivo do céu, preferiu calar-se para poupá-lo. Na semana seguinte teriam mais um "banho de luz". Não havia por que ter pressa.

E então o inesperado aconteceu. Todos se levantaram, de uma só vez, como se tivessem combinado, e aplaudiram Rafael com entusiasmo. Ele e seus amigos sorriram felizes. Tadeu fez um sinal afirmativo para o amigo e falou:

— Parabéns! Estamos conseguindo o que parecia impossível.

Eduardo também brincou com a situação:

— É! Milagres acontecem. A Luz de Deus está conosco!

8
Conversa entre irmãos

No sábado pela manhã vamos encontrar Rafael e seu amigo Tadeu conversando nos jardins de sua casa. Sob o sol acolhedor da manhã, os dois jovens meditavam sobre as questões que tanto os intrigavam.

— Sabe, Tadeu? Uma coisa em que fico pensando às vezes é a dificuldade de conseguirmos atingir todas as camadas sociais com o Universalismo Crístico.

Tadeu concordou com um gesto só seu e concluiu:

— Sim! Entendo o que você quer dizer, meu amigo. Como esperar que pessoas que às vezes mal tem condições financeiras para se alimentar possam realizar reflexões tão profundas? As suas necessidades de sobrevivência são mais urgentes. Por esse motivo, algumas religiões que prometem o Céu na Terra, sem a reflexão e o esforço de cada um, ganham tanta força nos dias de hoje.

Rafael olhou para um pássaro que construía o seu ninho em uma árvore e falou, enquanto mantinha-se fascinado pela beleza cativante da natureza:

— Sim! Trata-se de uma questão básica de sobrevivência. Nada impede que pessoas nessas condições possam perceber o nosso ideal; o problema é que talvez não tenham estrutura para se dedicar a isso. Primeiro as suas necessidades básicas de sobrevivência teriam que ser atendidas.

Tadeu sentou-se em um amplo banco sob a acolhedora árvore e prosseguiu.

— Seria importante estimular, dentro da concepção do Universalismo Crístico, a necessidade inadiável de promover um processo educacional para todos. Somente dessa forma a parcela da população mais desassistida teria condições de tornar-se independente e livre. Nem que isso venha a afetar apenas os seus filhos...

Rafael concordou e falou com tristeza, enquanto acariciava um casal de cães da raça "cocker" que brincavam aos seus pés:

— Sim! Mas para isso será necessária uma remodelagem no processo de ensino. O número de analfabetos funcionais em nosso país me assusta. A grande maioria sabe ler as palavras, mas não entende os textos que lê. Isso chega a ser assustador! O Universalismo Crístico exige profundas reflexões. Como esperar que pessoas com péssima alfabetização e noção de mundo façam essas ponderações?

Ele olhou para o céu, procurando respostas entre as nuvens, e prosseguiu:

— Talvez esse seja o grande problema para libertar o povo da escravidão das religiões. Além disso, a tendência é piorar cada vez mais até que a Nova Era se concretize na Terra. Hoje em dia os jovens estão mais interessados em assistir à televisão do que em ler um bom livro. E a internet, que deveria servir como poderoso instrumento educacional, oferece um leque infinito de opções. E aí cada um "acessa" aquilo que lhe é mais afim...

Os dois ficaram alguns momentos em silêncio, refletindo sobre essas considerações. A amizade deles era muito assim: poucas palavras, muitas conclusões... Não era raro acontecer de os dois estarem refletindo ao mesmo tempo sobre assuntos diferentes, e um não prestar atenção no que o outro estava falando. Ao se darem conta disso, riam de forma descontraída.

Em seguida Tadeu falou:

— Nós poderíamos ir hoje à casa espírita participar do serviço assistencial do "sopão" para os pobres. Esse contato pode nos ser muito proveitoso, porque nos sintoniza com a necessidade desses irmãos que vivem privações que às vezes nem imaginamos.

Rafael concordou e disse com serenidade:

— Sim! Sem contar que o espírito de caridade é a "alma" do amor ao próximo. E, ademais, andamos meio desligados das ações assistenciais. Ultimamente só estamos filosofando sobre o Universalismo Crístico. A minha mãe já anda louca comigo. Ela diz que a minha mente está aprisionada nessa "fixação".

Os dois riram, divertindo-se com a preocupação típica dos pais. Tadeu então disse:

— Vou ligar para a Érica e a Laura, e convidá-las para ir conosco.

Rafael surpreendeu-se e perguntou:

— A Laura! Eu sempre achei que ela não se interessava por assuntos espirituais. E ainda mais ajudar no sopão...

Tadeu sorriu, um tanto envergonhado, despertando a curiosidade de Rafael, que perguntou com amabilidade:

— Mas que foi, meu irmão? Você está me escondendo algo?

O amigo fiel respondeu em um misto de timidez e felicidade incontida:

— Eu e a Laura estamos "quase" namorando...

Rafael correu para os braços do amigo e o abraçou, dizendo:

— Mas por que você não me contou? Estamos sempre juntos e achei que fôssemos confidentes.

Tadeu sorriu e respondeu:

— Ultimamente, Rafael, você só tem olhos para o Universalismo Crístico, e nem percebe o que acontece ao seu redor.

Rafael se envergonhou e pediu sinceras desculpas ao amigo:

— Perdoe-me, Tadeu. A amizade é a nossa maior riqueza. Do que valem amigos que são indiferentes, assim como estou sendo com os seus sentimentos?

— Não só comigo. — atalhou Tadeu.

Rafael estranhou a rápida intervenção do amigo e perguntou:

— Que você quer dizer com isso?

Tadeu sacudiu a cabeça, impressionado com a falta de visão do amigo, e respondeu:

— Rafael, meu eterno amigo: a Érica ama você!

O anunciador da Nova Era percebeu a profundidade daquela afirmação, mas tentou relutar, dizendo com serenidade:

— Mas eu também amo a Érica. Ela é a minha melhor amiga. Alguém muito especial em minha vida.

Enquanto Rafael se justificava, Tadeu apenas sacudia a cabeça e ria. Ele então afirmou ao amigo, sem meias palavras:

— Rafael, não é amor entre amigos, assim como o nosso. É amor entre homem e mulher. Almas afins que desejam se fundir e criar uma bela história de amor.

Rafael ficou atônito. Naquele instante, mil emoções invadiram a sua alma, irradiando-se pelo corpo físico sob diversas formas: frio na barriga, batida descompassada do coração e uma breve tontura. O chão pareceu desaparecer de seus pés. Ele só queria encontrar algo em que se apoiar, pois as suas pernas não mais lhe obedeciam.

Ele sentia algo de diferente com relação à querida amiga, mas a sua alma pura e idealista acreditava tratar-se de um puríssimo sentimento de amizade, que ele mesmo não compreendia em toda a sua extensão. Mesmo o último encontro que tiveram em sua casa, apesar do ligeiro "clima" que havia surgido entre eles, não tinha sido suficiente para fazê-lo perceber.

Rafael era uma alma desligada dos jogos amorosos tão típicos da sociedade. Táticas de sedução e até mesmo a doce manifestação de Érica eram quase que desconhecidos para Rafael, que nunca tinha namorado ninguém; sua mente estava voltada para o seu sonho dourado, o Universalismo Crístico.

Agora os momentos íntimos com Érica surgiam rapidamente em sua mente, como "flashes" reveladores. O seu sorriso encantador, a beleza dos olhos, o balanço suave e angelical dos cabelos, os gestos delicados... Agora cada olhar, cada palavra parecia ter um significado especial que ele não percebera até aquele instante.

Rafael sentou-se no banco sob a árvore, lentamente, quase necessitando do amparo do amigo. Ele colocou as mãos no rosto e disse, com uma insegurança que não lhe era comum:

— Tadeu, você vai rir de mim, mas não sei o que fazer... Minhas pernas tremem... Acho que estou apaixonado...

E foi exatamente o que aconteceu. Tadeu riu muito do amigo e respondeu:

— Sei o que você está sentindo. É a mesma forte emoção que sinto quando penso em Laura. É algo estranho que me causa uma felicidade extrema e ao mesmo tempo um medo, um receio inexplicável, e até mesmo uma angústia no peito. Sei lá! Acho que somos muito jovens e ainda não temos a experiência necessária...

Tadeu meditou por alguns instantes e prosseguiu com sabedoria:

— Rafael, meu amigo, você é um sábio em assuntos espirituais, no entanto é uma criança inexperiente, assim como eu, nas questões do amor.

O jovem amigo do anunciador da Nova Era ergueu os braços para o alto e falou com alegria:

— Parece que a vida tornou-se uma constante canção de amor que não sai da minha cabeça. Ouço várias vezes a mesma música... durante todo o dia. Inclusive perdi um pouco a atenção do mundo... Só penso nela...

O jovem idealista, com um semblante assustado, falou com voz reticente, como se nem tivesse ouvido o amigo:

— Não sei o que dizer, Tadeu. Sinto um amor muito sublime pela Érica. Não é algo simplesmente físico, apesar de ela ser muito bela. É espiritual! Talvez seja por esse motivo que jamais refleti sobre isso. A amizade e a atenção dela me completam. E agora que você falou isso, quase entrei em pânico em imaginar a possibilidade de perdê-la. Se ela se mudasse para longe ou arranjasse um namorado seria a minha morte. Sinto que preciso dela como do ar que respiro.

Rafael levantou agitado, passou a mão pelos longos cabelos e falou quase que para si mesmo:

— Como não percebi isso antes? E que sentimento é esse? É incontrolável! Estou quase sem poder respirar...

Tadeu começou a rir das reações do amigo e falou:

— Calma, Rafael! Não vá enfartar que vou me sentir culpado por ter lhe revelado o que seus olhos não enxergavam. Pense pelo lado bom! Você é um felizardo porque a mulher que agora descobriu que ama nutre uma afeição especial por você e espera o seu despertar faz tempo. Você não percebeu porque não conhece esse sentimento, assim como o homem comum não enxerga mais além por estar condicionado a observar somente o que os seus cinco sentidos físicos podem lhe apresentar. Deus é invisível aos leigos e aos homens de pouca fé porque eles não acreditam ser possível encontrá-Lo. Ele não faz parte da realidade deles...

Rafael sorriu, ainda um tanto em estado de choque, e perguntou para o amigo, dando mais atenção às suas primeiras palavras:

— Mas por que você diz isso? Você acha que a Laura não ama você?

Tadeu sacudiu a cabeça, demonstrando insegurança, e disse com o coração opresso pela dúvida:

— Não sei dizer. Tenho medo de ser mais direto e perdê-la. Assim como você, eu prefiro tê-la apenas como amiga a correr o risco de afastá-la com uma declaração de amor em hora errada. Por enquanto quero tentar me "sintonizar" com ela, fazer as nossas almas se tornarem cúmplices, gostar das mesmas coisas. Da mesma forma que você com Érica, a aura de Laura alimenta o que sinto. A sua presença me alegra e me faz muito feliz. Não tenho pressa de realizar esse amor.

Rafael sorriu e disse, com uma significativa expressão de concordância em seu rosto:

— Sim! É bom ser prudente. Apesar de suas afirmações com relação a Érica, é melhor eu também ser bem cauteloso. Pessoas como nós, com uma visão espiritualizada de mundo, não têm pressa. O que são alguns meses ou anos para quem sabe que irá viver eternamente?

Além do mais, estou com a mente tão focada no nosso projeto espiritual que tenho medo desse sentimento me desconcentrar, agora que cada vez surgem mais e mais interessados em nossa visão espiritual e que as retaliações nas palestras estão diminuindo. Nem acredito que na última noite ninguém saiu antes do término da exposição e que fomos aplaudidos de pé, mesmo levantando polêmicas muito delicadas.

Tadeu concordou com um gesto sereno e falou:

— Você tem razão. Agora vá se arrumar para sairmos enquanto eu ligo para as meninas.

Rafael se movimentou para atender ao pedido do amigo e falou, ainda sob a forte e incontrolável impressão do amor, antes de seguir em direção ao seu quarto:

— Sabe, esse sentimento está me fazendo muito bem. Acho que meu coração estava travado. Os estudos espirituais que realizamos nos levam à prática do Bem pela razão, mas agora dentro de mim nasce um amor sublime, uma energia mágica. O sentimento que tenho por ela se projeta a toda a humanidade. Eu tenho a sensação de que quando chegarmos à casa espírita serei capaz de querer abraçar e beijar a todos para extravasar tanta felicidade.

Ele meditou por alguns instantes e balbuciou, perdido em seus pensamentos:

— Sinto-me mais compreensivo e leve, como se um enorme peso fosse retirado dos meus ombros...

Tadeu sorriu e fez um sinal afirmativo para o amigo, debochando de seu hilário estado emocional, enquanto falava ao celular. Rafael parecia ter sido flechado pelo amor e perdido a razão. Com as pernas bambas e as mãos sobre a cabeça, ele foi se vestir.

Pouco mais de uma hora depois os quatro amigos já estavam auxiliando as atividades assistenciais. Em alguns momentos ajudando na elaboração da sopa, em outros auxiliando no serviço de evangelização e educação dos adultos e crianças.

Rafael e Érica trocavam olhares a todo instante, numa cumplicidade especial. Não foi difícil para ela perceber a modificação ocorrida no coração do amigo querido. Em meio ao flerte, ambos conversavam com os adultos e crianças procurando retirar impressões sobre os anseios, necessidades e aspirações de cada um. Pareciam dois anjos celestiais procurando mitigar as misérias humanas.

Não é preciso citar que a presença de seres angelicais gera mais energia reconfortante do que mil palavras de espíritos ainda escravizados a suas fraquezas, vícios e emoções contraditórias.

Rafael dedicou-se mais aos adultos, tentando obter informações que o ajudasse a melhor estimulá-los a buscar condições estruturais para as suas vidas, sem ser arrogante ou inconveniente. Já a angelical Érica se preocupou em dar atenção às crianças e aos pré-adolescentes. Desde muito cedo a sua avançada capacidade psicológica a levava a entender os dilemas da alma infantil.

Depois da sopa servida, os dois caminharam meditativos até o pátio da casa assistencial, para que as pessoas fizessem as suas refeições com tranquilidade. Rafael, sempre procurando atrair para si o olhar angelical de Érica, perguntou com discrição:

— O que você acha?

A linda fada colocou as mãos na cintura e respondeu, com certa tristeza:

— Você tem razão! Eles estão muito focados em suas necessidades básicas. Percebi também que a capacidade cognitiva das crianças é bem limitada. Para fazê-las compreender o Universalismo Crístico, da forma que você propõe, seria necessário realizar um amplo trabalho de desenvolvimento educacional.

Rafael confirmou com uma discreta expressão que denotava a sua preocupação e disse:

— Sim! Eu percebi também. Nós teríamos de realizar um trabalho muito semelhante ao que Moisés fez com os israelitas libertos do cativeiro no Egito há mais de 3 mil anos. A diferença é que ele era um líder respeitado, cujas determinações todos deveriam seguir, e esse não é o nosso caso. Acho pouco provável que os pais dessas crianças se interessem agora pela nossa proposta. A sociedade está muito voltada para assuntos materiais e a condição financeira deles não favorece. É possível perceber em seus olhos uma frustração por não poder participar da "louca cadeia de consumo" da nossa sociedade. É por isso que o governo estimula a inclusão social e educacional através de estímulos financeiros.

Érica pensou por alguns instantes e falou:

— Sim! A necessidade do "ter" sobrepujou a necessidade do "ser" por causa da explosão consumista em que vivemos nos dias atuais. A sociedade deve ser reeducada como um todo. Mas não temos como culpá-los. É difícil viver sem mínimas condições. Isso faz com que eles se agarrem à satisfação das necessidades mais básicas. Nós teríamos de oferecer algo que lhes satisfizesse as necessidades imediatas, como o sopão. A casa espírita oferece o alimento, mas quem vem até aqui deve assistir uma explanação sobre o Evangelho de Cristo, e as crianças ouvem histórias infantis com esse mesmo fim.

Ela meditou por alguns instantes e prosseguiu:

— Talvez no futuro possamos criar alguma instituição que realize um desenvolvimento integral das crianças, dando-lhes condições de compreender realmente o mundo e a sua proposta espiritual para que se tornem grandes homens no futuro.

Rafael sorriu e disse:

— Sim! Nós devemos apostar nas crianças. Elas são o futuro. É necessário realizar um "choque cultural" em nossa sociedade para preparar o terreno para elas. Infelizmente não temos como realizar mais no momento. Os adultos que se sintonizarem é porque já possuem uma capacidade reflexiva mais desenvolvida. Mas sem dúvida as crianças são a nossa meta, ainda mais que as informações espirituais que recebemos é de que já estão reencarnando na Terra espíritos de elevado quilate espiritual para promover a revolução espiritual pacífica para o terceiro milênio. O mundo mudará dentro de algumas décadas, de dentro pra fora.

Érica meditou por alguns instantes e concluiu:

— Rafael, não se desgaste com isso. Você sabe que muitas pessoas não aceitarão o Universalismo Crístico. Mesmo aquelas com impressionante capacidade filosófica se oporão. No início o importante é se preocupar com aqueles que tenham facilidade em compreender e aceitar os conceitos que você apresenta. Em um segundo momento nós trabalharemos para resgatar aqueles que ficarem à margem. Nós precisamos desenvolver uma base segura de adeptos e realizar a multiplicação do conhecimento que você aborda nas palestras. Quanto mais bocas estiverem divulgando o Universalismo Crístico, mais fácil será para abraçarmos projetos mais complexos, como esse que você tem em mente sobre os analfabetos funcionais.

Érica suspirou, pensativa, e concluiu:

— E você não deve esquecer que o analfabetismo funcional não é um problema exclusivo dos mais pobres. Nas demais classes sociais, esse problema é muito comum.

Rafael sorriu e ficou por alguns instantes observando os gestos delicados da moça, enquanto ela falava com convicção e brilho no olhar. A cada nova expressão, gesto ou atitude de Érica o sentimento de amizade em seu coração migrava para o de amor eterno.

Ele relembrava as palavras de Tadeu: "Ela ama você, cara! Como você não percebeu?". Sim! E ele também a amava. Era um sentimento puro, muito acima de um mero desejo de contato físico. Ele amava a alma daquela adorável menina. Um afeto puríssimo que nem ele mesmo saberia explicar. Um sentimento de querer bem, proteger, guardar, como se ela fosse a sua jóia mais preciosa... Aquele brilho no olhar agora passava a fazer todo sentido...

Talvez isso fosse fruto da união de ideais, ou então de uma misteriosa sintonia de objetivos. O que um pensava, o outro já captava, prescindindo das palavras.

Depois dessas reflexões, em um gesto que lhe era pouco comum, Rafael passou a mão carinhosamente pelos cabelos dela e disse:

— Obrigado por estar comigo nessa caminhada. Eu não sei se conseguiria sozinho.

A princípio ela se surpreendeu com a atitude e as palavras imprevistas do amigo, mas depois segurou em sua mão e respondeu, com doçura:

— Pode ficar tranquilo! Eu estarei sempre com você, até o último dos meus dias nessa vida.

Aquela frase de Érica tinha duplo sentido, e Rafael logo percebeu. Ele respirou fundo e a abraçou. Depois de alguns segundos de silêncio, que lhe pareceram eternos, ele balbuciou ao pé do ouvido da mulher que amava:

— Amigos para sempre.

Érica apertou o abraço e respondeu com voz profundamente emotiva, compreendendo as entrelinhas de seu amor eterno:

— Sim! Amigos para sempre.

Rafael a afastou alguns centímetros, para poder olhar em seus encantadores olhos verdes, e falou, em um misto de insegurança e paixão:

— Hoje me passou pela cabeça como seria a minha vida caso você não estivesse mais ao meu lado... como amiga, é claro. Eu senti uma ausência, um vazio muito grande.

Érica estranhou a insegurança do amigo e perguntou, em tom de brincadeira:

— Mas aonde eu iria?

Rafael ficou um tanto sem jeito e respondeu:

— Não sei... Só pensei que a sua ausência me faria muito mal.

A bela menina dos olhos da cor do jade o beijou no rosto e disse:

— Não seja bobo, eu não vou a lugar algum.

Os dois sorriram e se abraçaram mais uma vez. Rafael meneou a cabeça, tentando conter as lágrimas.

— É que às vezes as pessoas se mudam para outros lugares. Vão estudar ou trabalhar em outros estados, coisas assim...

— O que você tem hoje, Rafael? Você é sempre tão seguro de tudo, tão independente... Não estou reconhecendo você.

Ele sorriu, um tanto tímido. E com o olhar perdido, sem conseguir fitar os olhos da amiga, respondeu:

— Eu não sei! Acho que hoje acordei sentimental demais. Deixe pra lá, é bobagem! Vamos voltar para dentro. Tadeu e Laura estão nos chamando.

Ao voltarem, talvez por sentir o abatimento do amigo ou então por não conseguir controlar o seu desejo de tocá-lo, Érica segurou em sua mão. Ele se surpreendeu com a ação imprevista.

Mas logo depois da surpresa veio a alegria. Érica então naquele toque percebeu que o coração de Rafael estava despertando para o amor, assim como ela sempre sonhara. Mas era melhor guardar para si aquela certeza. Não era necessário apressar aquilo que o Destino já havia traçado, e a vontade do Destino é soberana...

9
Rituais

Na reunião seguinte, Rafael sentia-se mais forte, mais seguro. A aceitação do público na reunião anterior foi fundamental para poder enfrentar aquele instigante desafio. Começava a se criar uma cumplicidade entre o jovem orador e o público, fator determinante para o sucesso de um expositor, o que faria do jovem Rafael, no futuro, um dos líderes mais carismático da Nova Era.

Apesar de ainda haver na plateia muitas pessoas que se sentiam contrariadas com as ideias revolucionárias daquele notável rapaz, agora o clima era diferente, porque a grande maioria estava com ele.

Os olhares de admiração e respeito tranquilizavam o jovem idealista que nas primeiras reuniões ficava muito tenso pelas expressões de desconfiança e reprovação. Que essa atitude nos sirva de exemplo para sempre sermos generosos com quem nos expõe suas ideias. Receber de coração aberto a proposta do próximo é um gesto de respeito, carinho e solidariedade aos nossos irmãos.

Rafael subiu rapidamente ao palco, agradeceu com energia a presença do publico e iniciou a sua exposição dizendo:

— Como todos já devem ter percebido, a visão do Universalismo Crístico que procuramos implantar no mundo não possui caráter autoritário ou impositivo. Essa é uma decisão íntima a ser tomada depois de muita reflexão e encontro com o seu próprio caminho em direção à verdade.

Por isso novamente peço a compreensão de todos sobre os pontos das religiões que iremos abordar nessa noite. Mais uma vez procurarei trazer ao debate alguns aspectos e rituais das religiões que ao nosso ver devem ser reavaliados. A partir dessa reunião abordaremos mais diretamente as nossas crenças, procurando selecionar dentro delas o que é positivo e útil, mas também chamar a atenção sobre hábitos, muitas vezes seculares, que hoje em dia já não fazem mais sentido para a aquisição de espiritualidade.

Nas reuniões anteriores frisamos a necessidade de abandonarmos as religiões e procurarmos buscar nossa espiritualidade por meio de reflexões sobre toda a sabedoria espiritual trazida ao mundo até hoje. Quanto menos formos apegados às crenças dogmáticas, mais facilidade teremos para discernir o que nos é verdadeiramente útil para atingirmos o objetivo principal: encontrar a essência do Criador dentro de nós.

Na noite de hoje nos concentraremos em vários tópicos, e começaremos abordando a necessidade da realização de rituais ou liturgias para o desenvolvimento espiritual dos fiéis.

Os rituais servem para causar no fiel um "despertamento psíquico". É uma espécie de roteiro para nos mantermos em sintonia, concentrados no desenvolvimento espiritual a que nos propomos. É uma forma de gravar, através de um rito simbólico, um conjunto de exercícios espirituais a fim de provocar a evolução ou reflexão da alma. Na Eucaristia católica, por exemplo, celebra-se a cerimônia do corpo e do sangue de Jesus, através do pão e vinho. E como disse o grande Mestre: "façam isso em minha memória". Esse ritual possui a função principal de manter viva a mensagem do Cristianismo. Vocês percebem isso?

Outros rituais, como o casamento e o batismo, têm a finalidade de estabelecer marcos na vida do fiel através de um ritual simbólico de aceitação daquela nova etapa em suas jornadas. O casamento é um compromisso sagrado de união entre dois seres para constituir um relacionamento sólido em que evoluirão e provavelmente gerarão descendência. Hoje em dia o que vemos é somente uma grande pompa superficial. A humanidade alienada se esquece de que a vida a dois exige tolerância e compreensão. Muitos casamentos não passam do primeiro ano: apenas uma união baseada no impulso da paixão. O casamento tornou-se um grande conto de fadas do ego para a maior parte da humanidade, salvo, claro, louváveis exceções... Apenas mais um ritual, sem reflexão interior alguma.

Já no batismo o problema é tão grave quanto. Como exigir que uma criança "aceite Jesus em sua vida" se ela não tem condições de discernir? O batismo deveria somente ocorrer quando o infante pudesse responder por si. As religiões que o realizam quando o jovem atinge a maioridade estão corretas. O batismo é um ritual de aceitação da mensagem de Jesus. Uma criança recém-nascida possui capacidade e consciência para isso?

O anunciador da Nova Era meditou por alguns instantes e prosseguiu:

— Dentro de casas de Umbanda e até mesmo em casas espíritas vemos ritos com a finalidade de despertar nos trabalhadores e no público em geral a fé necessária para mobilizar energias curadoras ou desobsessivas. Até aí tudo bem! Então por que discutir sobre os rituais, se eles são importantes ferramentas para promover o despertar dos fiéis? Por dois motivos! Primeiro porque infelizmente os rituais tornaram-se mecânicos com o passar do tempo e hoje em dia pouco ou nada despertam nos adeptos das religiões. Muitos deles nem sabem para que serve esse ou aquele rito. Fato que provoca nenhuma reflexão espiritual. Atitudes mecânicas são o mesmo que nada no processo de busca da espiritualização. O ritual, portanto, deixa de ser um método de "despertamento psíquico" para tornar-se um perigoso instrumento de alienação coletiva. Os homens encontram-se tão alienados com relação aos fundamentos de suas religiões que não realizam nenhuma reflexão para identificar a necessidade dos rituais que praticam.

O segundo motivo é que, com o avanço da consciência espiritual da humanidade no terceiro milênio, em breve o homem perceberá que o mundo é mental, sendo desnecessários rituais exteriores para promover a espiritualização. O amadurecimento da consciência humana das gerações futuras a levará a uma nova forma de interatividade com Deus.

Em resumo: o homem não necessitará mais de intercessores, rituais, dogmas ou qualquer outro instrumento para aproximar-se de Deus. O homem do terceiro milênio encontrar-se-á com o Criador dentro do seu próprio coração. Eis o verdadeiro templo que Jesus erigiu, mas que não foi compreendido pelos seus seguidores. A Sua Igreja era o coração dos homens. Um local acessível somente por si próprio e o Pai, sem ritos exteriores.

Olhando assim, percebemos mais uma vez que o cerne da conquista da espiritualidade está na busca da evolução espiritual. A necessidade de se melhorar deve estar acima das liturgias.

Dessa forma rituais religiosos terminam se tornando um evento de culto externo, somente para o adepto sentir-se membro de um grupo, sem realização de reflexão e sem reforma íntima. Nesse caso a busca da espiritualidade se perde em meio à alienação a um conjunto de regras e métodos rotineiros que não geram luz interior.

Uma forma bem clara de entender isso são as orações. Aquele que realiza uma prece com suas próprias palavras, em uma conversa íntima com Deus, está se espiritualizando, enquanto que o homem que realiza orações decoradas, de forma mecânica, sem reflexão, apenas entorpece a expansão de sua consciência espiritual. Os extensos rosários, com 150 pais-nossos e ave-marias, inevitavelmente levam ao entorpecimento dos fiéis, enquanto uma conversa íntima com Deus causa reflexões e despertamentos espirituais inimagináveis.

Rafael fez uma breve pausa enquanto tomava um gole de água para que a assembleia assimilasse os seus conceitos. Como todos se mantiveram em absoluto silêncio, ele voltou a falar:

— O que pretendo mostrar-lhes é que rituais e dogmas religiosos escravizam a alma, enquanto a busca da espiritualidade, por meio do bom senso, liberta. Jesus nos deu esse exemplo quando ele perguntou: "o sábado foi feito para o homem ou o homem feito para o sábado?".

Os sacerdotes judeus da época se prendiam excessivamente às leis religiosas, esquecendo-se da sua real finalidade. Moisés havia instituído o dia do culto ao Senhor para despertar a necessidade de ligação do homem com Deus, mas ao tempo de Jesus esse procedimento havia se tornado algo mecânico. Essa obrigação era utilizada para impor o poder da autoridade religiosa, e deixou de ser religioso para tornar-se de caráter sócio-cultural, assim como muitos outros. Assim ocorre com todas as religiões ritualísticas.

Os procedimentos, cânticos, rituais e teatralizações visam somente criar o pano de fundo para despertar a fé ou causar conforto naqueles que se criaram devotos daquele modelo. Tanto o ritual católico, com sua liturgia e cantos sacros, como as práticas de Umbanda, o charuto, cachimbo, a pemba para afastar os maus espíritos, tambores, os pontos, enfim, fazem parte do processo de despertamento da fé em seus adeptos, mas não são essenciais para a espiritualização e a cura e muito menos para afugentar maus espíritos e atrair a proteção dos anjos.

Rafael fez mais uma pausa, mas dessa vez não conseguir dar prosseguimento, pois foi interrompido com a seguinte colocação de um espectador:

— Meu jovem, eu creio que você está fazendo um julgamento sobre algo que desconhece. O poder dos trabalhos de Umbanda vem dos rituais que despertam as forças espirituais dos orixás. Não raro vejo espíritas como você em casas de Umbanda pedindo socorro aos pretos-velhos porque na Umbanda se trabalha com energias mais densas e difíceis de se dissipar. Não acho justo que você desmereça os trabalhos que realizamos com tanto amor pelos nossos semelhantes.

Rafael aguardou em silêncio e voltou a falar:

— Antes de tudo eu gostaria de lembrar a todos que não estou aqui na condição de espírita. Essa foi a minha religião de formação, mas não estou aqui para defendê-la; pelo contrário, ainda nessa noite exporemos aqui os pontos em que ela também deve ser chamada a uma reflexão, da mesma forma como devemos fazer com todas as religiões, inclusive as orientais como o Budismo, o Hinduismo, o Islamismo, que devem também ser avaliadas conforme o crivo da razão no que concerne aos rituais.

Quanto aos ritos de Umbanda, posso afirmar que eles não deixarão de ser utilizados e muito menos serão recriminados. Estou aqui para preparar a visão espiritual do futuro, ou seja, para atender as novas gerações. E elas terão algo claro em mente: a certeza de que podemos realizar curas ou promover doenças, atrair espíritos de luz ou obsessores terríveis, encontrar felicidade ou depressão, tudo apenas com o poder de nossa mente, independentemente dos rituais.

As gerações futuras dissiparão energias negativas brandas ou pesadas apenas com a sua fé interior e com suas consciências amplamente desenvolvidas. Meus irmãos! Tenham a certeza de que a humanidade da Nova Era acreditará muito mais em seu próprio "eu" do que em gurus religiosos. Ela não precisará de religião porque terá em si o roteiro para encontrar a luz.

O mundo é mental e não necessitamos de intercessores para realizar essa tarefa por nós. O mau hábito de colocar a sua ventura espiritual na mão de padres, pastores, pais-de-santo, trabalhadores espíritas é um comportamento da humanidade do passado. Com o passar das décadas será possível perceber que os homens se distanciarão mais e mais dos cultos e ritos exteriores, buscando encontrar o seu equilíbrio espiritual por meio da "via interna": o caminho da auto-espiritualização. Ocorrerão reuniões para confraternizar e estudar em conjunto, mas jamais para submissão religiosa. A humanidade do terceiro milênio não verá o contato espiritual como uma "bengala" para sanar os seus problemas, e sim como uma porta de crescimento espiritual.

Entretanto, no período de transição para a Nova Era todas as religiões estarão a postos para atender aqueles que ainda não conseguirem se libertar de seu conjunto de rituais. No entanto, inevitavelmente, estes irão desaparecer gradualmente com o passar das décadas, até a chegada definitiva da era de Aquário, a era do mentalismo, onde haverá uma só religião: o amor e a busca da verdade.

Rafael percorreu toda a assembleia com o seu nobre olhar e falou com imensa ternura:

— Talvez seja difícil aceitar essa nova ideia em um momento em que todos ainda estão muito enraizados em suas crenças. Mas todo aquele que realizar uma reflexão sincera sobre minhas palavras verá que elas fazem sentido. Uma humanidade mais evoluída será sempre menos ritualística e mais reflexiva.

Rafael fez nova pausa e ficou olhando para todos com um olhar sereno, como se estivesse percebendo uma oscilação na vibração de luz que pairava no ar. Nesse instante um discreto burburinho percorreu o amplo auditório. Logo em seguida um homem se levantou e gritou:

— Não vou mais ficar aqui para ouvir esses absurdos! A minha religião não está em extinção. Você não sabe o que diz e ainda fica sugestionando a todos com essa loucura. O mundo é assim como o conhecemos desde que ele existe. Nada mudará nas próximas décadas!

E virando-se para o casal de filhos que o acompanhavam falou:

— Vamos embora daqui.

Mas o imprevisto aconteceu. Um dos adolescentes, a menina, que era a mais madura, olhou com carinho para o pai e falou:

— Meu pai, por favor, vamos ficar. Sinto que as palavras do Rafael provêm de Deus. Deixe-nos ouvir até o fim.

O homem se assombrou com o doce apelo da filha e se sentou calmamente, sem esboçar nenhuma reação. Inspirado pelos seus guias, ele logo percebeu que as palavras de Rafael eram para a nova geração e para aqueles que não se deixavam cristalizar por suas crenças sectárias.

Com imenso carisma no olhar, Rafael falou:

— Obrigado, meu irmão, por ficar. Deus lhe pague por esse gesto de generosidade para comigo e para com os seus filhos.

Mal Rafael terminou essas palavras e o publico aplaudiu com entusiasmo. Não saberíamos dizer se aplaudiam as palavras de Rafael ou o nobre gesto do pai sensato. Ambas as atitudes foram dignas dessa manifestação.

Depois dos efusivos aplausos o jovem iluminado voltou a falar:

— Quando me refiro aos rituais, não estou querendo atacar a essa ou aquela religião. Em verdade todas possuem os seus, que nada mais são que frutos de longas décadas ou séculos de tradição. Apenas precisamos repensá-los. Por isso aqui gostaria também de abordar as técnicas de curas espirituais. Será que são necessários tantos gestos e rituais em terapias de passes energéticos e em atendimentos de desobsessão espiritual? Jesus mesmo nos ensinou que para isso bastava um poderoso comando mental e autoridade moral. Mais uma vez percebemos que, antes de aplicar uma "teatralização espiritual", é fundamental termos uma conduta espiritual ilibada e muita disciplina mental: uma fé inabalável em Deus e no seu potencial como mediador divino. Obviamente, não podemos nos esquecer da necessidade de se despertar a luz interior do paciente. Aquele que recebe o atendimento deve deixar aflorarem as forças espirituais latentes em si. Jesus dizia aos enfermos que curava: "a tua fé te curou".

Colocar a responsabilidade na mão do agente curador é um gesto de irresponsabilidade e preguiça do paciente, que só terá a perder com esse comportamento. Milagres, meus irmãos, não existem. Todo aquele que busca despertar dentro de si a sua luz interior, através de uma reversão de pensamentos negativos para positivos ou de descrença para fé, esse se cura. O nosso corpo físico é um reflexo do poder de nossa mente e de nosso espírito imortal. Se tivermos pensamentos harmoniosos de cura e saúde, nosso corpo físico receberá diretamente essa energia.

Nesse instante uma moça da plateia interveio e perguntou:

— Concordo com as suas colocações sobre teatralizações em tratamentos de cura, que nada mais parecem do que gestos para impressionar os pacientes. No entanto, existem estudos sobre chacras e outros elementos do corpo espiritual que precisam ser energizados de forma especial, gerando um atendimento especial a órgãos mais debilitados do paciente. Que você diz a respeito disso?

Rafael sorriu e, impressionando a todos, começou a aplaudir a pergunta da jovem mulher. Depois de alguns instantes, ele falou:

— Meus irmãos! Eis a essência do Universalismo Crístico. Eis o último de seus três alicerces: o debate de ideias! Por algum acaso me arvorei aqui como o dono da verdade? Muito pelo contrário! Eu quero que me contestem. E a pergunta apresentada é muito pertinente. – E, virando-se para mulher, continuou. – Sim, você tem toda razão. Em muitos momentos eu vou errar, porque sou um ser humano falível.

Rafael ergueu as mãos e gritou para o público, como se estivesse fazendo uma onda energética:

— Meus amigos! Abram as suas mentes! Libertem-se do entorpecimento! Todos nós somos filhos de Deus e temos capacidade de chegar às conclusões que lhes apresento.

Rafael silenciou por alguns instantes e passou o olhar pela ampla assembleia. O seu olhar era majestoso, quase divino. As janelas estavam abertas e a brisa da noite balançava graciosamente os seus cabelos. Não havia como contestar! Ele era um anjo de Deus feito homem com a missão de esclarecer. A sua presença era luz para os olhos, a sua voz, música para os ouvidos, o seu olhar, bálsamo para a alma e a sua existência, um raio de esperança para aqueles que acreditavam que um mundo melhor poderia ser erigido das trevas da incompreensão humana.

— E se amanhã eu faltar? Se Deus achar por bem que eu retorne à pátria espiritual? Como ficará a mensagem do Universalismo Crístico?

Rafael aproximou-se do público e falou, com voz serena e cativante:

— Meus irmãos, me entendam! Eu preciso de vocês. Não poderei realizar nada sozinho. E na verdade não vim até esse mundo para realizar um trabalho solitário. Eu sou apenas o anunciador de algo maior que está por surgir no horizonte da vida humana. Só o que lhes peço é: ajudem-me a propagar essa mensagem de luz, porque ela é a aurora de uma Nova Era. A partir do que estou lhes apresentando a humanidade expandirá a sua consciência espiritual e isso trará uma resposta direta de todas as áreas da vida humana, refletindo imediatamente nos maiores problemas que as sociedades do mundo enfrentam, como por exemplo, a violência e a criminalidade.

O jovem sábio caminhou de um lado ao outro do palco, procurando a aprovação de todos. Como o silêncio era total, ele resolveu brincar com o público:

— Os que concordam comigo gritem "sim"!

E a resposta foi imediata, a uma só voz:

— Sim!

Ele sorriu e falou, com um largo sorriso no rosto:

— Então vamos prosseguir... E quanto aos métodos para estabelecer a sintonia e a concentração em um grupo para realizar um trabalho espiritual? Alguns líderes realizam gestos, batem palmas, cantam. Isso é necessário ou somente um ritual para despertar a equipe? Creio que a humanidade já está em um estágio de amadurecimento em que esse processo pode e deve ser mental.

É necessário desenvolver o potencial de concentração, através de muita meditação e reflexão. Lembro mais uma vez que muitos desses rituais tornam-se apenas um puro formalismo pouco compreensível para os homens com o passar do tempo. O verdadeiro método para expandir a consciência espiritual é o interesse pelo estudo e o pleno desenvolvimento mental.

O processo de espiritualização da Nova Era prescindirá de rituais. Eu só quero que vocês tenham consciência disso. Não é necessário abandonar da noite para o dia essas práticas, mas já é tempo de refletir sobre a necessidade e utilidade delas.

Rafael meditou por mais alguns instantes e prosseguiu:

— Mais e mais me convenço de que não necessitamos de instituições que nos digam o que fazer, mas sim desenvolver a nossa espiritualidade e a de nossos filhos para que aprendam a buscar, com lucidez, o seu próprio caminho de auto-espiritualização. Infelizmente isso é uma formação familiar para poucos, já que a humanidade anda tão alienada a respeito desse tema.

Ele refletiu por alguns instantes e então disse:

— Mas nem tudo é ritual! Algumas práticas fazem muito sentido e devem ser esclarecidas aos seus adeptos. Agora mesmo fomos lembrados de que existem técnicas de cura que possuem uma explicação científico-espiritual.

Algum tempo atrás ouvi dizer que os monges franciscanos raspavam o topo da cabeça não apenas por hábito ou ritual, mas sim para permitirem que o centro coronário, localizado no alto da cabeça, recebesse diretamente as energias astrais dos planos superiores sem o bloqueio dos cabelos, que são péssimos condutores de energia. Fato científico-espiritual ou apenas ritual? Vamos estudar.

A alimentação vegetariana ou até mesmo o jejum, associados a uma meditação profunda e harmoniosa, permitem um contato espiritual mais qualificado por parte do médium. Isso não é um ritual, mas um fato, já constatado por diversas experimentações. É necessário estudar também o desenvolvimento de técnicas para melhorar a percepção espiritual do homem, para que ele acesse estados alterados de consciência de uma forma mais eficaz e lúcida.

Entretanto, determinadas roupas, chapéus, pulseiras e colares são desnecessários. Isso não muda em nada o trabalho espiritual. Caso eu esteja enganado e exista argumentação lógica a respeito, serei o primeiro a repensar isso.

Em outra oportunidade me disseram que os médiuns, antes de realizar um passe com a imposição das mãos necessitam esfregá-las intensamente para liberar uma energia mais intensa. Fato científico-espiritual ou apenas ritual? Eu particularmente acredito que apenas uma mente bem disciplinada aliada a uma consciência com valores crísticos bem desenvolvidos é suficiente. Mas tudo está aberto a estudos. Quem oferecer as informações mais consistentes terá a supremacia nos debates sempre!

O jovem sábio meditou por alguns instantes, bebeu um gole de água e prosseguiu.

— Todas as religiões possuem o seu lado positivo, mas nossa tarefa aqui é promover uma reflexão sobre os aspectos que precisam ser modificados ou adaptados.

No Espiritismo não vemos rituais propriamente ditos, a não ser os já mencionados em trabalhos de curas e desobsessão espiritual. No entanto percebemos um gravíssimo bloqueio para se avançar na metodologia de pesquisa filosófica e científica. O seu codificador, Allan Kardec, não tinha intenção de criá-lo para ser uma religião, mas sim um sistema metodológico para interpretar as relações de nosso mundo com a realidade espiritual.

O Espiritismo tinha a função de ser a religião da pesquisa e do progresso, mas terminou entregando-se ao mesmo dogmatismo das demais, devido à visão estreita de seus líderes. Talvez o papel que estamos aqui exercendo de promover o Universalismo Crístico fosse função primordial das casas espíritas de todo o país. Mas infelizmente elas estão míopes, presas aos seus próprios dogmas. Parece que elas só encontram o saber e a verdade suprema no trabalho realizado por renomados espíritas, que trouxeram excelente contribuição. No entanto o sectarismo e o "bairrismo ideológico" são inadmissíveis em um grande congraçamento das religiões.

Crer que o Espiritismo é o Consolador Prometido por Jesus e a única verdade para elucidar os problemas espirituais do mundo é um equívoco. Será então que o restante do planeta está órfão de uma verdadeira espiritualização, já que a doutrina espírita possui fiéis significativos somente no Brasil?

Mas isso é algo inerente ao ser humano. Toda nova verdade causa um choque no modelo estabelecido. O medo da mudança então se instala e coisas horríveis podem acontecer. A mensagem de Jesus foi um exemplo. Era algo tão revolucionário dentro do modelo religioso judaico que levou o grande rabi da Galiléia à lamentável crucificação.

Rafael silenciou por alguns instantes, como se estivesse refletindo sobre os dolorosos momentos pelo qual passou Jesus, e depois continuou.

— Eu gostaria também de nessa noite abordar outro aspecto das crenças cristãs tradicionais, que não são rituais, mas que se tornam base da fé, mesmo tendo precária sustentação racional. Refiro-me à crença na ressurreição de Jesus e de que no juízo final todo aquele que crer Nele ressuscitará em sua sepultura e ascenderá aos Céus.

No meu entender Jesus não ressuscitou fisicamente, porque isso não faria sentido com a sua mensagem puramente espiritual. O reino a que ele se referia era o reino do espírito, e não um reino material onde iríamos viver com um corpo perecível por toda a Eternidade.

Certamente Jesus surgiu aos seus seguidores com uma materialização de seu corpo espiritual, algo que ficou conhecido como o "corpo glorioso". A intenção do Mestre era demonstrar a vitória do espírito sobre a morte, mas não uma ressurreição física.

Provavelmente o corpo de Jesus se desmaterializou por um

processo desconhecido para nós e sua impressão ficou marcada no lençol funerário, o santo sudário. Em breve talvez tenhamos pesquisas conclusivas a respeito da autenticidade ou não dessa relíquia e novos avanços científicos nos expliquem como surgiu a misteriosa marca, quase invisível a olho nu, que retrata a imagem de um homem judeu com notáveis estigmas de crucificação.

Além disso, percebemos nessas religiões uma excessiva atenção ao calvário de Jesus, como se a crucificação fosse o ponto central de sua missão. Para as gerações atrasadas espiritualmente do passado realmente era assim, o choque da morte trágica servia como detonador psíquico para a penitência e o despertamento espiritual. Mas não será assim para as gerações futuras, que serão almas mais avançadas e que verão na mensagem do Evangelho do Cristo o roteiro absoluto a ser seguido. As novas gerações celebrarão a vida e a mensagem do Cristo, e não a morte e o gesto de extrema estupidez humana, que foi a crucificação do melhor homem que esse mundo já conheceu.

Esses espíritos mais maduros buscarão interpretar, viver e estudar a fundo a mensagem de Jesus e dos demais avatares espirituais de todas as religiões com a finalidade de buscar a verdade que liberta, em vez de se aprisionar aos rituais que entorpecem e alienam. A geração dos eleitos compreenderá finalmente que os mestres espirituais são professores, e não ídolos. Eles se dedicarão a aprender a lição trazida pelos mestres, e não idolatrar em altares aqueles que deveriam servir sempre de bússola para a conquista espiritual de cada um.

As novas gerações mostrarão que o melhor gesto de espiritualização é o ato de seguir o exemplo dos grandes missionários que vieram à Terra pra trazer-nos um pouco de luz para iluminar as nossas obscuras almas. Quem sabe nas décadas futuras o homem, ao invés de manifestar excessiva atenção ao martírio na cruz, como data fundamental da fé cristã, dedicará especial atenção a momentos de profunda espiritualização da caminhada de Jesus em solo físico, como, por exemplo, uma data que lembre o belo "Sermão da Montanha".

Rafael então se levantou, ergueu os braços e disse:

— Meus irmãos, uma Nova Era é chegada! Uma era de felicidade e ventura espiritual como jamais sonhamos. Os eleitos que reencarnarem na Terra do terceiro milênio não serão mais vítimas de carmas e sofrimentos impostos por seus próprios erros do passado; serão almas que evoluíram, e serão abençoadas com um mundo de prosperidades e avanços que permitirão despertar nelas novas potencialidades em suas jornadas infinitas até os braços do Pai.

Deus nos criou almas simples e ignorantes. E nos ofertou toda a eternidade para caminharmos em direção ao Seu amorável regaço. A cada nova conquista, a cada nova expansão de nossas consciências, compreendemos melhor a natureza divina e isso faz com que sejamos verdadeiramente felizes por poder fazer parte dessa belíssima obra que é a criação divina.

Hoje em dia ainda vivemos como lagartas, mas aqueles que libertarem as suas mentes para compreenderem o amor de Deus muito em breve tornar-se-ão belíssimas borboletas que poderão desfrutar dos belos jardins do reino de Deus, que não é um local físico, mas sim "consciencial".

O céu e o inferno são estados da alma, tanto aqui como no plano espiritual. Quem vive em luz vive assim em todo lugar. E quem está com a mente entregue às trevas não se libertará delas nem nos palácios celestiais.

Meus irmãos, "Nós somos o que pensamos!". E gostaria de encerrar essa noite com uma oração especial que eu a chamo de uma interpretação muito especial do tradicional Pai Nosso.

O público então ficou em silêncio enquanto Rafael orou, com voz envolvente:

"Meu querido Pai! Se não acreditamos em Teu Poder Infinito, de nada vale dizer: 'Pai Nosso que está em todo o Universo'.

Se desrespeitamos a Tua Criação e os Teus Mandamentos Divinos, é inútil dizer: 'Santificado seja o Teu Sagrado Nome'.

Se descremos de uma existência espiritual, do que adianta dizer: 'Venha a nós, que é o Teu Reino ?

Se não aceitamos os nossos destinos, tanto na vida humana como na espiritual, como podemos afirmar: 'Seja feita sempre a Tua Vontade, tanto na Terra como em todo Universo'?

Se não cremos na Providência Divina e no auxílio que recebemos das esferas celestiais, de nada vale dizer: 'Dá-nos, Oh Senhor, o pão do corpo e o pão do espírito'.

Se não somos sinceros e generosos para no dia-a-dia perdoarmos os nossos semelhantes, como ter coragem para afirmar: 'Perdoa as nossas ofensas, assim como nós perdoamos aqueles que nos têm ofendido'?

E se não lutamos para vencer as nossas fraquezas e não cremos no poder de Deus para nos auxiliar nessa vitória, é inútil dizer: 'Oh, Senhor, não nos deixes cair em tentação e livra-nos de todo mal, porque são sempre Teus todo poder e toda glória'.

E se todos esses itens dessa oração são afirmações sem reflexão de nossa parte, não devemos jamais dizer: 'Que Assim Seja', porque esta afirmativa é como assinar um documento de ordem divina na nossa própria consciência".

Rafael encerrou a oração do Pai Nosso com enfoque reflexivo e depois ficou em silêncio, olhando para o teto, como se estivesse enxergando mais ao longe as esferas espirituais superiores, em um gesto de puro agradecimento por todas as dádivas que recebera naquela noite.

Algum tempo depois ele se levantou, agradeceu a atenção de todos e convidou-os a regressar na semana seguinte.

Mais uma vez a plateia ergueu-se e o aplaudiu por longos minutos.

10
Enxergando mais além

Era o início da manhã de um belo dia ensolarado. Fazia poucas horas que o astro-rei aparecera na linha do horizonte para realizar mais uma vez o grandioso espetáculo que alimenta a vida na Terra. Rafael encontrava-se meditando em posição de lótus, no quiosque do jardim de sua casa, vestindo só uma folgada calça de abrigo. Ele mantinha-se estático, com um olhar distante, enquanto a sua mente viajava em paragens longínquas, inacessíveis ao homem comum.

Qual é o limite que nossas mentes podem alcançar? Impossível precisar, ainda mais se tratando de uma consciência em ampla expansão como a do anunciador da Nova Era.

O dia estava magnífico. Os tênues raios do sol cortavam as árvores, iluminando placidamente o magnífico jardim, enquanto pássaros voavam de um lado ao outro embelezando a paisagem com as suas cores e cantos maravilhosos, criando um clima mágico. Mais ao fundo, o casal de cães brincava pela grama em graciosa afetividade, comprovando aos céticos que os animais também possuem alma.

Envolto em seus pensamentos, Rafael nem notou a presença de seus amigos que, cientes do seu estado meditativo, aproximaram-se em absoluto silêncio. Quando se achegaram mais dele, tiveram contato com uma cena que os impressionou muito.

O jovem iluminado estava de lado para a entrada da casa, portanto não podia perceber a chegada dos amigos. E estes, ao vê-lo, notaram uma estranha luz, que variava do azul-celeste ao índigo, se irradiando do peito nu do amigo.

A princípio eles não acreditaram no que viram. Eduardo perguntou:

— Acho que estou vendo coisas? Que luz é aquela que sai do peito de Rafael como se fosse um farol da cor do céu?

Tadeu meneou a cabeça e respondeu, incrédulo:

— Não sei! Também estou vendo, mas quero crer que seja algum estranho reflexo do sol.

Érica e Laura fizeram a volta no quiosque e perceberam que a luz era real. Além disso a presença de Rafael começou a atrair diversos pássaros, que se aproximavam de seus pés. Um sabiá saltitou até bem perto dele e o observou com um olhar curioso, como se estivesse enxergando algo invisível ao olhar humano.

Rafael então percebeu a presença dos amigos e falou, sem voltar-se para eles:

— Os sentidos físicos estão bloqueando a visão espiritual de vocês. Fechem os olhos e perceberão muito mais.

Todos eles então aceitaram a sugestão do amigo e, após alguns instantes de meditação, descortinaram um mundo novo. Um reino de luzes e energias maravilhosas os envolveu, uma felicidade inenarrável tomou de assalto os seus corações e músicas celestiais invadiram os seus ouvidos espirituais, trazendo infinita paz.

Eles não saberiam dizer o tempo que essa experiência levou, porque os bons momentos passam rápido como um relâmpago. Mas as suas almas encheram-se de novo ânimo e de admiração pela vida.

Quantos mistérios existem ocultos aos olhos do homem comum? Não saberíamos dizer. A vida é uma experiência única e cada um possui uma capacidade diferente de percebê-la. Seres que já conquistaram uma consciência mais ampla enxergam mais além e vivem a vida de forma mais intensa e plena.

Depois dessa mágica experiência, Rafael se ergueu e foi receber os amigos com um fervoroso abraço.

— Hoje eu sinto-me muito feliz. Parece que minha mente e coração não possuem fronteiras. Cada vez mais percebo que não há distância ou impossibilidade para a manifestação da alma.

Ele suspirou e, olhando a beleza da frondosa árvore ao seu lado, concluiu:

— Não existem limites para a manifestação de nosso espírito imortal. Nada nos é impossível! É só uma questão de tempo para atingirmos a perfeição e nos tornarmos espíritos com poderes absolutos para contribuir integralmente com a obra do Criador.

Os seus amigos ficaram atônitos. Eles sabiam da potencialidade espiritual de Rafael, mas aquela luz azul, os pássaros e a experiência que vivenciaram os impressionara de forma especial. Principalmente Laura, que estava menos acostumada com aquele perfil majestoso do meditativo colega de escola.

Érica observava em silêncio, magnetizada pela aura do amor de sua vida. A sua beleza física tomava um aspecto secundário frente à força sublime de sua alma, mesmo ele estando sem camisa. Não era isso que despertava atração naquela adorável menina. Em almas iluminadas, o amor nasce de outra fonte, que não aquela que a humanidade está acostumada. São sentimentos que somente aqueles que já descobriram a luz podem perceber e vivenciar, pois transcende os instintos humanos. Quando duas almas assim se encontram, por serem raras, se banham de uma felicidade que lhes parece eterna.

Rafael convidou os amigos para se sentarem nas poltronas do amplo quiosque, não sem antes se dirigir à Laura com imenso carinho:

— Laura, como fico feliz em recebê-la em minha casa.

Ela sorriu e falou, sem jeito:

— Desculpe ter vindo sem ser convidada, mas Tadeu insistiu.

Ele sorriu, a abraçou e disse, olhando para o amigo Tadeu:

— Você jamais precisará de convite para vir a minha casa. Os amigos de meus amigos sempre serão recebidos de portas abertas.

Eles então se sentaram confortavelmente, enquanto Rafael serviu a todos um copo de suco natural de abacaxi. Érica, sempre curiosa, perguntou, com sua voz suave:

— Rafael, você estava meditando em quê?

Ele parou de servir os copos e respondeu, de pronto:

— Em você...

Érica sentiu um intenso calor percorrer o seu corpo e um ligeiro frio na barriga. Sua respiração ficou opressa e o coração bateu descompassado. O seu rosto ficou rosado e um sorriso incontrolável de felicidade a tomou de assalto. Mas antes que ela se manifestasse, ele prosseguiu, para não deixá-la encabulada com aquela implícita declaração de amor.

— Eu pensava em todos vocês, meus amigos. Eu meditava sobre a importância do amor e da amizade para construirmos um mundo melhor. O amor é uma conquista da alma. Sim! Definitivamente é isso! Como é triste ver que a humanidade ainda não descobriu esse sentimento de forma plena e equilibrada. Nada é mais importante que amar aos semelhantes, de coração, sem esperar nada em troca. Jesus resumiu muito bem esse estado da alma. Pena que a humanidade em sua época, e também agora, ainda está distante de compreender esse nobre sentimento em toda a sua amplitude. Mas, enquanto o ego sufocar os valores da alma, o homem não compreenderá verdadeiramente o amor!

Rafael serviu um a um os seus amigos, como se estivesse realizando um ritual sagrado de integração, e sentou-se junto a eles para prosseguir com as suas conclusões:

— Eu estava procurando também levar a minha mente mais

adiante, um pouco além das convenções humanas. Nós somos o que pensamos, por isso gostaria de ser um pouco mais do que já sou. Eu me refiro àquela nossa tão debatida visão espiritual da necessidade constante de evolução.

Já temos certeza de que os nossos cinco sentidos físicos não são suficientes para nos revelar a ampla realidade do mundo espiritual. Portanto estou a cada dia procurando me desligar dos sentidos físicos e procurando quebrar os paradigmas de minha mente para chegar mais longe. Foi assim que comecei a compreender a vontade do Alto no que diz respeito ao Universalismo Crístico. Agora que descobri o caminho, não quero mais parar.

Tadeu concordou com um gesto e falou:

— Sim! Os grandes pensadores da história só conseguiram realizar o que realizaram com uma disposição de espírito semelhante a essa.

Rafael concordou com um sereno gesto com a cabeça e prosseguiu:

— É certo que não encontraremos todas as respostas dentro de uma única religião ou seita, mas em nossas mentes e corações. Precisamos realizar a caminhada pela via interna, assimilando o que há de melhor dentro de todo acervo espiritual de nossa humanidade.

Érica meditou por alguns instantes e falou, com inspiração:

— Quem não pode encontrar um templo no coração jamais encontrará o coração em um templo.

Rafael sorriu com a afirmação da querida amiga e disse-lhe, magnetizado por sua beleza angelical:

— Você agora falou a língua dos anjos.

Ela sorriu, tímida, enquanto Eduardo fez suas ponderações, sempre racionais:

— Na verdade esse é um tipo de mediunidade muito especial, porque revela o que nunca foi dito. O que você nos apresenta é simplesmente desbravar terras desconhecidas, ao contrário da mediunidade comum que trabalha sobre o conhecido e o previsível.

Rafael concordou. Ele estava irradiando um sentimento de amor tão pleno que a natureza parecia lhe estar em sintonia, exalando os mais suaves perfumes.

— Sim! É exatamente isso. Se nós somos espíritos imortais em contínuo processo evolutivo, não posso me conformar com a ideia de que não existe mais nada a ser descoberto em termos de espiritualidade.

Érica então perguntou, com um brilho especial no olhar:

— Se você consegue ver mais além, por que não traz todas

as respostas de que precisamos para defender o Universalismo Crístico?

Ele meditou por alguns instantes e respondeu:

— Não é tão simples assim! Os mestres espirituais só conseguem nos fazer ver aquilo que temos capacidade de compreender. Não é fácil "dobrar" todas as nossas crenças atuais. As nossas percepções ainda são bem limitadas! Além disso, existe a ação coercitiva de nosso subconsciente, que "trava" a nossa mente sem nem ao menos percebermos essa ação.

Rafael suspirou, decepcionado com as limitações da consciência humana, e concluiu:

— Eu ouço o que consigo compreender, e não a verdade absoluta. Mas um dia chegarei lá e vou revolucionar a visão espiritual do mundo, trazendo uma nova forma de ver as coisas, algo que ainda não foi nem imaginado! Estamos apenas nos primeiros degraus da evolução espiritual. Tem metas que devemos atingir que ainda desconhecemos por completo, assim como um carro que anda sob forte neblina faz com que o motorista enxergue somente alguns metros à frente. Eu quero "limpar o tempo" e enxergar o horizonte dessa estrada.

Eduardo chegou a gargalhar e falou:

— Rafael, desculpe-me, mas você já está revolucionando e se tornando "persona non grata" na casa espírita por causa dessas ideias. Os conservadores não querem novidades. Como você mesmo diz, novidades causam desconforto a quem está no poder. Eles se sentem inseguros e vão boicotar você.

Todos riram abertamente e Rafael respondeu:

— Bom! Alguém tem que fazer esse papel. Vocês não concordam? E é por isso que fico feliz de estarmos realizando as nossas reuniões em um local independente. Assim podemos ser verdadeiramente "livres-pensadores", sem os dogmas dessa ou daquela religião.

Rafael sorriu aliviado e falou:

— Como é bom não precisar seguir regras e concepções atrasadas de mundo, principalmente no que diz respeito à espiritualidade. Esse é um caminho que deve estar sempre livre, oferecendo amplas possibilidades aos peregrinos que estão na busca da Luz.

Ele parou por alguns instantes e se entristeceu. Depois olhou para os amigos e falou, com uma ponta de decepção:

— Meus amigos, eu me sinto tão "acordado", mas ao olhar ao meu redor vejo que todos "dormem". Como eu gostaria de poder despertá-los para a Verdadeira Vida.

Laura, a novata do grupo, apenas ouvia a tudo sob forte

impressão. Depois de muito hesitar ela resolveu perguntar:

— Estou comovida com esses conceitos. Não imaginei que as ideias religiosas de vocês tinham esse objetivo. Quando Tadeu me falou, não tive noção da amplitude do que estou ouvindo aqui.

Eduardo olhou para ela e respondeu:

— Laura, esse é o nosso maior problema! As pessoas possuem "pré-conceitos" sobre qualquer coisa que envolva espiritualidade. Já tentei falar com várias pessoas a respeito disso e elas logo interpretam que se trata de uma crença religiosa específica, e não uma grande revolução no conceito de espiritualidade.

Érica voltou-se para Laura, que estava ao seu lado no sofá do quiosque, e disse:

— É isso, amiga! Estamos em uma luta muito difícil. O objetivo é traçar um roteiro espiritual inovador, focado na busca da espiritualidade de cada um, e não em uma submissão coletiva a uma religião ultrapassada. Em si esse já é um conceito difícil para muitas pessoas, sendo que se torna mais complicado quando elas não querem nem refletir sobre isso. O bloqueio é muito grande! As pessoas foram habituadas a não pensar sobre religião, e sim seguir regras, como se suas consciências estivessem vestindo um terrível cabresto. O preço a ser pago agora por nossa humanidade é essa imensa dificuldade em realizar reflexões espirituais mais profundas.

Rafael concordou e disse, partindo para outro assunto:

— Hoje em minhas reflexões, antes de vocês chegarem, consegui vislumbrar um pouco do mundo do futuro, quando a geração dos eleitos terá habitado toda a Terra.

Érica perguntou com interesse:

— Você diz no final do período de transição para a Nova Era, daqui a algumas décadas?

Ele confirmou com um gesto sereno e prosseguiu, com o olhar voltado para o infinito:

— Eu vi um novo mundo, onde as pessoas terão um olhar e uma expressão diferentes. Elas não serão cordeiros alienados, vivendo uma vida mecânica e sem objetivos espirituais. A vida humana servirá de instrumento para a evolução espiritual, que será o principal objetivo das consciências libertas do futuro.

Tadeu meditou um pouco e atalhou o depoimento do amigo:

— É verdade! Hoje em dia a vida humana está acima da espiritual. A humanidade perdeu o verdadeiro sentido da vida. É triste dizer isso, mas somente o que separa os homens dos animais é a sua suposta racionalidade, porque os objetivos da vida dos homens não se diferenciam muito dos destinos dos animais: viver para comer, dormir e atender os impulsos instintivos de sua ascendência biológica, sem nenhum avanço interior no que se refere à espiritualidade.

Rafael concordou com um gesto tranquilo e disse:

— E o mais chocante é que isso que você afirma não diz respeito somente aos ateus ou agnósticos, porque os que professam alguma religião também estão muito distanciados dessa visão espiritual. Em geral quem professa alguma fé, a faz por mero formalismo ou por uma questão cultural, ou até mesmo por tradição de família. Um gesto para agradar a Deus, ou então para realizar um rosário de petições.

Laura pensou um pouco e falou:

— É verdade! Já ouvi até o absurdo em minha família de que deveríamos crer em Deus e realizar culto a Ele para que não nos aconteça nada de ruim e sejamos ouvidos em um momento de aflição.

Rafael sentou-se com tristeza no olhar e disse, com certa indignação no tom de sua voz:

— Que Deus seria esse que vive dentro de um triste padrão de mesquinharia, como se tivéssemos que comprar as Suas dádivas?

O jovem sábio sacudiu a sua cabeça em sinal de reprovação e concluiu:

— Essa é uma visão aceitável dentro de uma sociedade tribal, e não às portas do terceiro milênio. Chega a ser chocante o despreparo espiritual de nossa humanidade. E não se trata de uma questão social ou financeira, mas sim de entorpecimento da consciência.

Vejo que o passo principal para a libertação da consciência é romper com o mundo das ilusões. A nossa sociedade, como está estruturada, somente alimenta ainda mais a alienação espiritual. Um exemplo disso são os nossos telejornais, que se concentram em política, economia e esportes; quando falam em religião, é de uma forma meramente formal. Já o quesito "espiritualidade" nem é abordado, como se as religiões fossem somente instituições para consolar e agremiar parcelas de nosso povo dentro de estruturas ideológicas.

Rafael meditou por mais alguns instantes e depois voltou a falar, enfocando outro assunto que lhe intrigava:

— Vi também o anjo...

Érica sobressaltou-se e perguntou, com as mãos úmidas de ansiedade:

— Você se refere àquele mesmo que conversou contigo na

beira da piscina?

Ele concordou com a mente e o olhar perdidos no infinito:

— Sim! Ele se chama Gabriel. Já está reencarnado entre nós e precisa de nossa colaboração para iniciar a sua missão dentro da Grande Transição para a Nova Era.

Laura, já bem integrada ao grupo, perguntou com curiosidade:

— Mas quem será ele? Algum líder religioso, guru espiritual, pastor, padre, sei lá?

Rafael sorriu e disse com carinho:

— Nada disso, minha querida irmã! Ele será apenas uma pessoa comum, sem títulos religiosos, sem cargos de destaque. A sua missão não será a de conduzir ovelhas, assim como um pastor realiza. A Nova Era exige uma nova dinâmica! Ele estará entre nós como um elemento de ligação para unir-nos nessa abençoada tarefa que estamos começando. A sua autoridade moral nos fortalecerá e nos fará ver que somos todos pequenas peças de uma grande engrenagem que necessita funcionar com precisão.

É o fim da era dos gurus! A humanidade não pode mais colocar a sua ventura espiritual em mãos alheias. Que cada um assuma para si o seu próprio destino, caminhando em direção à Luz. Temos de aprender que ninguém mudará o mundo sozinho, nem mesmo Gabriel; ele será apenas o modelo: o arquétipo perfeito! O mundo será mudado por todos nós que trabalharemos incansavelmente ao seu lado. A união faz a força! Se cada um assumir para si a sua responsabilidade, atingiremos a Grande Meta, sem jogar a responsabilidade nas mãos daqueles que se destacam mais entre nós!

Eduardo se levantou e perguntou ao amigo:

— Mas Rafael, se você está preso aos seus paradigmas, tem suas crenças e é influenciado pela ação sutil de seu subconsciente, como saber se o que você interpreta do Alto é real? Afinal qual é o caminho certo?

Rafael pensou por alguns instantes e respondeu:

— O certo e o errado são dois lados de uma mesma moeda. Assim como o calor e o frio correspondem a diferentes intensidades de temperatura. Se formos analisar as religiões de acordo com o grau de consciência da humanidade atual e o que ela espera e necessita para sua evolução, talvez tudo como está seja o perfeito. Deus não se equivocaria em Seu grandioso projeto. Até mesmo os líderes religiosos que manipulam e exploram os seus fiéis estão dentro de um contexto que favorece a expansão daquelas limitadas consciências.

Entretanto, como já falei, estamos realizando uma tarefa de

remodelagem da visão espiritual da humanidade para atender as gerações futuras. E o que podemos utilizar como bússola para essa nova compreensão?

Todos deram de ombros, sinalizando que não sabiam aonde Rafael desejava chegar. Ele então respondeu, com carinho e humildade:

— Como estou "tateando" no escuro, pois estou indo além do que é compreendido, me baseio em duas premissas fundamentais. A primeira é a lei do amor. Tudo que foge da maior das virtudes deve ser descartado, pois não provém de Deus. E a segunda é a busca da verdade. Jesus nos ensinou: "Conhece a verdade e a verdade te libertará". E é isso que estou procurando! Creio que a verdade está onde estão o bom senso e a lógica. O Universalismo Crístico para mim é isso: amor e verdade; o caminho para a humanidade encontrar-se com Deus.

Tadeu então colocou a mão sobre o ombro do amigo e disse:

— Rafael, meu amigo, não há como duvidar que você está sendo inspirado pelo Alto em sua missão. Pode contar comigo para o que precisar, sempre!

Os demais se manifestaram no mesmo instante:

— Conte conosco também, para o que der vier.

Ele sorriu com o apoio sincero dos amigos e prosseguiu dizendo, com um tom profético:

— Amigos, tenham a certeza de que o mundo ao nosso redor não é como os nossos cinco sentidos o captam. O que vemos é uma ilusão. As formas físicas não expressam claramente a realidade da vida.

Ele suspirou e continuou.

— Energias invisíveis aos olhos físicos nos circundam, influindo diretamente em nossas almas e corpos de acordo com a lei de atração, estabelecendo saúde e doença, luz e treva. Sem dúvida alguma nos tornamos exatamente no que pensamos.

Rafael abriu os braços e disse:

— Diga quem você quer ser, e você será!

Os quatro amigos mantiveram-se em absoluto silêncio, sorvendo a sabedoria que era vertida pelos lábios de Rafael. A sua mente era uma usina de saber espiritual brotando como água cristalina de uma fonte sagrada. Pouco depois ele voltou a falar, sem rodeios:

— Existe um mundo invisível nos interpenetrando a todo instante, com o qual vivemos em perfeita simbiose, cabendo a nós decidir se desfrutaremos de sua luz ou escuridão. Só temos de ter consciência disso e aprender a estabelecer a sintonia com a energia correta. Isso diz respeito ao contato com as inteligências desencarnadas do Bem e do Mal, mas também ao fluido universal, o prana, que é o princípio da vida e elemento fundamental que origina todas as formas de vida do Universo multidimensional.

Rafael aquietou-se e depois perguntou aos amigos:

— Vocês conseguem perceber? Nós podemos realizar maravilhas com o nosso potencial divino se soubermos nos apropriar da energia sagrada que interpenetra todo o Universo. Basta termos fé na vida e sintonizarmos integralmente com o Pai. No entanto podemos nos afundar na depressão e no fracasso se nossas almas se obscurecerem. Isso é algo fantástico. Deus, em sua infinita sabedoria, concebeu um sistema evolutivo maravilhoso e amplo em possibilidades, onde o mais belo disso tudo é que somos protagonistas de nossas próprias vidas. Podemos transformá-la em luz ou treva! Não importa as condições em que estejamos inseridos. Não existe fatalismo ou carma que defina o nosso destino: nós somos os senhores de nossos destinos! Tenham certeza disso.

Eduardo aproveitou o momento de pausa do amigo e perguntou:

— Mas o carma não nos impõe condições das quais não podemos fugir?

Rafael sorriu e disse:

— O carma realmente nos coloca em algumas condições limitantes, mas são apenas obstáculos que podem ser transpostos. Nós não observamos jovens com excelentes condições financeiras desperdiçarem a oportunidade do estudo, enquanto jovens humildes realizam um esforço louvável que, além de obter o diploma tão sonhado, ainda se tornam magníficos profissionais?

Outros nascem paraplégicos, entretanto realizam obras notáveis, enquanto criaturas saudáveis às vezes nos fazem duvidar de que o ser humano é um ser racional. Ninguém nasceu para sofrer ou para o fracasso. Talvez somente possua condições diferenciadas para alcançar os seus objetivos. O verdadeiro enfermo ou aleijado é aquele que tem a chaga em sua alma, não no corpo.

Rafael colocou as mãos sobre os ombros dos amigos e continuou, com grande empolgação:

— Na próxima reunião quero falar sobre isso e sobre diversos assuntos referentes à nossa luz interior e como fazê-la vibrar mais alto. Abordarei também a ação negativa do nosso subconsciente como elemento prejudicial para fazermos resplandecer a luz divina que existe dentro de cada um de nós.

Mal Rafael terminou essas palavras e um dos sabiás que haviam cantado durante toda a manhã em volta do quiosque entrou no meio da roda de amigos e expressou a sua bela melodia a plenos pulmões, como se quisesse participar com a sua opinião daquele banquete de luz.

Todos riram daquela situação insólita. E Érica, que adorava pássaros, se aproximou e pegou a delicada ave. O bichinho se entregou a ela sem medo algum. Algo pouco comum entre os pássaros.

A bela menina beijou o passarinho e o conduziu até a árvore em que ele cantava desde o início da manhã. Enquanto isso, a avezinha acompanhava os movimentos da bela fada, sem nenhuma reação de medo.

Ela então aproximou o rosto dele mais uma vez e disse:

— Adoro o cheirinho deles!

Érica o colocou na árvore e retornou ao quiosque. Mas o pássaro surpreendeu a todos e voou novamente em direção a ela, pousando em seu ombro.

Todos riram, e Laura disse, com admiração:

— Nunca vi isso!

Tadeu colocou a mão no queixo e falou, abismado:

— Ouvi dizer que somente um amor igual ao de Francisco de Assis é capaz de realizar tal feito. Acho que hoje estamos todos de parabéns, porque conseguimos vibrar numa sintonia pura de amor e de paz que chegou até mesmo a atrair animais ariscos como os pássaros.

Rafael concordou e disse, com um olhar idealista:

— Se mais pessoas no Brasil e no mundo desarmassem os seus corações e amassem aos seus semelhantes e a criação de Deus de forma verdadeira e desinteressada, o mundo hoje em dia já seria um local bem mais feliz; teríamos a certeza de que a Nova Era já se iniciou na Terra.

11
O carma e o poder interior

Na reunião seguinte, duas horas antes do início da exposição de Rafael, o auditório já estava lotado. Algumas pessoas buscavam cadeiras em um anexo para dispô-las pelos corredores de acesso do auditório.

Os mais jovens já se conformavam com se sentar no chão ou se recostar nas paredes. Tadeu e Laura corriam de um lado ao outro, auxiliando na organização. Os seus rostos estavam repletos de alegria, tanto por ajudar naquele trabalho maravilhoso como pelo prazer do convívio mútuo. A cada dia um sentia mais a necessidade do outro nas conversas diárias.

Tadeu olhou para a amiga que amava de coração e falou:

— Laura, você não imagina como esse auditório estava vazio na primeira reunião. Eu fiquei até um pouco decepcionado. Só disfarcei para não desestimular Rafael. E veja hoje! Que loucura, meu Deus.

O jovem rapaz passou as mãos pelos cabelos, irradiando à amiga toda a sua felicidade. A morena sorriu com seus marcantes olhos negros e falou, com voz amável:

— Você gosta muito do Rafael, não é?

Tadeu fez um sinal afirmativo e disse:

— Rafael é mais do que um irmão para mim. O que eu puder fazer para ajudá-lo nessa sua "sacada" fantástica eu farei. Ele tem razão no que falou em nosso último encontro. Nós somos como carros dirigindo à noite. Só conseguimos enxergar até onde os nossos faróis alcançam.

Mas com Rafael é diferente, a visão dele parece enxergar a chegada a centenas de quilômetros de distância. Eu o admiro muito por isso. São visionários assim que mudam o mundo. Talvez estejamos sendo coadjuvantes de uma grande transformação espiritual da humanidade. E eu vou me sentir muito orgulhoso se puder colaborar de alguma forma para isso.

Com empolgação no olhar, ele se aproximou da amiga e disse:

— Algumas vezes me pergunto: será que os discípulos de Jesus tinham real noção do que estavam vivendo? Creio que não, com exceção de alguns mais sensíveis. Pode ser delírio da minha parte, mas... creio que Rafael descobriu a pedra filosofal que transformará o mundo para o terceiro milênio. E não me refiro só a questões espirituais, mas de uma forma geral. Se ele realmente está asfaltando a estrada para a geração dos eleitos para a Nova Era, isso vai se desdobrar a todos os campos de atuação humana no futuro.

Laura sorriu, magnetizada pelas palavras de Tadeu, e, num gesto impulsivo, o abraçou e beijou o seu rosto. O jovem rapaz ficou sem reação, enquanto ela olhava em seus olhos e dizia:

— Você é uma pessoa maravilhosa! Rafael deve agradecer aos céus por ter um amigo tão fiel. Espero um dia receber essa mesma amizade de você.

Tadeu ficou profundamente emocionado com essas palavras e perdeu o leme dos seus sentimentos .. e, também, um pouco da razão. De forma espontânea ele disse:

— Laura, você pode receber um sentimento maior do que esse que dedico a Rafael. Você pode ter todo o meu amor...

A linda morena não soube o que dizer. Os dois ficaram parados em meio às cadeiras e ao burburinho do público, que parecia não percebê-los, como se fossem anjos em momentâneo estado de invisibilidade.

Tadeu então se aproximou lentamente da amiga, com o coração pulsando de forma descompassada, e tocou com os seus lábios os dela. Naquele instante os dois tornaram-se um só, transformando-se em pura energia. De olhos bem fechados, esqueceram o mundo ao seu redor, completando-se um ao outro, em um momento mágico.

Tadeu poderia afirmar que o burburinho havia se transformado em música, mas isso era apenas um delírio de sua alma apaixonada. Quem ama só vê o belo, ao contrário de almas desequilibradas que parecem não perceber que Deus arquitetou o plano da vida para sermos felizes.

Enquanto isso, Rafael e Érica estavam nos bastidores, espiando a imensa plateia. Ela pulava, se apoiando nos ombros de Rafael, de tanto contentamento. Ele a abraçou com carinho e disse, olhando para os seus lábios encantadores, que havia tempo o convidavam para uma união inesquecível:

— Veja, Érica! Basta acreditarmos, que nada nos é impossível. O universo conspira a favor de quem se sintoniza com ele.

Ela sorriu e falou, extravasando alegria:

— Você faz isso com tanto amor e idealismo que é impossível ser diferente. Você nasceu predestinado para transformar em luz tudo em que tocar.

Ele ficou um pouco envergonhado.

— Na verdade, todos podemos realizar o que sonharmos. Mas para isso é necessário desejar como se já fosse real e fazer todo o esforço pessoal para estar à altura do que aspiramos.

Érica fez um gesto afirmativo com a cabeça e, enquanto olhava fixo nos olhos de Rafael, duas grossas lágrimas escorreram de seus olhos. Ele sorriu e perguntou:

— O que foi, Érica? Por que você chora?

Ela secou as lágrimas com os antebraços e falou, sorrindo:

— São lágrimas de felicidade. Eu estou tão feliz de estar aqui com você que não consegui me conter.

Ele a abraçou e falou:

— Ah! Kika, minha querida...

Ela sorriu e disse:

— Kika! De onde você tirou esse apelido?

Ele ficou sem jeito e respondeu:

— Não sei! Eu sinto você tão próxima de mim que não resisti. É como se eu quisesse acalentá-la em meus braços.

Ela sorriu sem jeito, sem mais conter as lágrimas, e falou:

— Só não me diga isso, Rafael, em uma noite de lua crescente...

Os dois riram e se abraçaram com imenso carinho, irradiando felicidade. Ela rompeu o silêncio.

— Agora vá lá! Deixe toda essa luz que mora dentro do seu peito iluminar o mundo. Eu sei que hoje você falará para 200 ou 300 pessoas, mas no futuro não teremos mais como contar...

Ele a beijou na testa e falou:

— Deus a ouça, meu amor!

Rafael, então, virou-se rapidamente em direção ao palco. Érica ficou estática, com o coração batendo forte. Suas mãos suavam de emoção. Ele a havia chamado de "amor" talvez sem perceber, mas para ela tinha sido como ganhar o mundo. Ela ergueu os olhos para o céu e falou somente para si, com as mãos de encontro ao peito:

— Obrigada, meu Deus! Obrigada, Jesus, por me presentear com o maior dos tesouros.

Naquele instante ela ouviu uma voz dentro de si dizendo:

— Minha menina, você também pode realizar tudo o que desejar. Basta crer em si mesma e continuar mantendo o seu coração iluminado. O amor puro e verdadeiro abre todas as portas do mundo. Você nasceu para ser feliz!

Érica agradeceu pela benção de ouvir a voz dos anjos e

sentou-se em uma cadeira ao fundo para assistir à exposição de seu grande amor.

Rafael aproximou-se da mesa principal sob fortes aplausos. Ele olhou para o público com carinho e procurou um a um aqueles que conhecia. Ao ver os amigos que acompanhavam os seus passos desde a primeira reunião, ele se emocionou. As freiras, Silvio, o ateu, os fiéis de outras religiões que respeitavam a sua mensagem e até os amigos universalistas como ele. Todos estavam presentes, perdidos em meio ao auditório lotado. Ele beijava a própria mão, levava-a ao coração e lançava o beijo no ar, como que para mandá-lo para cada pessoa que reconhecia, em um puro gesto de gratidão.

Depois disso ele olhou para a assembleia completamente lotada. Não havia espaço nem para caminhar. Era necessário apoiar-se nos ombros dos que estavam sentados no chão para locomover-se dentro do amplo auditório.

Rafael, com os olhos marejados, fez várias vezes um movimento afirmativo com a cabeça. As pessoas podiam imaginar os seus pensamentos naquele instante; certamente era um sentimento único de felicidade pela conquista de um objetivo a muito sonhado.

Pouco antes de suas primeiras palavras ele viu seus pais, de pé, no fundo do auditório. Paulo não conseguia conter as lágrimas de alegria ao ver o sucesso do filho. E sua mãe parecia agora estar tranquila e feliz em ver como ele era querido por todos os presentes.

Rafael então pegou o microfone e falou com desenvoltura:

— Boa noite, meus amigos! Fico mais uma vez muito feliz com a presença de todos. Hoje também é um dia muito especial para mim, pois estou sentindo algo muito parecido com aquilo que um menino sente quando seus pais vão vê-lo em uma apresentação escolar.

Todos sorriram com as palavras emotivas de Rafael. Aquela noite era prenúncio de paz. Ao contrário das reuniões anteriores, sempre tensas pelas polêmicas envolvendo as religiões, nessa parecia que reinaria a mais perfeita harmonia.

Paulo fez um gesto afirmativo com a cabeça e repetiu o mesmo gesto do filho, beijando a mão e a levando até o coração, para depois jogar a energia de afeto a ele. Verônica fez o mesmo, agora já com os olhos úmidos de emoção.

Rafael então se concentrou no tema a ser abordado e iniciou a sua exposição, dizendo:

— Meus amigos, algumas vezes nessas reuniões fui tachado de parcial e defensor das ideias do Espiritismo, mas hoje vou justamente abordar um tema que precisa ser revisto dentro da doutrina espírita. Refiro-me ao "conformismo do carma". Também gostaria de falar sobre o poder de transformar as suas vidas que todos os filhos de Deus possuem.

O anunciador da Nova Era caminhou de um lado ao outro do palco, meditando, e prosseguiu:

— O carma, meus irmãos, ou a lei de ação e reação, possui a finalidade de fazer com que compreendamos a lógica Divina. Inclusive ele é o ponto fundamental do segundo alicerce do Universalismo Crístico, como já explanamos em reunião anterior. O carma nos permite entender o porquê de situações vividas, que elas são fruto de nosso passado. Ele nos permite um processo de reconstrução, através da identificação de pontos a serem melhorados. Mas ele nunca deve servir de justificativa para nossas fraquezas ou de motivo para resignação.

Ultimamente tenho observado muitas pessoas que crêem na reencarnação a utilizando para justificar a sua acomodação na vida. "Eu não posso isso porque é o meu carma.", "A minha vida é assim porque é o meu carma.", "Eu casei com uma pessoa má porque lhe causei mal na vida passada" e assim por diante.

Esqueçam-se da visão pessimista de que nós nascemos apenas para pagar carmas. Meus amigos, não é essa a finalidade da lei divina de ação e reação. Na verdade devemos estudá-la somente de forma geral, para entender a lógica divina, mas jamais ficar procurando aplicá-la em nossas vidas, senão nos entregaremos a um "achismo" improdutivo e muitas vezes fantasioso.

O que Deus espera de nós é que venhamos nos predispor a nos tornarmos pessoas melhores a cada dia. E não ficarmos procurando explicações sobre questões do passado que não necessariamente devem impactar no presente. Além do mais esse tipo de comportamento só obscurece a nossa luz interior. Quem se acredita maculado por um carma termina se enfraquecendo para grandes realizações. Deixemos os carmas de lado e vamos pensar que existem obstáculos sim em nossas vidas. No entanto somos filhos de Deus e possuímos um poder realizador ilimitado. Nada nos é impossível. A Deus e a seus prepostos cabe identificar e estudar o carma de cada um. A nós cabe trabalhar para nos tornarmos pessoas melhores a cada dia.

Temos de povoar as nossas mentes de coisas boas. Conectar-se com aquilo que queremos para as nossas vidas, e não o contrário. Sintonizar-se com coisas ruins, mesmo as negando, somente as atrai. Dizer: "não quero doença" é sintonizar-se com ela. Nós devemos afirmar: "eu quero saúde em minha vida", e deixar pulsar um sentimento de paz e amor no coração, de forma serena e tranquila.

Infelizmente estamos tão acostumados a desconfiar de tudo e a reagir de forma negativa ao mundo ao nosso redor que nossa alma está condicionada a vibrar de forma pessimista. Isso precisa ser mudado! Há uma necessidade urgente de reeducação de nossos pensamentos. Vamos ter mais fé na humanidade, em nossos amigos, companheiros de trabalho, enfim, em todo aquele que cruza o nosso caminho. Vamos julgar menos e amar mais!

A frequência do nosso pensamento tem de entrar em sintonia com a perfeição da Mente Divina. Nós criamos a nossa própria realidade; somos o que pensamos. Não se esqueçam disso.

Eis mais um motivo para minha cruzada contra a alienação espiritual da humanidade. É necessário modificar a nossa estrutura familiar e social. Provocar um grande despertar na família e na sociedade.

Uma Nova Era está chegando e o modelo religioso formal e superficial em vigor já não responde mais aos anseios das novas gerações. Muitos jovens que tinham tudo para dar certo estão entregues às drogas e à criminalidade. E o mais impressionante é que, em alguns casos, trata-se de espíritos com favorável evolução espiritual, mas que não encontraram no seio do lar terreno uma formação espiritual digna para auxiliá-los em suas buscas interiores. Eles procuram algo, mas não sabem o que é, pois os pais os abandonaram à alienação ou ao materialismo exacerbado. Em outros casos, os seus genitores seguem preceitos religiosos, mas de forma ritualística e mecânica, o que não convida a reflexão e ao diálogo com os filhos. Não sabendo encontrar em si o que procuram, os jovens entregam-se ao triste caminho das drogas para buscar respostas, muitas vezes sem volta.

Alguns pais já me procuraram afirmando que seus filhos não possuem espírito religioso. Mas na verdade aquelas crianças algumas vezes são mais evoluídas que os próprios pais, e por estarem com uma visão intuitiva à frente de seu tempo sentem-se totalmente entediadas pelas religiões ultrapassadas do ciclo que está se encerrando. Essas crianças são chamadas também de "crianças Índigo" – abordaremos este assunto em nosso próximo encontro. Tragam suas crianças porque este tema também lhes é muito importante.

Rafael então foi beber um gole de água e a ampla assembleia o aplaudiu por quase um minuto.

Ele agradeceu e voltou a falar:

— Meus amigos, falo sobre não se importar com o carma para "quebrar" em suas mentes essa visão negativa de que estamos aqui na Terra encarnados para sofrer, expiar um erro do passado. Na verdade a finalidade de nossa vida é aprender, adquirir sabedoria e amor, ou seja, nos tornarmos pessoas melhores. Temos de ser otimistas! Vamos esquecer as dificuldades que vivemos. Do que vale alimentá-las?

Esse comportamento positivo modifica o carma. Alguns estudiosos espiritualistas afirmam que o carma não pode ser modificado. E eu afirmo o contrário: o carma é modificável! E vocês sabem por quê? Porque a função da lei de ação e reação não é punir, e sim educar. Se nos iluminarmos, os obstáculos da vida perdem a sua utilidade dentro de nosso processo evolutivo.

No campo das doenças cármicas podemos aplicar essa ideia muito bem. A nossa cura está dentro de nós. O amor cura como nenhum outro remédio do mundo. Amar gera uma luz sublime tão grande no íntimo de nossas almas que se irradia por todo o nosso corpo espiritual e depois pelo físico. Se o homem comum imaginasse como é grande o poder do amor... O amor cura; o ódio gera doenças. Aquele que odeia, deseja vingança, guarda rancores, destrói a si próprio.

Achar que determinada doença é carma só alimenta essa situação, compreendam isso. Não estabeleçam sintonia com o sofrimento. Vejam o lado positivo de tudo na vida!

Lembrem-se sempre de que o carma não é imutável. É apenas uma lei natural de evolução que pode ser manipulada em nosso benefício. Quem tem sabedoria espiritual modifica o seu carma através de ações positivas. A autocura é o melhor caminho para reencontrar-se com a saúde. Doenças não sobrevivem em um corpo em que sua alma está iluminada.

Os cientistas nos afirmam que o processo de renovação celular de nossos corpos restaura totalmente o nosso corpo dentro de um período de poucos anos. E se a renovação celular é conduzida pela nossa mente, vamos realizar esse processo com células saudáveis, impregnando-as de vibração positiva. Os sábios gregos já diziam: "mente sã em corpo são".

Rafael fez mais uma breve pausa para molhar a garganta e foi interrompido por uma pergunta:

— Meu irmão, e como podemos anular o nosso carma se algumas vezes nem identificamos o motivo que o gerou?

O sábio orador meditou e disse:

— Na verdade isso não é tão relevante! O universo é amplo em possibilidades. Basta que venhamos a amar ao nosso próximo indistintamente, em todos os momentos de nossa vida, de forma sincera, que certamente estaremos atingindo o fato gerador do carma, pois a espiritualidade sempre coloca em nosso caminho exatamente aquilo de que necessitamos para a nossa evolução.

Nesse caso devemos ser sinceros. Não adianta tapar o sol com a peneira. Algumas vezes queremos melhorar só o que nos é confortável, fazendo vistas grossas para aquilo que mais precisamos mudar.

Pegue por exemplo alguém que se torna mais caridoso com os vizinhos e colegas de trabalho, mas não perdoa o irmão de sangue que o prejudicou há anos. Provavelmente o fator gerador de seu carma reside justamente na transformação que lhe é mais difícil. No caso citado, o perdão ao irmão de sangue.

Como eu disse, mais vale fazer uma varredura geral em nossas imperfeições do que alimentar carmas negativos.

Ele sorriu e perguntou para o público:

— Vocês perceberam aqui a presença do primeiro alicerce do Universalismo Crístico, o amor ao próximo?

A assembleia sorriu e fez um gesto positivo com a cabeça.

— Vou aproveitar esse gancho para falar de outra crença equivocada no cenário espiritualista.

Rafael sorriu e brincou com o público:

— Vejam bem, mais uma vez. Eu estou tocando nos pontos nevrálgicos de cada religião porque são eles que precisam de médico. Obviamente todas possuem muitos pontos positivos que merecem ser agregados ao Universalismo Crístico.

O nobre expositor fez uma breve pausa e prosseguiu:

— Refiro-me aqui à crença, dentro de alguns segmentos da Teosofia, no culto aos mestres ascencionados. Alguns adeptos dessa crença afirmam que recitar o mantra "eu sou" de Saint Germain ajuda a queimar os carmas e purificar o espírito.

Rafael colocou as mãos na cintura e falou:

— Meus amigos, purificar o espírito é bem possível, pois estaremos entrando em um estado vibracional superior, mas só se consegue queimar carma pela correção do mal cometido, ou seja, através da prática direta do Bem. Não se iludam com relação a isso. Mesmo porque aquele que fica em pleno estado de meditação e purificação jamais consegue perfeita harmonia de espírito se ainda estiver em desavença com algum irmão, ou realizando práticas antifraternas. Não existe queima de carma sem reforma íntima e harmonização com o seu próximo. Não se enganem com relação a isso.

Percebam que não existe segredo nem fórmulas mágicas. A lei de Deus é precisa e imutável, assim como as leis naturais que mantêm o Universo e a vida na Terra em perfeita harmonia.

Quem crer em seu potencial realizará maravilhas desde que transite pelo mundo com sabedoria, amando e respeitando os seus semelhantes.

Já aqueles que preferem se lamentar e acreditar que nasceram para pagar carmas e que jamais serão felizes receberão exatamente isso, porque somos o que pensamos. O Universo responde exatamente da forma como pensamos.

Rafael ergueu os braços e falou:

— Tenham fé, meus irmãos! E creiam que Deus nos criou para a glória e não para o sofrimento. O carma é somente um instrumento para nos despertar para o caminho da Luz. E ele só é acionado por nossa própria imprudência em fugir da lei áurea.

Somos os filhos amados do Pai! Aquele que rompe com a alienação espiritual em que vive e procura espiritualizar-se, independente das religiões, liberta-se do labirinto de dores e sofrimentos.

Nada é mais claro sobre esse assunto que a inesquecível frase de Jesus: "a cada um é dado segundo as suas obras".

O anunciador da Nova Era fez breve pausa e depois concluiu:

— Amigos! Em resumo é isso. Não nascemos para sofrer. Isso é circunstancial. E somos filhos de Deus com poder para mudar os nossos destinos, de forma ilimitada. Basta que tenhamos sabedoria e amor para isso.

Rafael então agradeceu a presença de todos e foi mais uma vez ovacionado pelo público. Quando estava para descer do palco, um homem subiu e caminhou em sua direção.

A plateia ficou observando atenta enquanto ele conversava ao pé do ouvido com o jovem sábio. Rafael ouviu atentamente e fez um sinal de que estava de acordo.

O distinto espectador então pegou o microfone e falou:

— Pessoal! Eu tenho assistido às últimas apresentações desse jovem brilhante e estou tão impressionado quanto vocês. Hoje percebi que esse auditório está ficando pequeno para um público que cresce a cada reunião. E na semana que vem deveremos trazer os nossos filhos, como nos pediu Rafael.

Portanto ofereci a ele o Ginásio do Ibirapuera para a semana que vem. Eu tenho contatos que permitirão a liberação do local para esses encontros, mesmo eles sendo semanais.

Assumi o compromisso com Rafael de colocar na semana que vem 5 mil pessoas nesse auditório. A capacidade máxima é 11 mil. Eu divulgarei maciçamente, mas peço-lhes que me ajudem a atingir essa meta, para que possamos irradiar a luz do Universalismo Crístico ao maior número de pessoas.

A plateia então se levantou e aplaudiu de pé. Várias pessoas fizeram votos de auxiliar na conquista de um público muito maior para a reunião seguinte.

Rafael então cruzou os braços e ficou recostado na mesa, apreciando a empolgação de todos. Enquanto todos comemoravam o êxito de seu trabalho, ele se mantinha tranquilo, sem esboçar nenhuma reação, mas era inegável a alegria em seus olhos. Talvez ele estivesse meditando na responsabilidade cada vez maior que surgia em seu caminho, dizendo para si mesmo: "Tudo posso Naquele que me fortalece" ou o "Senhor é o meu pastor, nada me faltará!".

À medida que as pessoas saiam do auditório, olhavam com admiração para aquele jovem gigante, que com tão pouca idade demonstrava a sabedoria dos mestres mais destacados. Ele, então, acenava para elas com um sorriso simples, mas carinhoso, e um discreto sinal com a cabeça.

Depois ele se voltou para os amigos e disse-lhes a famosa máxima de Jesus:

— Peça e obterá! Bata na porta e ela se abrirá! O Universo conspira a favor de quem tem fé.

12
Encontro no parque

Na sexta-feira pela manhã, o dia nasceu exuberante. O sol brilhava intensamente na capital paulista. Rafael colocou uma bermuda até os joelhos. Vestiu uma camisa pólo branca e tênis de corrida. Prendeu os cabelos num rabo-de-cavalo, vestiu um boné azul-claro e dirigiu-se para o Parque do Ibirapuera. Ele havia marcado um encontro com Érica próximo ao Pavilhão Japonês, na área central do parque.

Eles haviam combinado de correr pela manhã e depois descansar no amplo espaço da Praça da Paz, onde geralmente ocorrem shows reunindo milhares de pessoas. Rafael chegou um pouco antes e aproveitou para meditar em posição de lótus sob uma árvore acolhedora.

Desde criança ele tinha esse hábito, que impressionava muito os seus pais. Era uma herança inconsciente de suas encarnações no Oriente, onde frequentou várias escolas iniciáticas em busca da Verdade que agora ele ensinava com tanta propriedade.

Naqueles momentos de reflexão ele pensou sobre os seus objetivos e responsabilidades, mas principalmente sobre o tema de sua próxima palestra, que seria de fundamental importância para a compreensão do Universalismo Crístico.

Érica logo chegou e sentou-se ao lado do amigo, aguardando que este voltasse de sua "viagem mental". A linda menina estava vestida com um abrigo esportivo branco e tênis da mesma cor. Os seus longos cabelos castanhos também estavam presos para não atrapalhá-la durante a corrida.

Na boca, apenas um brilho, ressaltando os seus lindos e atraentes lábios. A sua beleza natural dispensava qualquer outro recurso. Somente um sorriso seu era suficiente para cativar o coração de qualquer romântico desavisado. Érica, no auge de seus 16 anos, já possuía a misteriosa beleza da alma, algo que vem de dentro e se expressa sutilmente em pequenos gestos e olhares. Raras mulheres conseguem essa beleza espiritual com tão pouca idade. Algumas precisam a experiência de uma vida inteira para obter uma pequena fração do que Érica já possuía de forma natural, fruto do seu avançado quilate espiritual, conquistado em séculos de dedicação à causa do amor crístico.

Alguns instantes depois Rafael despertou de seu "transe" e percebeu a presença da querida amiga ao seu lado. Ela sorriu e falou, em um tom suave, mas irônico:

— Vamos lá! Não vejo a hora de vê-lo correndo atrás de mim e me pedindo para parar... Vamos ver como está o seu fôlego.

O iluminado rapaz fez um gesto significativo, com a intenção de desafiá-la, e falou com carinho:

— Meu bem! Vamos correr 12 quilômetros sem parar. Não quero ouvir choro, hein?

Os dois sorriram, se abraçaram e se beijaram com imensa ternura. Érica então lhe perguntou:

— Você falou com Tadeu depois da última reunião?

Rafael sorriu e disse:

— Sim! Ele me contou tudo o que aconteceu entre ele e Laura antes de iniciarmos a palestra. Fico muito feliz por eles. Tadeu estava angustiado com essa situação. Assim ele conseguiu aliviar o seu coração.

Érica ficou olhando para Rafael de uma forma indagadora enquanto se aquecia para iniciar a corrida. O jovem iluminado compreendeu a intenção daquele olhar, mas preferiu manter-se na defensiva.

Depois de concluírem o aquecimento, ambos se prepararam e disseram a uma só voz:

— Já!

Durante todo o tempo em que correram, nada falaram, apenas trocaram olhares. Somente quando contornavam o lago do parque, próximo das fontes, local de onde se pode ver em destaque o imponente Ginásio do Ibirapuera, é que o jovem sábio falou:

— Em breve falarei a um público de mais de 10 mil pessoas nesse ginásio. E no futuro serão muitas mais, em locais ainda maiores.

Ele meditou por alguns instantes e concluiu:

— Eu sinto isso como se já estivesse acontecendo. Parece algo inevitável! É como se estivesse escrito nas estrelas há muito tempo...

Érica olhou para ele com admiração e falou, sem diminuir o ritmo:

— Pensando desse jeito, com tamanha convicção, você vai conseguir mesmo! Não tenho dúvida.

Ele suspirou e disse, enquanto olhava de lado para o ginásio, que já estava ficando fora de seu foco de visão:

— Sim! O Universo ouve os nossos desejos. Basta crermos nisso com a fé do tamanho de um grão de mostarda...

Assim, no final do percurso estabelecido, ambos já estavam completamente sem fôlego, mas conseguiram concluir a meta estipulada de doze quilômetros.

A doce menina então falou com uma expressão cansada, mas feliz:

— Quase não conseguimos!

Ele olhou para ela, ofegante, e respondeu:

— Combinamos de não conversar para não prejudicarmos a respiração. Mas os seus olhares descompassaram o meu coração...

E depois concluiu de uma forma divertida, enquanto apoiava as mãos nos joelhos:

— Isso não vale! Foi golpe baixo!

Os dois sorriram e ela respondeu, com as mãos na cintura e ofegante:

— Você também fez isso, estamos empatados. E você também fala mentalmente, Rafael. Eu ouço o que você diz e ouço o que você sente. Eu que fui prejudicada, oras!

Rafael se apoiou em uma árvore para alongar-se e disse:

— Bom, empatamos e é o que importa. Nós dois vencemos.

Érica concordou.

— Rafael, por favor, você pode pegar os meus braços e alongar minhas costas?

Ele se aproximou da amiga e, quase efetuando um abraço, esticou os braços da amiga. Rafael praticamente a ergueu à sua altura, aproximando os seus rostos. A respiração de ambos ficou mais ofegante e os olhares denunciaram uma intensa paixão. Era inevitável!

Depois de alguns instantes Rafael se perturbou e afastou-se da amiga para se alongar sozinho. Em seguida ele disse:

— Algo mudou profundamente em nossa amizade. De uns dias para cá, sinto uma intensa emoção quando estou perto de você. Algo que não consigo controlar, e que também não quero controlar...

Érica silenciou por alguns instantes e depois falou com voz tímida:

— Mudou para você. Eu já tenho esse sentimento há muito tempo na sua presença. Mas é uma sensação gostosa. Sinto-me em paz ao seu lado, como se estivesse onde sempre deveria estar.

Ela resolveu olhar nos olhos do amor de sua vida e prosseguiu:

— Aquele dia em que você confessou ter medo de eu viajar para longe eu achei tão estranho... porque acredito que não conseguiria viver sem a sua presença. Acho que eu não sobreviveria à distância. Eu sinto que meu destino está atrelado ao seu de alguma forma.

Rafael abraçou a amiga com um carinho especial e falou:

— Eu também sinto isso. E é exatamente o que me preocupa.

Os dois então terminaram os exercícios e foram sentar-se sob a sombra acolhedora de uma árvore. Rafael mirou o horizonte, com um semblante preocupado, enquanto apreciava a paisagem.

— Sabe, Érica? É exatamente isso que me preocupa. Não gosto de estar sem o controle da situação, no caso, de meus sentimentos! Isso é algo novo para mim. Sempre tive o domínio de tudo em minha vida, mas agora me sinto refém de algo que desconheço. Eu procurei desde criança ser senhor de meus sentimentos, mas agora me encontro sem rumo...

Érica se entristeceu e disse:

— Desculpe-me, Rafael, mas não tenho culpa. Esse sentimento é algo que nasce de uma forma que desconhecemos. Em momento algum quis aprisionar você... Fiz de tudo para você não perceber. Eu esperava até que você jamais notasse. Apesar de desejar muito isso...

Para mim é um sentimento muito espiritual. A sua amizade e o seu carinho já me são suficientes Em nenhum momento quis povoar a sua mente com essa preocupação, ainda mais que sei de seu desejo de dedicar-se exclusivamente ao projeto do Universalismo Crístico.

Rafael se aproximou dela e acariciou os seus lindos cabelos, que agora estavam soltos, promovendo um elegante bailar a cada movimento da graciosa moça. Com um olhar apaixonado ele disse, olhando profundamente em seus encantadores olhos:

— Por Deus, Érica! Não se desculpe por um sentimento tão lindo. E você não tem culpa de nada. O que podemos fazer se isso aconteceu? Acredito até que seja algo que é da vontade de Deus. O que me deixa confuso é que estou com os meus pensamentos meio perdidos. Não gostaria que fosse assim...

A minha capacidade de concentração foi severamente abalada! Algumas vezes me pego horas pensando em você. Deito para dormir e é você que habita os meus pensamentos, e quando acordo, poucos segundos depois, você está lá novamente, como se a minha mente estivesse aprisionada a sua fascinante imagem.

Não sei explicar o que é isso! Sinto-me feliz, mas também

angustiado com esse apego a você. Nos últimos dias, quando você ia para a casa, poucas horas depois eu sentia uma saudade incontrolável, mesmo sabendo que a veria no dia seguinte. Isso é uma loucura!

Rafael se levantou, caminhou de um lado ao outro, com as mãos sobre os quadris, e voltou a falar, com um tom de voz inseguro:

— Eu fico preocupado de esse sentimento prejudicar a minha missão! A cada dia me convenço mais de que estou encarnado aqui para ser o precursor do Universalismo Crístico na Terra e também para preparar o terreno para os anjos de luz que estão chegando com o objetivo de transformar o mundo na Nova Era. Não posso falhar na minha missão.

Nesse instante, duas grossas lágrimas correram dos olhos da bela menina e ela falou com voz trêmula:

— Mas por que o meu amor por você tem de ser interpretado como um obstáculo? Nós não podemos transformá-lo em um sentimento sólido e trabalhar juntos pelo seu ideal? O que você idealizou é a síntese de tudo a que aspiro para a minha vida. Eu amo o seu ideal assim como amo você. Não consigo me imaginar ao lado de mais ninguém nesse mundo. Ou fico com você ou viverei sozinha, mas ao seu lado, lutando pelo Universalismo Crístico e pela construção de um mundo melhor.

Ela enxugou as lágrimas com os antebraços e falou, com a sua encantadora voz agora asfixiada pelo pranto:

— Você despregou os meus pés do chão para me fazer voar a um mundo novo e me ensinou a ver o céu ainda mais profundo. Como posso não te amar para todo o sempre?

O coração de Rafael mais uma vez ficou descompassado por causa da forte emoção. A expressão "eu te amo" possui uma força espiritual inexplicável, ainda mais quando pronunciada por lábios que nos são especiais.

Ele então se aproximou da amiga e a abraçou forte. Érica pôde sentir as batidas de seu coração e sorriu. Sim, ele sentia o mesmo! Nesse instante ela o apertou para si com toda a força, querendo reter em seu peito aquele que lhe era o mais importante tesouro do mundo.

Rafael então meditou por alguns instantes e disse-lhe, com ternura:

— Sim! Claro que sim. Eu quero você ao meu lado. Você não me atrapalha... Muito pelo contrário! Na verdade você me traz inspiração e paixão pela vida, dando-me uma motivação especial para alcançar os meus ideais. Esse sentimento me motiva a me tornar cada dia melhor para estar à altura do seu amor. Mas é difícil de explicar...

Eu sempre desejei amar a toda humanidade incondicionalmente. Agora surge repentinamente a ideia de prender-me a um amor exclusivo. Isso me preocupa demais. O amor humano é o amor do ego! Os casais em geral se aprisionam ao apego, não querendo dividir os seus cônjuges com mais ninguém.

Logo chegam os filhos e essa afeição exclusivista torna-se mais intensa. E assim aos poucos morre o homem idealista para dar espaço ao pai de família, que termina se voltando exclusivamente para o interesse dos seus, esquecendo-se dos problemas da humanidade. A batalha diária para dar boas condições emocionais e financeiras à família cria um isolamento do mundo, levando-o a esquecer dos nobres ideais que acalentava de forma sagrada.

Rafael então soltou os seus longos cabelos e passou a mão por eles, procurando respostas. Depois de breves instantes, por fim, ele falou, com voz serena:

— Não sei se eu teria estrutura emocional para terminar os meus dias sentado em frente a uma televisão, comendo pipoca e assistindo a esses deprimentes programas de domingo. O meu sonho de realização pessoal e espiritual é proclamar ao mundo uma revolução espiritual verdadeira e transformadora. Quero peregrinar por esse país falando sobre isso por todos os cantos. E também realizar ações comunitárias... Caminhar entre os povos do mundo, conhecer as suas culturas, os anseios das pessoas. Espiritualizá-las, Érica! Descortinar os seus olhos para a sua verdadeira essência espiritual. Eis o meu sonho dourado nesse mundo de Deus.

Não posso me conformar enquanto o mundo for escravo dessa alienação espiritual em que vivemos. Não vou descansar enquanto os meus olhos tiverem que enfrentar a triste realidade de observar pessoas vivendo a vida como se fossem robôs, sem compreenderem o seu verdadeiro objetivo.

O mundo vive escravo de uma compreensão humana da vida, e necessita ser despertado para uma essência verdadeiramente espiritual. Você sabe bem disso! Não se trata de religiosidade, mas sim de espiritualidade. Essa é a tônica da Nova Era!

Ele passou a mão delicadamente no rosto de seu amor e falou:

— Vim ao mundo para isso... Acima de tudo, para isso. E quem estiver ao meu lado terá de aceitar e viver essa realidade. Prender-me em uma gaiola, cortando-me as asas, ou seja, afastando-me do mundo que preciso esclarecer, é como matar meu espírito.

Érica ficou com os olhos úmidos de emoção e disse:

— Não tema quanto a isso! Jamais eu faria algo que vai

também contra os meus desejos. Eu te amo pelo que você é! Jamais cortaria as suas asas e prejudicaria os seus projetos, que no fundo também são meus.

Eu gostaria de formar-me em Medicina e até trabalhar pela Cruz Vermelha em regiões de conflito. Dói meu coração ver aquelas pessoas sem assistência médica alguma, sem direto a uma vida de dignidade e paz.

Ela sorriu, secando as lágrimas que ainda escorriam descontroladas de seus lindos olhos verdes, e completou:

— Além disso, detesto ver televisão. Você não teria a minha companhia para esses programas...

Os dois riram muito da forma engraçada como ela falou essa última frase. Já mais tranquila, Érica concluiu:

— E se porventura tivermos filhos, eles serão os nossos parceiros, e não escravos dessa sociedade alienada. No inicio andarei com eles nas costas, como fazem as índias. Assim poderemos realizar trabalhos comunitários sem ficarmos presos aquela estrutura familiar que também não me atrai.

Ela meditou por alguns instantes, enquanto Rafael voava longe em pensamento, e depois falou:

— Mas por que estamos falando sobre isso? Não é muito cedo para falarmos em casamento e filhos?

Os dois riram muito daquela conversa insólita para adolescentes, e depois Rafael respondeu com um tom de voz inesquecível, enquanto acariciava o rosto da querida amiga:

— É porque se eu começar a namorar você, não vou largar nunca mais. Eu sei disso!

Érica olhou para ele com os olhos repletos de amor, mas nada disse. Depois os dois ficaram por alguns minutos com os seus olhares perdidos no horizonte, meditando sobre aquele momento lindo, mas tão complexo para jovens responsáveis como eles. A bela menina então olhou para Rafael e disse, com um tom de voz suave, quase sussurrando:

— Prometo que jamais cercearei a sua liberdade. Você poderá decidir os rumos da sua vida sem nenhuma imposição da minha parte.

Rafael olhou para ela tentando conter o riso, mas não conseguiu. Érica, então, perguntou indignada:

— Rafael, por que você está rindo? Isso é sério!

Ele tentou segurar as gargalhadas e disse:

— Desculpe, mas desde que me conheço por gente o meu pai diz que a minha mãe lhe prometeu isso... E que até hoje ele está esperando o cumprimento da promessa.

Os dois começaram a rir abertamente, divertindo-se com

a história. Depois eles deitaram na grama, com o olhar voltado para o céu, momento em que Rafael segurou a mão de Érica, sob intensa felicidade.

Ela então virou a cabeça para ele, que no mesmo instante apoiou-se sobre o cotovelo com o objetivo de se aproximar do rosto da mulher amada. Rafael ficou por alguns instantes mirando-a com o olhar.

Naquele instante um pequeno gatinho surgiu do nada, ronronando, querendo se aninhar no colo de Érica. A protetora dos animais logo lhe deu guarida. Ambos sorriram e Rafael disse brincando:

— Acho que ainda vou ter que dividir você com todos os nossos irmãos menores: os animais...

Ela sorriu de forma sutil, mas logo ficou séria, aguardando o momento que não poderia mais tardar... Rafael então olhou para o céu, meditou por alguns instantes e depois disse:

— Meu Deus, seja feita a Sua vontade. Vou me entregar aos braços dessa encantadora menina.

Ambos sorriram mais uma vez e depois de alguns instantes ficaram novamente sérios, como que aguardando o momento solene, quase mágico, que uniria os seus destinos. Rafael, então, se aproximou lentamente dos lindos lábios da mulher amada e ficou olhando-a profundamente nos olhos, como se estivesse aguardando uma sutil autorização. Os olhares angelicais de ambos trocavam infinitas confidências, rememorando inconscientemente dezenas de experiências em vidas passadas.

Érica esboçou um delicado sorriso e fechou os olhos, indicando o seu desejo de selar a união com um beijo sagrado. Rafael então encostou os seus lábios nos de sua amada e uma torrente de energias irradiou-se de uma forma que abrangeu toda área do imenso parque.

Por toda aquela região os transeuntes sentiram uma sensação de amor e paz inexplicáveis. Alguns amigos que conversavam animadamente, enquanto caminhavam, começaram a se abraçar sem explicação. Namorados pararam o que estavam fazendo para se beijarem imediatamente, como se algo os tivesse despertado um infinito amor.

Uma fonte de luz imponderável brotou, resultante do amor dos dois anjos. Os homens no futuro conseguirão perceber claramente o potencial energético liberado por ações voltadas para o amor. Quanto mais avançado é o espírito gerador desse nobre sentimento, mais fantástica é essa energia, fato comprovado pelas curas realizadas por Jesus, que era um despertador energético fantástico naqueles que estavam preparados para receber a Luz. Não basta querer receber, é preciso estar pronto...

Depois desse momento sublime, o casal angelical ficou longos minutos apenas se admirando, meditando sobre a beleza do amor, ainda mais entre almas que compreendem o que é esse sentimento de uma forma puramente espiritual.

Em seguida se levantaram e caminharam abraçados pelo parque. Rafael então disse a Érica:

— Meu amor, o nosso ideal está crescendo. Imagine só! Apresentarmos o Universalismo Crístico no Ginásio do Ibirapuera?

Ela concordou e disse:

— Sim! É fantástico. Eu espero que aquele homem que sugeriu a ideia consiga mobilizar 5 mil pessoas. Imagine? Isso é um aumento de público de mais de mil por cento...

Rafael concordou e disse:

— Sim! Ele conseguirá. Acredito que ele sabia do que estava falando e tem aptidão para reunir pessoas. Além do mais, ele me preveniu que nas semanas subsequentes pretende atingir a lotação do ginásio.

O jovem profeta sorriu e falou:

— Adorei esse empurrãozinho do Alto!

Érica arregalou os olhos e disse:

—Fantástico.

O profeta anunciador concordou e completou:

— Sim, 11 mil pessoas. Se eu não acreditasse no poder da fé e do pensamento positivo, talvez estivesse duvidando. Mas não duvidarei, pois sei que as atitudes pessimistas são o maior obstáculo para as grandes realizações.

Eu sei que isso já estava escrito... Tem certas coisas que não podem ser mudadas, porque fazem parte do Grande Projeto Divino. Mesmo que eu quisesse, não conseguiria reter o que está para acontecer... Tudo flui de dentro de mim, por vontade de Deus. O rio precisa seguir o seu curso naturalmente.

Érica apenas acompanhava os pensamentos de seu amor, com admiração, enquanto caminhava abraçada a ele. Rafael meditou por mais alguns instantes e voltou a falar:

— Tudo acontece exatamente ao seu devido tempo. A próxima reunião será uma das mais importantes e é ela justamente a que terá o maior público até agora. Eu terei de explanar rapidamente os princípios do Universalismo Crístico antes de começarmos, já que muitas pessoas estarão nos assistindo pela primeira vez.

Eu vou precisar da ajuda mais direta de vocês. Não poderei dar conta de esclarecer e conversar individualmente com as pessoas no final das reuniões. Eu quero que vocês me ajudem, esclarecendo as dúvidas que sempre persistem no final desses encontros.

Érica assentiu com a cabeça e respondeu com ternura:

— O que você quiser, meu amor! Eu estou aqui para ajudá-lo.

Ele a beijou com ternura e ambos se dirigiram para a casa de Rafael para almoçar.

Os transeuntes que cruzavam com eles pelas ruas conseguiam observar apenas dois namorados apaixonados, mas não tinham condição alguma de perceber que ali se encontravam duas elevadas almas imbuídas do mais precioso ideal da Nova Era: a revolução espiritual do terceiro milênio.

13
Crianças Índigo:
Espíritos iluminados ou em evolução para a Nova Era?

Quando Rafael chegou ao Ginásio do Ibirapuera, logo percebeu que a promessa do misterioso espectador seria cumprida. Pelo movimento ao redor do ginásio haveria mais de 5 mil espectadores. Um agradável frio na barriga o fez lembrar de sua responsabilidade naquela hora.

Ele apenas meditou intimamente e pensou:

— Obrigado, meu Deus! Eu sei que tenho condições de realizar essa tarefa. O Senhor é o meu pastor, e nada me faltará!

Ao entrar ele pôde ouvir a voz do organizador do evento falando ao microfone:

— Meus amigos! Nós conseguimos realizar o que combinamos. A meta era trazer a esse ginásio 5 mil pessoas para essa noite, mas conseguimos mais. Eu quero fazer-lhes uma proposta. Uma proposta de luz!

Se o que vocês ouvirem aqui nessa noite tocar os seus corações, cada um trará mais uma pessoa para na próxima reunião lotarmos as dependências desse ginásio. Essa mensagem que ouvirão hoje transformará as suas vidas. Posso garantir!

Abram os seus corações e perceberão que um novo mundo se descortinará aos seus olhos. Tudo o que sempre procuramos sobre espiritualidade está na mente desse jovem rapaz de apenas 17 anos.

Ele representa um novo ciclo de evolução espiritual da humanidade. Todo aquele que não encontra respostas nas religiões deve ouvi-lo!

Ao escutar aquelas palavras, Rafael deixou escapulir uma lágrima de emoção e perguntou para o amigo Eduardo, com a voz embargada:

— Mas quem é esse homem, Eduardo?

O amigo sorriu.

— Sinceramente não sei dizer! Mas tenho certeza de que ele foi enviado por Deus.

Rafael concordou com um gesto sereno e depois foi se preparar para a sua exposição. Ele se retirou para um canto isolado e lá fez uma oração íntima, fervorosa, pedindo a Deus, a Jesus e aos grandes mestres espirituais que lhe inspirassem naquela noite.

Aqueles que eram os seus amigos mais próximos logo perceberam que seu semblante havia mudado. Naquele instante, após a oração, ele não estava mais sozinho. Era visível que ele havia estabelecido uma conexão mediúnica com o Alto.

Ele rapidamente subiu ao palco montado no centro do ginásio e foi recebido por efusivos aplausos. O homem misterioso então fez sinal para que ele se aproximasse e o abraçou com grande afeto.

Rafael retribuiu e depois perguntou, longe do microfone:

— Mas quem é você?

O nobre senhor sorriu e apenas respondeu:

— Isso não é importante... O importante é que a sua mensagem transformou a minha vida e quero que aconteça o mesmo a todos os meus irmãos... Não faço isso por você, mas pela mensagem de que você é portador. Eu sei que você não fala apenas por sua boca, mas pela boca dos anjos.

Agora vá até aquele microfone e faça aquilo pelo qual você desceu a Terra. Cumpra a sua missão! O resto, deixe por minha conta.

O homem misterioso deu uns tapinhas nas costas de Rafael e o conduziu até o centro do palco. E novamente o público se ergueu e o aplaudiu.

O jovem sábio sorriu e ergueu a cabeça em direção à imensa abóbada do ginásio. Em seguida, ele pensou:

— Esse local foi palco de atividades esportivas que oferece oportunidade, disciplina, formação social e muitas outras coisas aos jovens. Uma benção divina! Mas agora será palco de algo inigualável: o principio da transformação espiritual para o terceiro milênio.

Rafael orou em silêncio, agradecendo a Deus pela oportunidade, e quando abriu os olhos pôde visualizar aquele ginásio na sua dimensão espiritual. Ele viu diversos soldados espirituais protegendo o ambiente e as entradas do ginásio das investidas das sombras que desejavam destruir o projeto de luz do qual Rafael era um dos emissários divinos.

Junto a ele, grandes mestres confabulavam, como se estivessem preparando o tema a ser debatido, do qual Rafael seria o canal. Ele pôde perceber também a ampla plateia espiritual que se desdobrava acima do publico de encarnados. Estes estavam em número muito superior. Talvez quatro vezes mais que os encarnados presentes. Rafael então abaixou a cabeça e novamente meditou:

— Meu Deus, eu serei digno dessa missão?

No mesmo instante ele ouviu em sua mente a seguinte frase:

— Tu és meu filho bem-amado! Quando te criei, assim como a todos os demais, te criei para a glória. Tem fé e nada te será impossível!

Rafael apenas balbuciou um sincero "muito obrigado, meu Pai". E dirigiu-se para o microfone.

Rapidamente ele convidou todos para uma singela oração e depois disse:

— Meus queridos amigos, como o nosso público aumentou significativamente da semana passada para esta, sinto-me na obrigação de expor rapidamente o que é o Universalismo Crístico, seus objetivos e seus três princípios básicos. Assim aqueles que estão participando dessas reuniões pela primeira vez poderão ter uma ideia mais clara de nossa proposta.

E assim Rafael fez. De forma muito sucinta ele falou sobre o projeto espiritual que abraçara e deu ênfase especial aos três alicerces dessa revolução espiritual, que reproduziremos novamente para que o leitor jamais esqueça:

O primeiro alicerce: *o amor ao próximo como a si mesmo, buscando cultivar as virtudes morais de forma verdadeira e incondicional, refletindo diretamente o amor do próprio Criador.*

O segundo alicerce: *a crença na reencarnação do espírito e do carma, pois sem esses princípios não existe justiça divina.*

O terceiro alicerce: *a busca incessante pela sabedoria espiritual aliada ao progresso filosófico e científico com o objetivo de promover a evolução integral da humanidade.*

Após esta exposição inicial, Rafael falou, com determinação, já conquistando o público com a sua voz segura e cristalina:

— Meus amigos, para melhor compreendermos o tema dessa noite é necessário entendermos também o momento espiritual que estamos vivendo. A humanidade, sempre entorpecida pela rotina da vida material, mal percebe que estamos vivendo um período inesquecível da evolução espiritual da Terra.

Rafael meditou por alguns instantes e voltou a falar:

— A Terra, assim como os filhos de Deus que aqui encarnam sistematicamente, está dentro de um programa evolutivo traçado pelo Criador. Ao final desse estágio de evolução, os espíritos são avaliados com o objetivo de verificar se atingiram o patamar de progresso traçado para o nosso mundo.

Aqueles que não evoluíram segundo as metas traçadas para a Terra deverão ser exilados para um mundo inferior, onde possam repetir o estágio de aprendizado que negligenciaram por séculos e séculos, nas diversas encarnações a que todo o filho de

Deus é submetido em sua evolução infinita.

A cada final de estágio de ciclo evolutivo ocorre esta avaliação com vistas ao processo de seleção espiritual para o início de uma nova etapa de evolução. Jesus, em sua passagem pela Terra, nos deixou claro este processo ao comentar em seus ensinamentos sobre o "juízo final". O sábio instrutor orientou-nos também alertando-nos que "a semeadura é livre, mas a colheita é obrigatória", ou seja, deveríamos responder pelos nossos atos. Além destas afirmações, Ele nos esclareceu que inegavelmente haveria um método de seleção espiritual que apartaria os lobos das ovelhas, o joio do trigo e os da esquerda dos da direita do Cristo!

Com o passar dos séculos a nossa humanidade adquiriu os primeiros traços de civilidade. Até que há 2 mil anos desceu ao mundo físico o governador espiritual do planeta Terra, o próprio Jesus, e traçou o programa definitivo de redenção espiritual da humanidade de nosso mundo. Então, um prazo de 20 séculos foi estipulado para os espíritos que aqui evoluem atingissem esta meta, sendo que este período está se esgotando e um novo exílio planetário está se processando. Os espíritos rebeldes serão expurgados da Terra para um mundo primitivo.

Não falo isso para assustá-los, mas para que tenham noção de que estamos vivendo um processo de transição para uma Nova Era. Aqueles que em suas diversas encarnações compreenderam e viveram conforme a mensagem do Cristo Planetário da Terra, trazida ao mundo através de todos os seus avatares, prosseguirão reencarnando na Terra. Jesus nos disse: "Bem-aventurados os mansos e pacíficos, porque herdarão a Terra". Já os rebeldes serão exilados para um mundo inferior, onde reiniciarão o seu processo evolutivo.

O que nos interessa na palestra de hoje é falar sobre os que prosseguirão reencarnando na Terra, as almas que nos últimos dois milênios decidiram, muitas vezes de forma heróica, se tornar as ovelhas, o trigo, os da direita do Cristo, conforme relatado nas parábolas do Mestre dos mestres. Essas são aquelas almas que nos últimos séculos se dedicaram a uma transformação espiritual, em busca de evolução.

Rafael realizou uma breve pausa para observar se o imenso publico estava compreendendo a sua mensagem. A grande maioria estava bem desperta, mas alguns, menos acostumados com discursos filosóficos, demonstravam dificuldade para se manterem atentos. O sábio instrutor então os alertou:

— Meus amigos, despertem as suas consciências. O que lhes falo não é tão complexo assim. Desliguem-se das suas rotinas. Esqueçam a novela decadente que estão perdendo nesse instante. Não estou aqui para evangelizá-los ou realizar uma lavagem cerebral em vocês. A minha tarefa é libertar as suas consciências. Não percam essa oportunidade.

O chamado sincero de Rafael pareceu surtir efeito. Muitos que estavam sonolentos se mexeram em suas cadeiras e passaram a prestar mais atenção. Ele percebeu o esforço coletivo e agradeceu com carinho. E em seguida falou-lhes:

— Estamos entrando no período que chamamos de "Nova Era" ou "Era de Aquário". Nesse período de transição gradualmente começaram a reencarnar na Terra as almas eleitas...

A transição planetária é o termo utilizado pela Alta Espiritualidade para identificar o período de mudança entre dois ciclos evolutivos. Neste espaço de tempo ocorrem as transformações necessárias no globo e o processo de exílio planetário, momento em que os espíritos que são identificados como o "joio" são afastados do processo de reencarnação no mundo físico e são encaminhados para o posterior translado, para a sua nova escola planetária.

Este período de transição planetária abrange em torno de 100 anos do nosso calendário, sendo que o atual período iniciou-se no último quarto do século passado (por volta de 1975) e estará concluído em meados do ano 2075. No decorrer desse período ocorrerá o gradual processo de reencarnação dos espíritos eleitos que já conquistaram o seu ingresso para viver na Terra da Nova Era, devido aos méritos alcançados em suas sucessivas encarnações do passado. Estes irmãos vitoriosos mudarão o cenário do mundo para um rumo de paz e amor.

O século 20 foi identificado no plano astral como o "século dos trabalhadores da última hora", em alusão à parábola de Jesus que convida aqueles que ainda não se elegeram para a Nova Era para que o façam agora, nesta última encarnação antes do Grande Exílio. Isto acarretou uma grande concentração de espíritos atrasados no plano físico em um mesmo período.

Na década de 1960 tínhamos encarnados no planeta 95% de espíritos atrasados. Essa carga astral instável quase acarretou um desequilíbrio generalizado em todas as áreas da evolução humana.

Mas agora vivemos um período diferente. Os rebeldes desencarnarão sistematicamente e o retorno gradual à vida física dos eleitos mudará a face do planeta, realizando um processo de grande avanço científico e moral para a humanidade de nosso planeta. Nos primeiros anos da década de 2070, vislumbraremos a Nova Era consolidada que surgirá após o processo de transição planetária. Enquanto os eleitos estiverem comemorando a vitória conquistada no processo evolutivo, os últimos espíritos rebeldes estarão sendo exilados para um mundo inferior, onde poderão externar todas as suas taras e desequilíbrios sem prejudicar o avanço de uma sociedade superior.

Lá, na "terra do ranger de dentes", como nos preceitua o Evangelho de Jesus, eles terão de lutar pela sobrevivência em meio a um ambiente selvagem, onde não terão tempo nem ânimo para promover o Mal.

Rafael novamente observou o público e percebeu que agora este estava mais atento, apesar da complexidade do tema exposto. A sua autoridade moral e intelectual sobre a plateia, que na maioria nem o conhecia, começava a surtir efeito.

— Toda essa introdução inicial é para falar-lhes da nova geração de eleitos que está reencarnando na Terra. Como já afirmei, estamos em um período de transição para a Nova Era, onde espíritos eleitos e aqueles que estão tendo a sua última chance estão reencarnando em nosso mundo.

Isso nos faz perceber que a cada novo nascimento na Terra estamos recebendo em nossos braços um espírito que merece todo nosso apoio e carinho para auxiliá-lo em sua jornada derradeira para obter o ingresso para a Nova Era na Terra ou um alma eleita que irá ajudar a modificar o cenário espiritual nas próximas décadas, mas que também necessita do apoio e formação dos pais.

Rafael silenciou por alguns instantes e depois prosseguiu perguntando:

— Vocês já pararam para se perguntar se os filhos de vocês não seriam almas especiais com a finalidade de promover um novo padrão de evolução espiritual na Terra?

O público manteve-se em silêncio, assombrado com a sabedoria daquele adolescente. O seu impressionante saber espiritual era um atestado incontestável do que ele afirmava. Ele, em si, era a personificação dos eleitos! Um missionário extraordinário em missão de esclarecimento na Terra!

Rafael andou de um lado ao outro do palco montado no centro do ginásio, enquanto tomava um copo de água. Aquela parada era estratégica para provocar reflexões no público. Depois de alguns breves minutos ele voltou a falar:

— Agora entraremos no tema de estudo dessa noite... O que quero lhes dizer é que a partir da década de 1970 começaram a reencarnar na Terra os eleitos para a Nova Era. Crianças espetaculares. Almas eleitas! Elas estão chegando para ajudar na transformação social, educacional, familiar e espiritual de todo o planeta, independentemente de fronteiras e de classes sociais. São catalisadores para desencadear as reações necessárias para as transformações. Essa nova geração nos ajudará a destituir dois dos principais bloqueios para a evolução espiritual da humanidade atual:

1. Diminuir o distanciamento entre o pensar e o agir. Nossa sociedade perdeu a noção do que é certo ou errado. Raros ainda conseguem manter lúcida a sua visão a esse respeito, mas não possuem força para agir de acordo com os verdadeiros valores morais. Aqueles que procuram a forma correta de viver frequentemente agem de maneira diferente do que pensam. Estas crianças e alguns já adolescentes vão nos induzir a diminuir este distanciamento, gerando assim uma sociedade mais autêntica, transparente, verdadeira, com maior confiança nos inter-relacionamentos, porque não faz parte de sua índole espiritual se acomodar ou ser conivente com o erro.

2. Elas também nos ajudarão a mudar o foco do "Eu" para o "próximo". Os exemplos da nova geração mostrarão que o mundo só terá harmonia quando abandonar o egoísmo e passar a pensar na coletividade. Como consequência, teremos a diminuição do egoísmo, da inveja e das exclusões, e uma maior solidariedade e partilha das riquezas e dos recursos do planeta.

Rafael fez nova pausa, sentou-se sobre a mesa no centro do palco e perguntou:

— Vocês podem estar se perguntando como estas crianças vão fazer tal transformação, que forças elas terão para isso em meio a uma sociedade mundial entregue à corrupção de valores.

A resposta é: através do questionamento e transformação de todas as entidades rígidas que as circundam. Começando pela família, que hoje se baseia na imposição de regras, sem tempo de dedicação, sem autenticidade, sem explicações, sem informação, sem escolha e sem negociação. Estas crianças simplesmente não respondem a estas estruturas rígidas porque para elas é imprescindível haver opções, relações verdadeiras e muita negociação.

Trata-se de uma geração que não aceita ser enganada porque tem uma intuição para perceber as verdadeiras intenções, sem medo. Intimidá-la não traz resultado, porque ela sempre encontrará uma maneira de obter a verdade. Essas crianças percebem as verdadeiras intenções e as fraquezas dos adultos. Elas serão os adultos do futuro. Um dia tomarão o poder e não se curvarão à hipocrisia de seus ancestrais.

Rafael fez uma breve pausa e depois voltou a falar:

— Muitos de vocês devem estar pensando: "mas essa é exatamente a característica de meu filho!". E as crianças presentes talvez pensem: "mas esse sou eu!"

Rafael sorriu para si mesmo. Sacudiu a cabeça, perdido em seus pensamentos, e em seguida falou:

— Agora vocês que me acompanham desde o primeiro encontro conseguem perceber a importância do Universalismo Crístico? Agora entendem onde quero chegar? A geração dos eleitos não se adaptará ao modelo religioso ortodoxo ao qual estamos acostumados. E isso já está acontecendo sob os nossos narizes. Quem tiver olhos para ver, verá!

Rafael sorriu e voltou a falar, dizendo:

— Aqueles que estão mais acostumados com estudos espiritualistas já devem ter percebido que estou me referindo às crianças que são denominadas "Índigo". Elas são assim chamadas porque as almas eleitas para a Nova Era possuem uma peculiaridade na cor de suas auras. Elas possuem uma sutil tonalidade da cor Índigo! Os médiuns que possuem a faculdade da clarividência podem perceber isso com certa facilidade.

O anunciador da Nova Era olhou para o público com carinho e prosseguiu explicando:

— As crianças Índigo são espiritualistas. Elas crêem na vida como um todo. Elas entendem que a vida humana é um reflexo de algo maior, invisível aos sentidos humanos. Não se fixam apenas em fatos superficiais. Por terem notável sensibilidade, acham inquestionável a existência de Deus e de uma vida espiritual superior à humana.

Elas estão por toda a parte, em todos os continentes, e estão abertas a todas as religiões, mas jamais se prenderão a qualquer uma delas por não acreditarem que a Verdade está exclusivamente nas mão de uma só. Elas se frustram com sistemas ritualmente orientados e que não necessitam de pensamento criativo.

O jovem sábio sorriu e voltou a brincar:

— Lembram o que falei do Universalismo Crístico? Entendem agora a importância do trabalho que devemos realizar? Ele será a metodologia de entendimento espiritual para os eleitos da Nova Era, que não são só crianças – hoje muitos já são adolescentes e adultos; e necessitam do Universalismo Crístico para desenvolverem amplamente a sua espiritualidade!

Não é difícil detectar a presença dessas almas vencedoras em nosso meio. Estão entre os nossos filhos, sobrinhos, irmãos, amigos. Elas têm uma percepção extra-sensorial, sendo que algumas possuem facilidade de produzir fenômenos como a telepatia. Além disso possuem a capacidade de perceber os sentimentos das pessoas e até mesmo de ler os seus pensamentos.

É possível notar nelas sinais como, por exemplo, um amor

incondicional aos animais de estimação, que se sentem atraídos por elas também. O fato de não "matar" uma formiga no jardim, uma predileção por comidas mais naturais, aversão à alimentação carnívora ou um entendimento fora de série quanto aos problemas que os pais podem estar passando são indicativos de que se trata de um eleito para a Nova Era. São pessoas serenas e seguras intelectualmente e espiritualmente e deixam de lado qualquer tipo de julgamento.

Rafael olhou para Érica com infinito amor e disse:

— Eu conheço uma adolescente assim que, além de dedicar imenso amor aos animas, consegue atraí-los com a sua Luz interior. Acredito que seja uma discípula de Francisco de Assis.

O público se divertiu com a brincadeira de Rafael. Agora a plateia estava bem mais esperta por causa do tema voltado para os seus filhos e por ser algo presente em seu cotidiano.

Rafael sorriu, divertindo-se com a brincadeira. Isso serviu também para relaxá-lo um pouco.

Em seguida ele continuou:

— Algumas dessa almas já despertas para a Luz têm clarividência e impressionante mediunidade. É importante que o adulto aja naturalmente em relação a isso, pois quando essa criança atingir a fase adulta irá se transformar num canal aberto para trazer a Verdade Suprema dos grandes mestres do Mundo Maior.

Nesse instante Érica realizou a sua desforra. Ela apontou para Rafael e o público presente riu de forma divertida.

Ele sacudiu a cabeça de forma afirmativa, mandou um beijo para a namorada e voltou a falar:

— Não as tratem como se fossem loucas por afirmarem que conversam com os anjos ou espíritos. Não duvidem daquilo que não possuem capacidade para compreender. Veremos a cada dia novas situações que nos assombrarão. O mundo está em constante evolução.

Vocês perceberão também outras características que pode lhes parecer ingenuidade de crianças ou adolescentes, mas creiam nelas. Vocês não se arrependerão...

A geração dos eleitos para a Nova Era nunca luta contra causas negativas, mas sim a favor de um mundo melhor. Age como se o Mal não existisse e não perde tempo com julgamentos infrutíferos. As almas que já despertaram sua consciência espiritual, quando encarnados no mundo físico, concentram as suas energias para pensar alternativas para construir um mundo melhor.

Jamais são pessimistas enquanto estão conseguindo produzir, mas quando freados podem entrar em estado depressivo.

A incompreensão dos pais e adultos também lhes causa muita tristeza. Lembrem-se disso! Acreditem mais neles. Libertem-se da ignorância e vejam um mundo mais amplo!

Já os adolescentes eleitos estão conectados pela Informática. O uso da internet é o principal instrumento para que possam reformular os pensamentos da sociedade, oferecendo apoio emocional e espiritual.

Eles procuram utilizar a internet também, como ferramenta de conexão com espíritos que possuem o mesmo grau de consciência deles. Como a Terra ainda está povoada por almas atrasadas, sentem-se deslocados com o padrão social e comportamental.

Rafael bebeu mais um gole de água e falou:

— Meus amigos, os Índigos já nascem sintonizados com a Nova Era! Mas precisam de nossa orientação na infância e na adolescência para despertar todo seu potencial. Deixá-los sem orientação adequada pode ser uma temeridade. Lembrem-se! Nossa maior missão na Terra é educar e orientar bem os nossos filhos, caso contrário eles se perderão por não obterem respostas às suas indagações, e isso pode levá-los ao triste caminho das drogas.

Pouco realizamos de verdadeiramente útil nessa vida! Será que iremos fracassar na mais nobre realização que Deus espera de nós, que é educar adequadamente os nossos filhos? Não posso crer que a ignorância espiritual de nossa humanidade permita tal absurdo...

O anunciador da Nova Era fez nova pausa, pois sabia que suas últimas palavras provocariam uma profunda reflexão na plateia.

Depois de alguns instantes Rafael viu os olhos do público brilharem e percebeu que deveria prosseguir.

— Eles esperam que todos nós façamos os que eles fazem de forma natural e, se não fizermos, eles permanecerão nos cobrando até cumprirmos o nosso papel de forma correta, ou seja, até nos libertarmos da alienação e nos tornarmos mestres de nossas próprias vidas.

É maravilhoso ser pai de uma criança com esse perfil, uma oportunidade brilhante dada por Deus, que talvez nos possibilite o ingresso para reencarnar na Nova Era da Terra. Mas se negligenciamos a nossa missão, não amamos verdadeiramente os nossos filhos.

Deus não espera que tenhamos uma vida alienada, cultuando aspectos materiais e o modelo decadente de nossa sociedade. Ele espera que vivamos em sintonia com a espiritualidade e sejamos verdadeiros tutores dos eleitos da Nova Era.

Meus amigos, desliguem as suas televisões (o hipnotizador moderno) e vamos crescer para estarmos à altura da sabedoria espiritual intuitiva de nossos filhos. Quantos pais sonham com o momento de receber um filho em seus braços, mas depois se comportam como padrastos na formação moral e espiritual dos seus descendentes, por não terem tempo para eles?

Rafael sacudiu a cabeça e falou:

— Isso é lamentável...

O jovem prodígio percebeu a tristeza dos pais presentes e entendeu que aquele recado estava dado. Em seguida prosseguiu dizendo:

— A geração dos eleitos possui já um corpo espiritual mais avançado. A sua encarnação no mundo físico provocará gradualmente uma transformação genética também no corpo material.

Esses espíritos superiores, necessitando exercitar suas avançadas faculdades, promoverão uma evolução no cérebro dos corpos físicos. Assim, através de gerações sucessivas, o perispírito irá modelar-lhes o cérebro, tornando-o ainda mais avançado. O que no futuro permitirá a capacidade de comunicar-se psiquicamente, vivenciando plenamente a intuição. Fato que já é possível perceber em alguns jovens que parecem interagir de forma impressionante com a dimensão invisível aos nossos cinco limitados sentidos físicos.

Os eleitos para a Nova Era receberão um veículo físico cada vez mais perfeito e livre de deformidades, algo que será alcançado também através de técnicas de engenharia genética. Já os exilados para o mundo inferior, que não atingiram a lei de amor exigida pelo Pai, reencarnarão em corpos primitivos e limitados no planeta do Exílio.

O anunciador da Nova Era fez nova pausa para a assimilação do público e depois prosseguiu.

— Essa nova geração é eleita por sua própria evolução espiritual anterior. Não existe nenhum processo físico ou espiritual, mutação genética manipulada, ou seja o que for que as transformará. Somente a aquisição de valores espirituais, em diversas existências anteriores, pode oferecer esse legado.

A aura com tonalidade Índigo é uma aquisição do espírito e qualquer informação sobre trabalhos espirituais de mutação genética para isso é mero charlatanismo. Já ouvi que algumas pessoas andam oferecendo aos pais trabalhos espirituais para transformar os seus filhos em Índigo. Isso é um grande golpe!

A evolução Índigo não é fruto de um DNA alterado. Isso é a consequência de almas mais avançadas que se trabalharam, encarnação após encarnação, para conquistar nobres valores. Não confundam causa com efeito!

Rafael então se sentou e pensou por alguns instantes sobre as suas próximas palavras. Aquela reunião estava sendo a mais longa de todos. Ele já estava um tanto cansado, mas prosseguiu:

— Mas ter filhos com essa característica não é só alegria. Eles são almas eleitas para a Nova Era, mas não são anjos realizados. São anjos potenciais! A formação espiritual errada por parte dos pais, a incompreensão, a impaciência, a falta de cumplicidade com os filhos, tudo isso pode prejudicar a formação do jovem que estiver aos seus cuidados.

Elas demandam mais atenção que uma criança comum e sentem que a vida é muito preciosa para deixar escapar. Elas querem que as coisas aconteçam como desejam e frequentemente forçam situações para realizarem o desejado. Os pais facilmente caem em armadilhas de fazer o que a criança deseja, e uma vez dominados, os pais serão fantoches. Os filhos não são reis do lar... mas sim almas que Deus colocou sobre nossa responsabilidade para que as eduquemos com amor, sem perder o rigor.

Rafael meditou por alguns instantes e prosseguiu:

— Fazer tudo que o filho pede não é amar, mas destruir seu conceito de valor e sua personalidade. Os pais verdadeiramente amorosos sabem estabelecer limites.

Estes emissários podem tornar-se emocionalmente irritados por pessoas que não entendam o fenômeno Índigo. Eles muitas vezes não compreendem por que as pessoas vivem numa frequência distanciada do amor e do respeito. Essas crianças ainda não se compreendem e por sentirem-se diferentes ficam aflitas. Quando jovens, eles podem ter problemas de ajustamento com outras crianças, por causa de sua consciência diferenciada.

As crianças da Nova Era são frequentemente diagnosticadas como portadoras do transtorno do déficit de atenção ou alguma forma de hiperatividade. Em muitos casos são medicadas com bombas químicas, quando deveriam simplesmente ser tratadas de forma diferente, de acordo com uma compreensão superior de seu quilate espiritual ainda em adaptação a um corpo físico inadequado ao processo evolutivo da Nova Era. É preciso entender que elas não são doentes, mas possuem uma relação mais avançada com um mundo que não está na frequência delas.

Em geral os médicos receitam drogas que causam profundos danos à tessitura delicada do corpo perispiritual dessas crianças e que poderá provocar significativos danos psicológicos em longo prazo.

A criança fica mais dócil, mas perde a espontaneidade, fator fundamental na sua formação consciencial. O seu cérebro, carregado da substância química, certamente irá estimular a necessidade de outro tipo de droga para compensação, na adolescência, levando-a a uma busca descontrolada para saciar o vício, o que consequentemente ocasionará a perda da oportunidade evolutiva nessa encarnação.

Rafael olhou para a plateia com gravidade e disse:

— Os Índigos são apenas almas eleitas que reencarnarão na Terra do terceiro milênio, e não extraterrestres com capacidade anormal. Alguns até terão missões especiais, mas não imaginem que estão com um avatar no quarto ao lado.

Eles só precisam de compreensão e adequada instrução espiritual e educacional. Eles não estão aqui só para realizar uma missão especial, mas para se adaptar ao mundo que será deles nos próximos séculos, onde reencarnarão sistematicamente para vencer mais um ciclo de evolução.

Eles também não são "deuses infantis" que devem ser adorados. Essa visão é uma triste ignorância dos pais, que não devem se iludir com o orgulho de ter um filho de aura Índigo, predestinado a mudar o mundo. Muitos dos supostos "eleitos" são apenas espíritos perturbados, com relativa genialidade, exercendo o seu direito a uma última encarnação antes do grande Exílio.

Outro grande engano é achar que a agressão de seu filho se deve ao fato de ele ser uma alma eleita inconformada com o mundo ao seu redor. Os filhos da Nova Era demonstram desconforto quando não são compreendidos, no entanto jamais possuem traços violentos ou psicopáticos. A evolução espiritual dos eleitos é incompatível com reações violentas, gestos cruéis, características agressivas e dificuldade absurda de convivência.

No intuito de justificarem as perturbações do filho, os pais criam para si a "ilusão Índigo". O que é um grave erro! Infelizmente esse tema ganhou fama mundial a partir de fontes distorcidas e equivocadas e isso alimentou a fantasia dos pais que desejam explicar o comportamento alterado dos filhos.

A ideia de que os filhos já vêm prontos é outro grave erro, a não ser em casos muito especiais em que a criança demonstre uma perfeita sintonia com as virtudes crísticas, uma sensibilidade angelical e grande admiração e vocação para artes, ciências, espiritualidade e o conhecimento em geral. Jovens rebeldes não estão prontos, muito pelo contrário: eles precisam de acompanhamento pedagógico com uma visão moderna, e não da adoração de pais deslumbrados.

O sábio orador meditou por mais alguns instantes e depois voltou a falar:

— Apesar de eu ter usado durante toda essa palestra o termo "Índigo", acho que ele deveria ser abolido. Rótulos sempre são negativos e excludentes. Parece que alguém é melhor que os outros. Termos como "Índigo" ou "Cristal", associados a essas saladas de informações das mais diversas correntes de estudos espiritualistas, só geram confusão.

As crianças não devem ser classificadas em categorias. Usar esses rótulos é prejudicial para a formação do jovem. Se ele for Índigo, saberá por si só com o tempo. O que ele precisa é de educação moderna e diferenciada, com liberdade, amor, respeito e atividades psico-pedagógicas inteligentes, além do carinho e atenção dos pais, assim como todas as crianças, independentemente de sua condição espiritual. Isto lhes permitirá evoluir de forma mais plena, mesmo não sendo almas "especiais".

É urgente a necessidade de um novo processo educacional que atenda as necessidades das novas gerações, que serão mais questionadoras. O modelo educacional atual não serve para o terceiro milênio. Mas lembrem-se que essa é uma revolução pedagógica que deve ser para todos, sem exclusão e sem privilégios. Além disso, todo método pedagógico deve ter base científica, coerência filosófica e uma base moral de acordo com os valores crísticos.

Quem prestar atenção vai perceber que esse é o mesmo método que propomos para o Universalismo Crístico. Jamais devemos adotar o misticismo para educar as nossas crianças, da mesma forma que a nossa busca por espiritualidade deve ser um processo coerente, sem dogmas, rituais e misticismos improdutivos.

Rafael então suspirou, olhou para a plateia com seriedade e disse:

— Gerar e criar um filho não é uma brincadeira do ego humano. Essa é certamente uma das maiores responsabilidades de nossas vidas.

O jovem sábio silenciou mais uma vez e falou:

— Bom, meus queridos irmãos, essa foi uma noite memorável, pelo menos para mim. Realmente inesquecível! Ela já era importante porque eu desejava mostrar claramente a importância do Universalismo Crístico na formação espiritual das novas gerações. Creio que agora ficou bem claro por que nos dedicarmos a essa nova visão espiritual.

Percebi muitas vezes, em outras reuniões, que as pessoas demonstravam desinteresse porque se sentem confortáveis em suas religiões. Já lhes disse para ficarem tranquilos em relação a isso, ninguém será obrigado a aceitar essa nova forma de pensar. Nem todos ainda são capazes de compreender e aceitar O Universalismo Crístico. Ele foi concebido para atender aqueles que querem avançar agora e principalmente para os nossos filhos. Só que a nossa resistência a mudanças pode prejudicar as nossas crianças e a nós mesmos.

Se nós achamos que as nossas religiões atuais nos trazem todas as repostas, então vamos continuar vivendo de forma mecânica, ritualística, intoxicando as nossas crianças Índigo com drogas pesadas, como são as medicações psiquiátricas da medicina tradicional, que reluta em aceitar que somos seres integrais, e não somente o corpo físico.

O Universalismo Crístico tem por essência discutir todos os assuntos até encontrar respostas sólidas por consenso. É isso que quero para mim. E vocês? O que desejam para as suas vidas? Muito obrigado pela atenção de todos e que Deus nos abençoe.

Mal Rafael terminou essas palavras, a plateia do Ginásio do Ibirapuera aplaudiu de pé o jovem orador. Aplausos fervorosos e assovios demonstraram que a sua missão naquela noite tinha sido cumprida com êxito.

Mas o público queria mais. Longas filas se formaram para conversar em particular e tirar dúvidas sobre os seus filhos. Rafael percebeu que não poderia atender a todos e chamou os seus amigos para ajudá-lo. Os cinco, então, faziam o atendimento enquanto o organizador daquele bem-sucedido evento falava ao microfone:

— Amigos, acho que não estou enganado em afirmar que na semana que vem lotaremos esse ginásio. Corrijam-me se eu estiver errado!

O público fez um sinal afirmativo com a cabeça, enquanto os seus rostos irradiavam um bendito sorriso de satisfação. O novo "relações-públicas" de Rafael então concluiu com alegria:

— Não se esqueçam de retornar na semana que vem e trazerem os amigos.

Rafael olhou para o novo misterioso amigo e sorriu. A noite tinha sido um absoluto sucesso.

14
O dia seguinte

Rafael chegou em casa com os pais por volta das duas da manhã, porque tinham ficado no ginásio até que o último interessado se desse por satisfeito. O novo amigo de Rafael era mesmo influente, pois conseguiu a autorização dos administradores para que o ginásio ficasse aberto até aquela hora, sem que os funcionários causassem o menor constrangimento àqueles que insistiam em aguardar na fila para falar com o jovem sábio.

Rafael e seus amigos agora desejavam apenas uma noite de sono. Enquanto isso Verônica não parava de tecer planos e elogiar o carisma e a impressionante oratória do filho. Para ela o conteúdo não era o importante; o que lhe havia despertado interesse era o fato de o filho ser adorado e magnetizar tantas pessoas com os seus ideais.

Chegando em casa Rafael pediu licença aos pais para repousar. Ele subiu rapidamente para o quarto, tomou um banho e depois se esparramou na cama. Mas foi difícil conciliar o sono. As emoções haviam sido muito fortes. O coração do jovem rapaz palpitava de emoção.

Ele relembrou, então, cada instante da noite memorável e depois balbuciou para si mesmo:

— Meu Deus, está acontecendo... Tudo que sonhei está acontecendo. Obrigado... Muito obrigado!

Ao realizar uma profunda e sincera oração de agradecimento ao Pai, Rafael sentiu um estranho torpor, que parecia ser fruto da necessidade de repouso. Ele fechou os seus olhos por alguns instantes, e quando os reabriu, percebeu que as dimensões de seu quarto estavam diferentes. As tonalidades das paredes e móveis estavam mais intensas, como se o "antes" fosse pálida expressão da realidade que agora ele vivia.

Rafael então se recostou na cama e viu o anjo Gabriel sentado de forma majestosa na poltrona sobre a qual ele costumava jogar as suas roupas. Era aquele mesmo espírito glorioso que lhe aparecera algumas semanas antes.

O ser angelical que irradiava luz por todo o quarto sorriu e falou com um tom sereno:

— Tu és bem-aventurado, Rafael, pois falas a língua dos anjos! Nessa noite realizaste importante passo para materializar a concepção do Universalismo Crístico na Terra. O meu coração está exultante, porque a minha missão depende diretamente da tua. E vejo que a cumpres com honra e responsabilidade.

A entidade espiritual iluminada olhava fixo nos olhos de Rafael:

— Eu promoverei a união das religiões na Terra e, em um segundo momento, utilizarei o trabalho que realizas para mostrar a todos que as religiões são ilusões humanas. O que o Pai espera de nós é o desenvolvimento da consciência espiritual.

Tu estás preparando a argamassa que utilizarei para construir o edifício que unirá as gerações futuras na compreensão de um novo padrão de evolução espiritual. Abençoado sejas por isso!

Rafael, profundamente comovido, apenas respondeu:

— Meu mestre! Estou aqui para servir-te. Diz-me o que fazer, o que devo corrigir... E te atenderei prontamente.

Gabriel então se levantou e dirigiu-se até a cama do fantástico orador.

— Hoje estou aqui somente para agradecer! Tens trabalhado de forma louvável. Parabéns! O nosso Pai sabe muito bem escolher os trabalhadores mais qualificados para cada tarefa. Sei que a tua missão não é fácil! Fazer a humanidade compreender a necessidade de libertação das religiões é um trabalho que exige muito tato e esforço incomum para animar as mentes mais entorpecidas.

O teu esforço será reconhecido e atingirás um número significativo de seguidores, mas, será algo pequeno se comparado com toda a humanidade. Essa será a minha tarefa: agregar ao meu redor os fiéis de todas as religiões para no futuro despertá-los para o Universalismo Crístico, que é o futuro das religiões, libertando-os dos preconceitos e das crenças que escravizam a mente.

Rafael concordou com um gesto sereno.

— Agora compreendo claramente, meu mestre!

Gabriel fez um gesto de negação e disse-lhe:

— Por favor, não me chames de mestre! Somos irmãos, trabalhando em conjunto para realizar a Grande Obra de renovação espiritual da humanidade para o terceiro milênio.

O anjo supremo sorriu com serenidade e depois arrematou:

— Quando concluirmos o nosso trabalho poderemos olhar para a Terra com alegria, pois o homem terá deixado de ser um ser alienado para tornar-se consciente de seu verdadeiro "eu".

Os olhos de Rafael brilharam e ele disse:

— Querido amigo Gabriel! Esse é o meu sonho dourado nessa vida. Eu sinto que estou aqui para isso e farei o que me for possível para que isso se concretize.

Gabriel sorriu.

— Agora descansa! Hoje realizaste um trabalho sem preço para Deus e para o mundo. Repõe as tuas forças, porque amanhã será um novo dia. E o Criador necessitará que sejas mais uma vez o farol que ilumina os caminhos da humanidade.

Eu também preciso retornar para o meu corpo e repousar. Descansaremos felizes nessa noite, porque a cada dia se torna mais visível a força do Bem na Terra.

Gabriel então se despediu e partiu para o seu lar terreno envolto em uma luz resplandecente, enquanto Rafael adormecia profundamente. Ele tentou lutar contra o sono, mas foi inútil. O cansaço da tarefa tinha esgotado as suas forças, e a energia calmante de Gabriel completou o serviço.

Rafael foi acordar somente no dia seguinte, perto das 11 da manhã, quando os seus pais entraram em seu quarto trazendo um desjejum especialmente preparado por Verônica para ele. Ela abriu a janela e disse ao filho:

— Rafael, eu fiz umas torradas e um suco natural como você gosta. Pouca coisa, porque daqui a pouco já iremos almoçar e não quero que você perca o apetite.

A luz que entrou pela janela cegou-o. E ele apenas respondeu:

— Eu tinha combinado de almoçar com os meus amigos no shopping.

Verônica respondeu rapidamente:

— Eles ligaram faz uma hora, mas como você não tinha acordado ainda tomei a liberdade de convidá-los para almoçar aqui em casa. Maria já está na cozinha preparando uma comida vegetariana como vocês gostam.

Rafael fez um gesto concordando e depois falou:

— Foi bom ontem, não é? Acredito que agora ninguém mais "segura" o Universalismo Crístico.

Paulo abraçou o filho e disse:

— Rafael, nem acredito que você conseguiu realizar uma mobilização tão rápida assim. Existem expositores que passam a vida tentando vender uma ideia e não conseguem chamar a atenção.

Paulo então se lembrou do pastor pregando na praça em frente ao seu escritório. Rafael percebeu os pensamentos do pai e disse:

— A diferença é que estou apresentando uma ideia que está

pronta para nascer no coração de muita gente. Essas pessoas são livres-pensadores prontos para se engajar em uma visão revolucionária a respeito de espiritualidade. Temos a presença até de ateus porque na verdade inconscientemente eles crêem em Deus, mas negam radicalmente a visão ultrapassada das religiões.

Verônica então se sentou aos pés do filho na cama e falou, com empolgação:

— Meu filho, você deve começar a pensar em como organizará a sua igreja. Estabelecer regras e normas, antes que alguém o faça. Sabe como é... uma ideia boa sempre precisa ser registrada antes que alguém a roube.

Rafael sorriu e disse:

— Minha mãe, o que eu mais quero é que as pessoas "roubem" para si essa ideia. E de forma alguma eu transformarei o Universalismo Crístico em mais uma religião. Jamais cometerei esse erro e não permitirei que ninguém o faça. Transformar esse ideal em uma religião é o mesmo que matá-lo em longo prazo.

Os filhos da Nova Era serão almas livres, que jamais se submeterão a dogmas. Eles defenderão somente o que crerem por estabelecer uma relação de confiança. Nunca se submeterão a algo porque algum líder religioso determinou.

O anjo iluminado se ajeitou na cama e prosseguiu com sabedoria:

— O Universalismo Crístico sobreviverá aos avanços da humanidade no futuro por ser dinâmico. Ninguém deverá se arvorar como dono da verdade e matar a sua característica evolutiva.

O novo modelo religioso deverá ser como os softwares livres: qualquer um poderá alterar o código, desde que esse rode com sucesso! Ou seja: todos poderão sugerir novas teses espirituais, mas essas novas teses serão sempre confrontadas com a razão e com o conhecimento espiritual vigente – algo semelhante ao processo de aceitação de uma nova verdade científica.

Seria um absurdo eu criar uma nova religião com novos dogmas e novos "burocratas donos da verdade". O máximo que farei é me colocar na condição de mediador dos debates. Que cada um siga o seu caminho a partir das próprias conclusões dessas trocas de ideias. Eu não estou aqui para dizer no que as pessoas têm que acreditar, mas sim para mostrar um caminho para o despertar.

O Universalismo Crístico essencialmente tem a função de unir. Não vamos criar uma nova instituição religiosa que termine somente dividindo as pessoas e afastando-as do amor de Deus.

Verônica ficou em silêncio por alguns instantes e disse:

— Meu filho, uma empresa e religião não são muito diferentes. Se você quer fazer sucesso com essa ideia maravilhosa é necessário fazer as pessoas pagarem por isso. Com dinheiro e um bom plano de marketing, o seu sucesso estará garantido. Além disso, religião é vender promessas. Não tem custo com matéria-prima, o lucro é total. Veja as poderosas religiões do mundo. Elas são fortes porque em algum momento de sua história elas absorveram a renda de seus fiéis.

Rafael olhou para a mãe com infinita misericórdia e disse-lhe:

— Minha mãe, não pense assim. Eu não estou nessa missão por dinheiro ou sucesso. O bom êxito de minha tarefa depende mais de Deus do que de mim. E também não necessito de dinheiro. O que a nossa família possui é suficiente para sustentar-me até o fim da vida. Não estou atrás de luxo e riqueza, mas sim de paz e realização espiritual.

Verônica não se deu por vencida.

— Sim! Mas se você quer ajudar os outros, realizar obras assistenciais, terá que ter dinheiro para isso...

Ele meditou alguns instantes e respondeu:

— Talvez eu precisasse do dinheiro para inicialmente me tornar "visível" dentro de nossa sociedade... mas parece que isso já está acontecendo de forma natural. E muitas pessoas se comportarão no futuro como esse misterioso homem que nos conseguiu o Ginásio do Ibirapuera. Deus enviará Seus emissários de todas as partes para abrirem portas ao nosso trabalho.

Enquanto estivermos realizando um trabalho sério, honesto e sensato, as dádivas de Deus virão diretamente de encontro a nós. Só não podemos ter medo da verdade ou nos tornarmos coniventes por comodismo. Eu sei que muitas religiões desejarão impor a sua verdade ao preço de seu poder econômico. Isso eu jamais permitirei, mesmo que me custe muito caro.

A sua mãe demonstrou intenção de prosseguir argumentando, mas Rafael atalhou.

— Bom! Meus queridos pais, agora me deixem tomar um banho para ir receber os meus amigos. O almoço já deve estar quase pronto. E vocês sabem, Maria não gosta que a comida esfrie.

Os pais de Rafael sorriram e concordaram carinhosamente. Ele então tomou um rápido banho, se vestiu com roupas bem leves e dirigiu-se ao jardim para abraçar os queridos amigos, companheiros de ideal.

Eduardo mantinha-se com a mão sobre o queixo, realizando reflexões, enquanto conversava com Tadeu. Era engraçado ver a sua testa sempre franzida. Ele tinha por hábito buscar respostas onde parecia não existir. Já Érica e Laura brincavam com os cães de Rafael. As duas meninas pareciam anjos sorridentes que desceram do céu para iluminar as trevas em que vive a humanidade nessa transição de ciclo para a Nova Era.

Quando perceberam a aproximação de Rafael, todos largaram o que estavam fazendo e correram em sua direção. Tadeu foi o primeiro a abraçá-lo e disse:

— Isso são horas de levantar?

Rafael sorriu e disse, ainda com um ar sonolento:

— Ontem consumi todas as minhas baterias...

Eduardo abraçou o amigo e falou:

— Não era para ser diferente! Ontem você se doou de uma forma que eu jamais tinha visto.

O anjo sinalizou de forma afirmativa enquanto abraçava Laura. Em seguida beijou Érica com intenso amor. Os amigos fizeram breves brincadeiras sobre o início do romance e logo foram se sentar nas cadeiras próximas à piscina para avaliar a noite anterior.

Eduardo, demonstrando ansiedade, perguntou a Rafael:

— Conte, meu amigo, o que você acha que vai acontecer agora?

O eloquente orador das esferas celestiais arqueou as sobrancelhas e disse:

— Agora está nas mãos de Deus. Sempre esteve, não é? Mas creio que tivemos um impulso significativo a partir do momento em que conseguimos um público muito maior. Agora será necessário relembrar sempre a essência do Universalismo Crístico, pois teremos novas pessoas chegando em busca de nossa mensagem a todo instante.

Mas o que mais me preocupa agora é o tema que irei abordar na próxima reunião: a questão da hipocrisia e dos formalismos sociais. Nós estamos aqui para viver de aparências ou realmente nos tornarmos pessoas melhores?

Rafael colocou os pés sobre a cadeira a sua frente e ficou com o rosto voltado para o sol.

— Tenho convicção de que a humanidade precisa assimilar com urgência o primeiro alicerce do Universalismo Crístico.

Érica sorriu e disse, com um brilho no olhar:

— Sem dúvida! Amar ao próximo como a si mesmo é a essência de tudo. Sempre foi! Infelizmente a humanidade ainda está longe dessa prática divina.

Rafael concordou e falou, entre um bocejo e outro:

— Sim! No entanto não me refiro somente ao amor ao próximo, mas também a viver as virtudes crísticas de forma verdadeira e incondicional. Eu tenho observado as pessoas, mesmo as que se dizem militantes de alguma religião, e não vejo uma postura sincera com relação às suas crenças. E isso é algo que elas nem percebem.

Eduardo aproveitou a pausa do amigo e complementou:

— Sim! Entendo o que você quer dizer. As pessoas não praticam no seu cotidiano aquilo que defendem em suas religiões. É como se tivessem a lição na ponta da língua, mas misteriosamente estão condicionadas a não viver conforme o que crêem, ou dizem crer...

Érica pensou por alguns instantes e disse:

— Eu já falei isso para o meu pai e ele me respondeu dizendo que eu sou assim, sonhadora, por causa da minha idade. E que quando eu me tornar adulta vou perceber que o mundo não é um conto de fadas.

Ela voltou a meditar por alguns instantes e prosseguiu:

— Ele falou também que as relações humanas são muito intrincadas e isso impossibilita sermos sempre corretos e verdadeiros em nossas ações.

Rafael retirou os óculos de sol e disse:

— Minha mãe também já me disse isso. Infelizmente não temos experiência suficiente para analisar com profundidade essa questão. Já pensei sobre isso e cheguei à conclusão de que talvez tenhamos de fugir um pouco da linha absoluta de retidão para conseguir promover um bem maior.

Mas isso é algo que me incomoda demais. Espero que jamais seja necessário ter de tomar uma decisão que contrarie os meus princípios.

Tadeu pensou por alguns instantes e concordou:

— Sim! Isso seria horrível, mas talvez necessário. Como você disse... a necessidade de realizar um Bem maior... Entretanto tenhamos fé de que Deus não nos exigirá isso.

Eduardo aproveitou a deixa e falou:

— Se isso acontecer talvez venhamos a cair na mesma situação dos políticos que terminam abandonando as suas convicções para se sujeitarem a um detestável jogo de interesses.

Todos concordaram com um gesto sereno, mas ninguém mais quis falar sobre esse assunto.

Rafael então voltou a refletir sobre o tema de sua próxima exposição.

— Às vezes fico pensando... cada pessoa está em um nível de consciência diferente. Isso é fruto de sua evolução, encarnação após encarnação. Quanto mais escravo da matéria e de seu ego, mais difícil será promover uma expansão de sua consciência espiritual.

É realmente uma tarefa muito difícil tentar fazer um cego ver a luz. Creio que se a nossa missão tivesse como objetivo esclarecer a humanidade de agora, eu ficaria muito deprimido, porque não tenho muitas esperança. São as crianças da Nova Era que me enchem de esperança e me dão forças para continuar firme nessa tarefa.

Claro que encontraremos adultos e até mesmo idosos que estarão em sintonia conosco, mas serão poucos.

Érica percebeu o abatimento de Rafael e perguntou:

— O que está incomodando você, meu amor? Lembra daquele dia em que estávamos correndo no parque e você disse que falaria no grande ginásio? Isso está acontecendo, não é fantástico?

Ele sorriu e estendeu a mão para a sua namorada, lembrando aquele dia especial em suas vidas, e depois disse:

— Ontem eu tinha 5 mil pessoas me ouvindo, mas muitas delas não estavam lá. Os seus corpos físicos estavam, mas não suas almas. É difícil explicar...

Algumas vezes sinto que as pessoas não entendem a minha mensagem. E isso me entristece. Elas ouvem, mas não conseguem despertar em si esse ideal.

Eduardo fez um sinal de concordância e disse:

— Mas isso é algo muito natural, Rafael! Você mesmo disse que cada um está em um nível de desenvolvimento diferente da consciência. Além do mais é muito comum cada um compreender o ensinamento de acordo com o que quer ouvir. Tenha a certeza de que algo de bom todos estão colhendo de suas exposições. Talvez não seja perfeitamente o que você deseja passar, mas dentro da capacidade de cada um você está despertando uma chama crística que a longo prazo irá transformar essas pessoas.

Rafael concordou e disse:

— Sim, Eduardo! Você tem razão. Mas vou cutucá-los ao máximo. Na próxima reunião vou tentar abrir os olhos de todos.

Érica sorriu e disse, com timidez:

— Espero que isso abra os nossos também...

Todos se entreolharam e ela completou:

— Pessoal, nós também temos os nossos defeitos. Ou vocês acham que estamos todos de olhos bem abertos?

O grupo de amigos caiu na risada e Tadeu disse:

— Bem lembrado, Érica! Nós temos de realizar as nossas próprias reflexões. Mas o que mais me deixa intrigado é até onde podemos enxergar, até onde a nossa consciência consegue perceber os nossos equívocos que bloqueiam o nosso caminho rumo à iluminação.

Rafael meditou por alguns instantes e disse:

— Voltamos para aquela questão: o que é o real? Os nossos sentidos físicos, a nossa consciência espiritual, até onde eles conseguem captar o Todo?

Temos de nos despir de aspectos culturais e sociais e tentar penetrar na essência do amor que o Cristo nos ensinou. Só assim poderemos verdadeiramente amar como Ele nos amou.

Érica pensou por alguns instantes e disse:

— O sentimento de amor é algo mais profundo do que se pode imaginar. E algumas vezes é confundido com meras paixões.

Rafael chamou os cachorros para deitarem aos seus pés e falou:

— Amor é doação, é procurar fazer o melhor para o crescimento espiritual da pessoa amada, mesmo que isso contrarie seus interesses.

Laura então perguntou:

— Mas como saber, Rafael, se o que você pensa é o melhor para a pessoa amada?

Ele fez um sinal com a cabeça e disse:

— Isso é complicado! Nós temos verdades relativas. Apenas isso! Acredito que o diálogo seja o caminho para o entendimento. E temos de saber respeitar os limites daqueles que convivem conosco. Talvez nem todos estejam preparados para a nossa verdade e o ritmo que queremos imprimir em sua busca.

É por isso que devemos escolher sempre como os nossos amigos do peito aqueles que tenham afinidade com a nossa busca interior. E com os demais, construir uma relação de diálogo e respeito.

Rafael sorriu e completou:

— É por isso que todos vocês moram em meu coração!

Todos riram e agradeceram o elogio gentil do amigo. Tadeu ergueu os braços e disse:

— Ufa! Minha cabeça está fervilhando. Acho que deveríamos praticar algum esporte para oxigenar os neurônios.

Rafael fez um sinal para Maria que os chamava para o almoço e falou:

— Vamos almoçar, pessoal! A comida está na mesa. Depois podemos jogar vôlei na piscina para descansar a mente. Também estou precisando relaxar.

15
Busca sincera de espiritualização

Na reunião seguinte no Ginásio do Ibirapuera, Rafael confirmou suas expectativas. O local estava lotado. O sonho começava a se tornar realidade. Mas o melhor foi a notícia que ele recebeu de Érica. A linda menina entrou correndo na sala em que o anjo se preparava para o evento e disse, com um brilho nos olhos:

— Rafael, se prepare porque fiquei sabendo que vários líderes religiosos aqui de São Paulo estão presentes no ginásio. Aquilo que você desejava na primeira reunião do projeto vai se realizar nessa noite.

Ele ficou pálido e disse, em tom de brincadeira, para descontrair:

— E você me fala assim? Quer me enfartar?

Os dois começaram a rir e se uniram em um abraço bem forte, que durou longos minutos. Sem dizer uma única palavra, eles ficaram aproveitando aquele momento mágico. Rafael cheirou os cabelos da amada e depois lhe disse, com infinito amor:

— Obrigado por estar comigo. Tudo fica mais fácil quando temos alguém que amamos para compartilhar os nossos ideais.

Érica suspirou e disse:

— Eu te amo tanto, Rafael! Não consigo mais viver sem você. Eu preciso de sua companhia assim como do ar que eu respiro.

Ela conteve as lágrimas e falou, um pouco embaraçada:

— Desculpe lhe dizer isso logo agora, nesse momento em que você precisa de tranquilidade.

Ele acariciou os sedosos cabelos castanhos de seu amor e disse olhando para seus doces olhos verdes:

— Você se engana! Essas suas palavras só me dão mais forças e paz para realizar a minha missão. Eu sei da responsabilidade que me espera e não duvido do amparo divino para cumprir aquilo que me cabe. Eu faço isso por Deus, pelo Cristo, pela humanidade de hoje e do futuro... mas saber que a minha ação no mundo a faz feliz me dá uma alegria e uma energia especiais para realizá-la.

Ela acariciou o rosto de Rafael e, com um vasto sorriso, disse-lhe, enquanto beijava o amor de sua vida:

— Você me faz muito feliz sim! Pelo ser humano maravilhoso que é e pelo que será no futuro. Eu conheço o seu destino e é ele que quero para mim também. Eu estarei sempre do seu lado, lhe dando força nos momentos difíceis. Não sei que habilidades eu posso vir a desenvolver, mas direcionarei todas elas para promover a espiritualização da humanidade e auxiliá-lo nessa linda missão que você abraçou.

Rafael beijou a fronte de Érica e disse-lhe, acariciando os seus cabelos:

— Sim! Eu sei que posso confiar em você e em nossos amigos. Sinto que a nossa união está acima dos interesses humanos e que cada um de nós abriria mão de seus egos pelo bem comum. Não estamos aqui para atender aos nossos anseios, mas sim para servir à humanidade.

Ele a abraçou mais uma vez e falou:

— É bom não se sentir sozinho nesse mundo. Você sabe que somos diferentes... O mundo atual não é o nosso. O nosso está por vir... É o mundo do futuro. Esse mesmo que estamos procurando construir. Portanto palavras como as suas não têm preço e somente reforçam a minha convicção de que não estou sozinho nessa cruzada para libertar a humanidade de sua alienação espiritual.

Ele olhou rapidamente para o relógio: estava na hora. Beijou o rosto de Érica e falou com determinação:

— Mas agora preciso ir. O dever me chama!

Ela segurou o seu braço e procurou secar com as mãos as discretas lágrimas que escapuliram dos olhos de Rafael. Depois ela lhe deu mais um beijo e desejou-lhe sorte.

Rafael caminhou rapidamente e, depois de ser anunciado, falou ao público que lotava o amplo ginásio.

— Meus amigos, mais uma vez é uma grande felicidade estar aqui tendo a oportunidade de falar-lhes. Obrigado por me darem essa alegria, sendo atenciosos com as minhas palavras.

A nossa proposta, como muitos já conhecem, é a de realizar um ecumenismo evolucionista, ou seja, unir as religiões e promover uma evolução no modelo espiritual vigente em nossa humanidade. Libertar o homem da submissão às religiões e convidá-lo a realizar a sua aquisição individual de espiritualidade. Ao nosso ver esse é o caminho mais concreto para a evolução espiritual da humanidade.

Rafael então expôs a ideia central do Universalismo Crístico e seus três alicerces, convidando todos a refletirem sobre eles.

E depois disse:

— Nessa noite, já que temos um público muitas vezes maior que na nossa primeira reunião, eu desejo abordar com um pouco mais de profundidade o tema do primeiro alicerce do Universalismo Crístico, especialmente no que diz respeito a realizar uma reforma moral verdadeira e incondicional. A cada dia percebo mais que o grande problema da humanidade com relação à sua evolução espiritual se encontra em não refletir sinceramente sobre aquilo que aceita como princípios de sua religião.

Existe uma concordância com o princípio religioso, mas não ocorre uma espiritualização. Não há uma aceitação sincera daquela virtude ou princípio em sua vida. É como se aquele princípio divino existisse na mente, mas não conseguisse penetrar no coração. Um exemplo claro e comum disso é a maledicência. Toda pessoa com uma mínima noção religiosa sabe que falar mal da vida alheia é um ato negativo, contrário aos princípios que abraça. Então por que esse é um dos atos anticrísticos mais comuns em todo o planeta? Talvez porque lutar contra a maledicência esteja na mente, mas não no coração.

Existem coisas que a razão não pode explicar e não consegue dominar. É por esse motivo que algumas pessoas só conseguem despertar para uma verdadeira evolução espiritual depois de sofrerem um grande choque emocional em suas vidas, ativando em seu interior profundas reflexões. E é sobre isso que quero conversar com vocês hoje. Independentemente das religiões, é fundamental que tratemos a nossa conquista interior de valores de uma forma séria e consciente. Em geral as pessoas se associam às religiões com o objetivo de ser parte de um grupo, entretanto não desejam seguir a reforma moral ali sugerida.

Rafael meditou por alguns instantes e depois procurou traçar um singelo roteiro de sincera espiritualização:

— O primeiro passo é abandonar a alienação espiritual que nos envolve e entorpece o nosso amadurecimento. Realizar uma transformação interior verdadeira com o objetivo de se melhorar a cada dia, assim como o drogado luta para vencer os vícios que o atormentam. Sim! Porque os vícios de conduta (da alma) são tão reprováveis e sorrateiros como os vícios em drogas.

Em seguida vamos nos trabalhar para entrar em uma sintonia construtiva e sempre voltada para o Bem. Ou seja: jamais devolver na mesma moeda o mal que sofrermos.

Sempre que nos sintonizamos com sentimentos negativos, obscurecemos a nossa luz interior. Isso só nos faz sofrer, através dos mais diversos desequilíbrios em nossas existências. Surgem em nossas vidas, então, problemas de saúde físicos e psicológicos, tudo passa a dar errado. Isso porque estabelecemos uma sintonia com o negativismo e nossas ações começam a refletir o desequilíbrio que estabelecemos contra a harmonia divina. Quem pensa obscuro, age de forma obscura, desencadeando carmas e situações que levam ao sofrimento.

Mas se sempre estivermos com o pensamento voltado para o Bem, respondendo o Bem com o Bem e o Mal com o Bem, criaremos uma aura protetora que nos trará muita luz e paz. Mas isso é um exercício de renovação interior que devemos realizar com paciência e determinação. Agir com um puro sentimento de amor, de forma espontânea, exige uma faxina interior muito grande na alma, ainda mais se os nossos corações estiverem intoxicados com sentimentos negativos.

É necessário um esforço muito grande para vencer aquela tendência negativa que alimentamos por anos, desde as nossas primeiras decepções, por acreditarmos que as nossas relações com o mundo deveriam ser sempre um "mar de rosas" ou então que atendessem aos nossos caprichos. É preciso amadurecermos e chegarmos à conclusão de que não estamos nesse mundo para sermos servidos, mas sim para servir na construção de um mundo melhor. Deus é sábio em Sua Criação! Ele nos inseriu em um mundo perfeito onde poderíamos ter a felicidade plena em nossas mãos, mas desde que nos sintonizássemos com ela. No entanto os homens se odeiam, não se respeitam e lutam para conquistar os seus tesouros transitórios. Isso gera um sentimento de desequilíbrio e frustração. Quem não tem nada, está frustrado porque não possui o que os ricos têm. E os abastados são frustrados porque nem toda riqueza do mundo pode trazer paz à alma.

No fundo bastaria apenas amar a vida, o próximo, os animais e a natureza de forma incondicional para finalmente encontrarmos o equilíbrio interior e todos os nossos projetos e desejos se realizariam. Mas por que isso parece tão difícil? Será que a natureza humana é tão perversa assim?

Não creio! Acredito que estamos apenas viciados no Mal e no cultivo de sentimentos egoístas. Tenho visto o surgimento da nova geração na Terra. Alguns ainda são crianças, outros já são adolescentes e adultos. O que os caracteriza é que não vibram nessa frequência inferior.

Eles sabem que a maior riqueza do mundo é o amor e que se eles dividirem essa fartura que possuem com os seus semelhantes se tornarão ainda mais ricos em todos os sentidos. Eles não possuem ambição e crêem fielmente que Deus proverá na medida em que necessitarem. Eles não passarão a vida pensando somente em acumular bens perecíveis, mas sim trabalharão para que todos tenham acesso a condições dignas de vida.

Eles compreendem também a importância de preservar a natureza como fonte renovável de vida. Não estão preocupados somente com seu umbigo, como era comum percebermos nas gerações do passado. As gerações futuras do terceiro milênio compreenderão que somos todos filhos da grande Mãe Terra e não poderemos tratá-la de forma ingrata.

Rafael meditou por alguns instantes sobre a importância de aliar o desenvolvimento espiritual da humanidade com a questão da proteção do planeta e prosseguiu:

— Hoje somos mais de 6 bilhões de habitantes no planeta e crescendo. Por isso devemos nos preocupar em desenvolver fontes renováveis de energia e programas de conscientização da relação do homem com o mundo. Infelizmente nossa sociedade está baseada numa estrutura consumista e predatória. Se não agirmos rapidamente nas próximas décadas, o planeta sofrerá danos de difícil reversão. Essa é uma luta que também devemos abraçar.

Ele refletiu novamente enquanto bebia um copo de água.

— Mais importante que o patrimônio intelectual e técnico é a capacidade de relacionar-se bem com os semelhantes, a inteligência emocional. Quem for equilibrado terá infinitas vezes mais chance de obter bons empregos e ter uma relação equilibrada e feliz com o mundo que o cerca.

Os meios de comunicação insistem em promover o esporte como forma de inclusão social e formação para os jovens, principalmente das classes mais carentes. Mas digo-lhes que o Universalismo Crístico é o melhor método de formação e inclusão social que a humanidade poderia vir a ter. E isso ficará claro nas próximas décadas.

Infelizmente a mídia atual sofre da mesma miopia religiosa que grande parcela da humanidade. Ela enxerga a religião como questão de foro íntimo e voltada apenas para os rituais exteriores... Enquanto isso persistir a humanidade ficará perdida no imenso mar da alienação humana.

Eu gostaria de mostrar que isso ocorre inclusive com relação aos casamentos. Eu percebo que existem pessoas que estão sozinhas porque as suas almas estão vazias de sentimentos puros de amor, e não por uma questão de beleza, enquanto outras são tão belas por dentro que atraem o amor e o carinho de muitas pessoas. O amor verdadeiro e desinteressado é tão belo que se fosse percebido pela humanidade a tomaria de assalto, libertando-a de sua tendência negativa milenar.

Rafael então olhou para todos com infinita compaixão e fez um apelo:

— Não deixem que o amargor destrua a pessoa adorável que existe dentro de vocês.

Nesse instante então o público o aplaudiu por quase um minuto. Ele então silenciou por alguns instantes para permitir alguns momentos de reflexão. Em seguida ele voltou a falar, fazendo menção às palavras de Jesus, reproduzidas no Evangelho de Mateus.

— "Por que vês tu, pois, o cisco no olho do teu irmão, e não vês a trave no teu olho? Ou como dizes a teu irmão: Deixa-me tirar-te do teu olho o cisco, quando tens no teu uma trave?"

Depois de falar essa advertência proferida há 2 mil anos pelo Mestre dos mestres, o sábio jovem disse:

— Meus irmãos, é assim que vivemos. Nós olhamos os defeitos de nossos semelhantes, mas temos imensa dificuldade para perceber os nossos. Vamos nos enxergar, sem hipocrisia! Só conseguiremos isso por meio de uma meditação sincera sobre nossos atos e valores.

É hora de desligar a tevê, deixar de conversa fútil e mergulhar em nosso eu em busca de respostas. e mergulharmos dentro de nosso próprio eu para encontrar respostas. "Conhece-te a ti mesmo", eis o caminho para percebermos como está a nossa relação com o mundo.

Algumas pessoas perguntam por que não são amadas e as demais fogem de seu convívio, por que doenças insistem em as perseguir. Isso acontece somente por um motivo: a sua alma está obscurecida. Analise-se! Mude o seu comportamento! Adquira amor, conhecimento, torne-se "positivo" e agradável, e o mundo irá se apaixonar por você.

Mas não é isso que ocorre. A humanidade ainda está mais preocupada em ver o cisco no olho do próximo, do que a trave que está no seu...

Na semana passada falávamos sobre as crianças Índigo e como elas se comportam em sua relação com o mundo. Elas jamais dão atenção para o Mal ou para a crítica destrutiva. As suas mentes estão sempre voltadas para alternativas sem atos de condenação. Elas não julgam, apenas fazem a sua parte. Um exemplo que deveríamos seguir: agir mais e reclamar menos.

Além disso, nós condicionamos nossas ações às circunstâncias. Mas não podemos ter dois pesos e duas medidas... Essa atitude corrompe gradualmente os nossos valores, até perdermos a noção do que é certo e o que é errado para justificar a nossa própria conduta desvirtuada.

Rafael fez nova pausa para meditar e disse:

— Cada um tem a sua forma de pensar o mundo e não quer abrir mão disso... Mas, e como reage o mundo que lhe cerca? Amam-lhe ou odeiam. Quero dizer que as pessoas agem como bem querem, sem pensar como aquelas que convivem com ela reagem a isso.

Temos direito de ter nossas próprias opiniões e conduzir a vida da forma que melhor nos aprouver, desde que não desrespeitemos as leis humanas. Entretanto existe outra lei maior: a da sintonia universal! Se nós desejamos ter o amor e a simpatia dos que convivem conosco, temos de semear isso em nosso cotidiano, procurando ser agradáveis e úteis.

Pessoas deprimidas e que se acham as donas da verdade pouco podem exigir em termos de carinho e respeito. O ser humano é naturalmente um "espelho" de seu semelhante, salvo raras exceções de almas iluminadas que sempre respondem com amor, ou almas grosseiras que sempre reagem com ódio. Mas em geral respondemos na mesma medida do que recebemos. Basta refletir sobre isso e perceberemos que muitas portas se abrem e se fecham em nossas vidas exclusivamente como reflexo de nossas próprias ações.

Não existe segredo! Basta sermos um pouco espertos para perceber que o universo ao nosso redor responde diretamente em sintonia com os nossos pensamentos e ações. O que desejarmos, conquistaremos! Seja para o Bem ou para o Mal.

Rafael meditou por alguns instantes e depois falou, demonstrando algum desânimo:

— Ah, meus irmãos! Como essa luta é difícil. Eu estou aqui tentando explicar algo que para mim é claro e inconteste. Mas cada um de nós tem uma forma de entendimento e uma expansão da consciência e maturidade espiritual diferente em sua caminhada rumo à Luz. Percebo que nem todos compreendem o que estou dizendo da forma que eu gostaria. Mas isso é natural que ocorra...

Espero que cada um aqui consiga aproveitar algo do que digo, mesmo que seja um por cento apenas. A verdade absoluta está nas mãos de Deus, mas sei que nasci para isso que aqui estou realizando nesse instante. Por isso peço a vocês: despertem do torpor...

Você aí, que está com essa criança no colo, esqueça o jogo de futebol do domingo e reflita sobre o que digo. A sua filha, que está em seus braços, precisará dessa sabedoria espiritual um dia e não terá quem a esclareça, a não ser você mesmo.

E você, minha senhora, que apenas aguarda o final dessa

reunião para voltar a sua rotina, talvez ansiosa por saber como foi o capítulo da novela de hoje. Esqueça isso tudo e reflita sobre a sua posição no mundo. "Conhece-te a ti mesmo!" Todos nós somos filhos muito amados de Deus e estamos encarnados na Terra para realizar uma maravilhosa missão. Por que não descobrir qual é ela? Por que não nos desligarmos do convencionalismo da vida humana e não mergulharmos em nosso eu em busca de respostas?

E você aí que está com esse livro na mão? Por que apenas me olha com essa expressão de espanto? Sim! Você mesmo! Não procure alguém na plateia! É você mesmo que está segurando o livro em suas mãos nesse instante a quem me refiro! Liberte sua mente. Arregace as mangas e me ajude a construir um mundo melhor. Se você ficar apenas sentado lendo esse livro e não se unir a mim nessa luta, a chegada da Nova Era vai demorar muito mais.

Rafael então serenou os ânimos e disse:

— Eu preciso de vocês. Não tenho forças para realizar essa revolução espiritual sem que vocês me ajudem, alastrando essa mensagem. Eu poderei lutar sozinho por 1, 3, 5 anos... mas se vocês não me ajudarem não terei forças para prosseguir sozinho.

Rafael então fez uma breve pausa e um jovem levantou-se em meio à plateia e gritou:

— Rafael, eu ajudo! Lutarei com você, não desanime!

O anjo ergueu o rosto e sorriu. E naquele instante o ginásio foi à loucura. Todos se ergueram e começaram a aplaudir e gritar palavras de apoio a ele. Rafael não conteve as lágrimas e disse:

— É por isso que eu amo vocês.

Em seguida o público riu e o aplaudiu mais uma vez por quase um minuto, enquanto ele bebia água e sinalizava a todos com gestos de gratidão.

Depois desse emocionante momento, Rafael voltou a falar, dizendo:

— Eu gostaria de encerrar a reunião de hoje falando sobre os preconceitos...

Nesse instante as mais de 11 mil pessoas demonstraram o seu descontentamento pelo fim da apresentação. Rafael sorriu.

— É muito bom ouvir isso... Eu pensei que vocês já estavam cansados da minha falação.

O publico novamente aplaudiu e ele deu prosseguimento.

— Eu gostaria de abordar a questão dos preconceitos porque são justamente eles que nos fazem ver o mundo de uma forma obscura. O amor entre os homens não vinga na Terra porque nos achamos no direito de julgar o comportamento de nossos semelhantes, desde as terríveis questões raciais, passando pelas religiosas e terminando pelas comportamentais.

Nesse instante um homem gritou em meio à multidão:

— E não é exatamente isso que você faz? Você julga as religiões como incapazes de formar as gerações futuras!

Rafael sorriu e disse em tom de brincadeira:

— Eu ouvi isso!

E depois prosseguiu com seriedade:

— A minha função não é a de julgar ou condenar as religiões. Sempre lhes disse que elas devem continuar vivas enquanto forem úteis para alguém. Mas estou aqui procurando alternativas que atendam a nossa necessidade de busca espiritual. Se vocês me disserem que a humanidade está muito bem espiritualizada com as religiões atuais, eu me recolherei e voltarei à minha vida normal.

Se a nossa humanidade está cada vez mais avançada em termos de amor, respeito, harmonia e espiritualidade, eu concordarei que as religiões atuais são eficazes e entregarei os pontos. Mas não é isso que vejo!

E seria preconceito de minha parte se eu promovesse uma "caça as bruxas" às religiões atuais. Não é isso o que desejamos. O nosso trabalho é voltado para o amor e para o despertar das consciências. Tudo que fuja a essa diretriz não diz respeito à nossa linha de pensamento.

Eu desejo que vocês entendam a importância de ações voltadas para o Bem, sem pré-julgamentos. Ninguém pode se afirmar melhor que os seus semelhantes porque suas crenças religiosas, sociais ou comportamentais diferem das dos outros. Quem está com a verdade? A verdade ainda é uma estrada obscura para a nossa humanidade. Felizmente nós temos em nossas mãos a lanterna para desbravar esse caminho obscuro e ela é a única verdade absoluta que conhecemos: o amor que o Cristo nos ensinou.

Nesse instante uma voz gritou na multidão:

— Rafael, fale dos homossexuais! Você prometeu nas primeiras reuniões!

Rafael se lembrou de que tinha feito essa promessa lá no início, quando o público ainda era muito pequeno, e falou:

— Sim! Eu prometi. E devo cumprir. É certo que as religiões não são muito generosas com os homossexuais. E isso se deve ao fato de que a união matrimonial tem como finalidade básica a constituição de família, a geração de filhos para dar oportunidade a outras almas de viverem a experiência humana.

No entanto, hoje em dia, já podemos refletir melhor sobre

essa questão sem uma carga de julgamentos e condenações tão passionais. Muitos casais heterossexuais dedicam a sua vida para outros objetivos que não seja ter filhos. E o planeta também não apresenta mais uma necessidade de crescimento populacional como no passado. Logo, não vejo por que uma união homossexual baseada no respeito e confiança entre os cônjuges não pode ser aceita e respeitada pela sociedade.

Apesar de fugir ao planejamento de união para procriação, não há como questionar que entre homossexuais pode surgir um amor tão grandioso e fiel como os que vemos entre heterossexuais. E se os casais homossexuais edificarem uma vida conjunta digna e que promova a aquisição de valores espirituais entre si, temos de reconhecer como valiosa e íntegra a sua união.

Um rapaz então ergueu a mão e perguntou:

— Mas e como fica a questão dos filhos? E se eles desejarem filhos? Deveriam adotar?

Rafael meditou por alguns instantes e respondeu:

— É uma decisão difícil, que depende de muita reflexão. A adoção de filhos envolveria uma terceira pessoa nessa questão, que não teria condições de opinar sobre o assunto. É certo que para muitas crianças em orfanatos a possibilidade de um lar, mesmo que entre homossexuais, é muito melhor que o abandono. Mas temos de refletir sobre o preconceito que ela sofrerá dos colegas de aula, dos amigos e da sociedade como um todo. Mais uma vez a ação do terrível preconceito...

As crianças do futuro, porém, terão um comportamento mais fraterno do que as do passado. Uma prova do quilate espiritual, e que se trata de uma criança Índigo, é o respeito e amor aos semelhantes. No futuro o triste preconceito infantil e a maldade que vemos entre algumas crianças, que ironizam e desprezam as demais, não existirão mais.

Rafael então respirou fundo e prosseguiu:

— Eu só gostaria que o homem se preocupasse menos com a vida alheia e mais consigo mesmo. Assim já estaríamos dando um valioso passo em busca do avanço espiritual. Quando a humanidade do terceiro milênio for a maioria encarnada na Terra esse comportamento primitivo será coisa do passado. Por enquanto ainda teremos que conviver com isso. E espero que vocês ajudem a mudar a mentalidade das pessoas a esse respeito.

Conheço homossexuais que são pessoas maravilhosas e contribuem de forma valiosa para a construção de um mundo melhor. Não acredito que eles mereçam o nosso desrespeito e condenação por sua opção sexual. Se formos avaliar dentro das "regras religiosas", também deixamos de cumprir muitas delas, e não vejo um ataque da sociedade contra os infiéis, adúlteros, rancorosos, traidores, rebeldes, coléricos. Por que deveríamos rechaçar nossos irmãos por sua opção sexual? Lembrem-se de que todo julgamento cabe somente a Deus.

16
O fim de um ciclo

No sábado pela manhã Rafael e Eduardo se encontravam nos jardins da mansão conversando animadamente e aguardando a chegada dos amigos para se dirigirem à casa espírita. Tadeu os havia convidado para um trabalho de cura a alguns pacientes.

Érica, sempre fascinada pela arte da cura espiritual, se ofereceu prontamente, e seu gesto generoso foi seguido pelos outros. Enquanto esperavam os amigos Rafael falava a Eduardo:

— Meu amigo, eu creio que o momento de falarmos diretamente e em particular com os líderes religiosos de nossa cidade está chegando. Aquilo que você tentou organizar com empenho em nossa primeira reunião, e não obteve êxito, agora se realizará.

Depois de falarmos para 11 mil pessoas, não há como eles negarem a revolução espiritual que estamos propondo. Eles terão de se manifestar, ainda mais que alguns estavam presentes em nossa última reunião com a intenção de estudar a nossa proposta.

Eduardo concordou e disse:

— Ainda mais que as suas duas exposições no Ginásio do Ibirapuera foram noticiadas nos jornais, com excelentes comentários. Creio que essa deve ter sido mais uma ação positiva de seu novo amigo "relações-públicas", que insiste em manter o sigilo sobre a sua identidade.

Rafael concordou com um gesto sereno e disse:

— Você tem razão! A imprensa dos dias atuais não estaria interessada em divulgar as nossas ideias sem uma significativa compensação financeira. Os temas que são de interesse dos meios de comunicação hoje em dia são somente assuntos policiais, política ou futebol, ou então cumprem aquele mero formalismo alienante contra o qual lutamos com tanto fervor.

Para eles se interessarem por nossas ideias, só quando dermos uma fantástica audiência ou a peso de ouro.

Eduardo sorriu, piscou o olho para o amigo e disse:

— Fique tranquilo, Rafael! A Nova Era está chegando na Terra e a sociedade em que vivemos será, em breve, um passado a ser esquecido. A imprensa só está atrás de audiência. Ela oferece ao público aquilo que o público quer ver. Você não pode culpá-la por isso.

Eduardo se levantou e respirou fundo, com grande ânimo, e falou:

— Eu sinto que a humanidade do futuro será uma festa de luz, onde o amor e o respeito ao próximo e à natureza imperará. A ignorância e os vícios serão cada vez mais remotos e cruzaremos pelas ruas por pessoas com um semblante de paz e harmonia.

Os olhos de Rafael brilharam e ele falou:

— Sim, meu amigo! Consigo ver o que você fala. Não haverá mais guerras e o homem será naturalmente pacífico. Será o fim da ganância, da mesquinhez, da violência e do ódio. E o nosso mundo progredirá em todas as áreas como nunca ocorreu na história da humanidade. Será um novo Renascimento, mas nada comparado ao que ocorreu no final da Idade Média; será algo com um alcance inimaginável!

Eduardo meditou um instante e disse:

— Sim! Para o homem comum isso pode parecer absurdo e inviável, mas para quem tem consciência do processo de transição que estamos vivendo, isso é algo muito natural. Em breve os eleitos estarão reencarnando em massa na Terra, mudando completamente esse triste cenário em que vivemos. Em poucas décadas a humanidade se converterá das trevas para luz. Tenho grande fé nisso!

Mal ele terminou essas colocações e os pássaros no jardim da casa de Rafael começaram a cantar e pular de galho em galho, demonstrando intensa agitação. Eduardo olhou para o amigo com expressão de surpresa e perguntou:

— Mas o que está acontecendo? Parece que estão fazendo uma festa...

Rafael cruzou os braços, se esparramou na cadeira e disse:

— Eles estão assim porque a Érica está chegando. Ultimamente eles sempre cantam desse jeito quando ela está próxima...

Eduardo fez uma cara de incredulidade e disse:

— Não creio... Isso não é possível... Eles não são cães! As aves não agem assim.

Rafael sorriu e falou:

— Espere pra ver.

Eduardo cofiou a rala barba de adolescente e afirmou, de forma jocosa:

— A menina que encanta os pássaros...

Rafael riu abertamente e disse:

— Não só os pássaros! Os meus cães também. Agora eles só querem saber dela. Quando Érica está aqui eles esquecem que eu existo.

Eduardo sentou-se ao lado do amigo, deu-lhe um tapa cordial na perna e falou com alegria:

— Além disso, meu querido irmão, ela encanta especialmente alguém que eu conheço...

Rafael ficou em silêncio por alguns instantes e depois disse para o companheiro, olhando profundamente em seus olhos:

— Eduardo, eu a amo! Amo com uma intensidade que nem sei compreender. A sua ausência me causa dor. E quando ela chega, sinto-me como esses pássaros que cantam enlouquecidos de felicidade por sua adorável presença. Nunca em minha vida imaginei que fosse encontrar alguém tão especial.

Eduardo apertou forte o ombro do amigo.

— Eu fico muito feliz por vocês. Um amor assim é raro. Hoje em dia só o que vemos entre as pessoas da nossa idade são relacionamentos efêmeros. Cada um dá aquilo do que a sua alma está repleta! E vocês dois possuem uma luz intensa dentro de si. Vocês são dois diamantes perfeitos que o convívio mútuo somente haverá de lapidar ainda mais, permitindo que irradiem um brilho maior àqueles que conviverem com vocês. Com o passar dos anos a união de vocês se tornará um foco de luz que realizará maravilhas em nosso mundo. Parece até que estou vendo isso...

Sinto-me feliz por ter o privilégio de ter amigos assim tão especiais. E que Deus me abençoe no futuro com uma companheira tão maravilhosa quanto a que você recebeu pelos méritos que tem. Fico muito feliz por você, meu querido amigo.

Rafael, com os olhos marejados, respondeu ao irmão de ideal, com emoção no tom da voz:

— Você encontrará, Eduardo! Eu faço minhas as suas palavras. Você é muito especial. Em breve estará ao seu lado um raio de sol que iluminará a sua vida, inspirando você a se tornar cada vez melhor e mais útil para a construção de um mundo novo. Nós estamos na Terra para isso e cumpriremos a nossa missão ao lado de quem amamos. Somos almas que sabem amar e ser amadas. Compreendemos que qualquer união exige saber ceder para conquistar espaço. Você é um sábio em corpo de adolescente! Qualquer mulher o amará de forma única, porque você é uma pessoa excepcional.

Os dois amigos então se abraçaram e ficaram observando a aproximação daquela linda menina de olhos verdes que parecia irradiar uma abençoada luz de amor a cada passo que dava. Era um anjo na Terra! Ela usava apenas um leve vestido branco e uma simples sandália, lembrando muito as sacerdotisas celtas. Érica não precisava ostentar beleza, porque era a própria personificação do belo na Terra.

Os cães de Rafael logo correram até ela para prestar-lhe reverência, como súditos fiéis frente a uma adorável princesa. Enquanto isso os pássaros lhe demonstravam reações de afeto inimagináveis... A cada movimento daquele anjo que desceu do céu, a natureza parecia venerar a sua presença com um balé de beleza inigualável.

Enquanto a bela Érica se agachava para acariciar os cachorros, alguns pássaros pousavam em seu ombro e também na cabeça. Outros ficavam próximos aos seus lindos pezinhos, bicando-os, como filhotes pedindo a atenção daquele anjo iluminado. E por incrível que pareça, nenhum dos cães demonstrava hostilidade contra as aves. A presença daquela fada iluminada, que irradiava um amor indescritível através do olhar, neutralizava até mesmo a ação instintiva predatória dos nossos irmãos menores.

Rafael então correu até o amor de sua vida, e a abraçou e beijou com grande felicidade. Lágrimas serenas desceram sobre a sua face iluminada... Eduardo, então, percebeu que, no momento do contato entre os lábios dos amigos, espargiram fagulhas de luzes douradas e violetas, irradiando-se por todo aquele local, que naquele instante estava sendo abençoado pelo Alto. Os pássaros alçaram vôo e ficaram sobrevoando os dois, como que agradecendo as vibrações sublimes que recebiam.

Algo realmente belíssimo, de difícil percepção para almas grosseiras. Somente aqueles que possuem ingresso para frequências superiores poderiam perceber aquele festival de luzes e cores que os envolviam. Certamente uma manifestação do Céu na Terra.

Eduardo então se sentou discretamente e deixou os amigos aproveitarem aquela maravilhosa troca de energias. Algumas pessoas acreditam que o sentimento mais intenso do amor se encontra no ato sexual. Mas quem pensa assim é porque não possui alcance espiritual para compreender um amor de "alma para alma", algo que nem mesmo a distância é capaz de ofuscar...

Eles ficaram unidos por vários instantes, aproveitando aquele momento especial. Quem observasse de longe talvez pudesse percebê-los flutuando a alguns centímetros do chão, com a leveza da alma que é característica dos anjos. Seria uma miragem ou um reflexo natural do amor entre almas realizadas? Não saberia responder!

Não demorou muito para Tadeu e Laura chegarem e todos se dirigirem felizes para a casa espírita. Quando lá chegaram, Francisco, um dos diretores da casa, chamou Rafael, dizendo com carinho:

— Meu filho, eu preciso conversar com você. É um assunto sério. Você poderia dispor de uma hora?

O profeta do Universalismo Crístico fez um sinal para os amigos e eles logo compreenderam que não teriam a sua companhia durante os atendimentos. Rafael então entrou na sala da diretoria e sentou-se em silêncio. Francisco passou a mão em sua espessa barba grisalha, e falou:

— Rafael, meu rapaz, eu tenho a missão de lhe comunicar algo, mas isso vai doer em meu coração.

O anunciador da Nova Era conhecia a integridade moral e a honra de Francisco, portanto falou, de forma generosa:

— Francisco, fique tranquilo sobre o que você tem a me dizer. Eu o respeito muito e sei que as suas palavras e atitudes são sinceras e honradas. Poucas vezes em minha vida convivi com um espírita verdadeiramente valoroso como você.

Francisco então se levantou, de forma espontânea, e caminhou até Rafael para abraçá-lo. Lágrimas desceram de seus olhos até desaparecerem em meio à longa barba.

Rafael sorriu e disse-lhe, com uma ternura somente presente no coração dos anjos:

— Por que você chora? O seu coração é limpo. O que irá fazer não reflete o que pensa. Você é apenas um porta-voz...

A atitude equilibrada de Rafael e a sua capacidade de perceber por antecipação o que estava acontecendo emocionaram ainda mais aquele homem justo e sincero. Ele então se sentou novamente e falou:

— Meu filho, você expandiu a sua consciência em uma velocidade que jamais vi em minha vida...

Ele olhou profundamente nos olhos de Rafael e prosseguiu:

— Você tem apenas 17 anos e a sabedoria de quem viveu várias vidas como um mestre. Nenhum dos que lhe antecederam realizou o que você faz...

Rafael não entendeu a colocação e perguntou:

— Quem me antecedeu? Ao que você se refere?

Francisco meneou a cabeça e respondeu:

— Outros assim como você também expandiram as suas consciências muito além dos dogmas espíritas e foram rechaçados pela presidência e pela diretoria dessa casa. Pessoas com a mente aberta em nosso meio são algo a cada dia mais comum.

Atualmente os espíritas dedicados lêem muito mais que no passado e já aprenderam a fazer juízo próprio. Muitos também estudam outras literaturas, o que lhes permite enxergar o mundo de forma mais ampla!

Ele olhou nos olhos de Rafael, impressionado com a onda energia que o invadira:

— Sinto que com você é diferente. A mensagem que você traz é o próprio futuro. Absolutamente o futuro! Mas a diretoria crê que devemos nos preservar conforme as orientações da Federação Espírita Brasileira. Você entende? Nós devemos seguir a cartilha deles. Caso contrário perderemos o seu apoio e seremos desfiliados.

Rafael ficou alguns instantes em silêncio e depois perguntou:

— Não seria a hora de pagar esse preço para apoiar o progresso espiritual da humanidade? Eu sei que estou dando um passo muito largo, mas eles não aceitam nem mesmo a união com seus irmãos mais próximos, os espíritas universalistas. A mensagem harmoniosa de Ramatís até hoje é perseguida de forma ridícula por pessoas que nem mesmo a leram! Até quando você acha que deve ser conivente com essa absurda miopia religiosa?

Quantas vezes sugeri um debate de ideias onde me fosse mostrado em que ponto as obras de Ramatís, psicografadas por Hercílio Maes, estão em desacordo com o Espiritismo proposto por Allan Kardec? Isso nunca aconteceu.

Os argumentos que são levantados por eles em geral não se sustentam. E ainda vemos esses mesmos temas que eles questionam em outras obras espíritas autorizadas e ninguém diz nada. Só que lá estão com outro verniz.

Isso sem contar os livros absurdos com incoerências históricas, e até mesmo científicas, que são autorizados pela Federação, enquanto o excelente trabalho de Ramatís é tratado como algo ilegítimo.

Francisco abaixou a cabeça, vencido pelos argumentos de Rafael, e respondeu:

— Existem centenas de pessoas que são atendidas toda a semana por essa casa, Rafael. Esse é um trabalho que precisa ser mantido! Elas não podem ser prejudicadas por nossas lutas ideológicas internas. Talvez um enfrentamento contra a Federação seja um preço alto demais que não possamos pagar. Nós necessitamos dos subsídios que recebemos deles. Você melhor do que ninguém deve compreender que nem todos estão prontos para a sua mensagem. Por isso devemos continuar com o nosso trabalho, mesmo que ele não atenda à visão espiritual do futuro.

Muitas pessoas ainda possuem a consciência muito limitada para dar o salto que você está propondo e que eu reconheço que é a mensagem do futuro.

Não podemos tirar o chão dessas pessoas e dizer-lhes para seguir a sua mensagem, que elas nem mesmo compreendem. Elas ainda não estão prontas para esse salto. Você mesmo prega que a mudança deve ser gradual.

Além disso, você é muito jovem e idealista. Eu respeito isso! Mas com o passar dos anos você verá que certas situações devem ser resolvidas com paciência e diplomacia.

Francisco passou a mão pelos cabelos, demonstrando nervosismo e agitação, e concluiu:

— Você é um profeta! Não tenho dúvida alguma disso. Por isso pedi para ser eu o encarregado de lhe comunicar a decisão da diretoria ao seu respeito.

Rafael ficou alguns instantes olhando para o teto, com lágrimas nos olhos, e depois perguntou, com uma dor no peito:

— Eu estou sendo expulso da casa, não é?

Francisco se penalizou com a dor daquele jovem que desde os seus 12 anos de idade trabalhara incansavelmente para promover a espiritualização dos que procuravam aquela casa em busca de cura e conforto. E respondeu, com a voz embargada pelas lágrimas:

— Não pense assim! Você realizou uma semeadura abençoada nessa casa e agora o Pai está convocando-o para uma obra superior. Tenha certeza disso! Não deixe que a mesquinhez humana abale os seus ideais. Você é iluminado e deve seguir com a sua mensagem que será um farol indestrutível para as gerações futuras.

Rafael então se levantou e abraçou aquela alma generosa. Eles ficaram longos minutos trocando energias salutares, até que o anjo disse-lhe:

— Obrigado por convencê-los a ser você quem deveria me comunicar. Sinto-me mais tranquilo, pois certamente eles não pensam como você. Eles estão mais preocupados em defender os seus feudos, as suas posições hierárquicas, do que realmente em fazer o Bem a quem vem a esta casa.

Francisco o abraçou mais forte e falou:

— Eu sinto-me como Nicodemos procurando alertar Jesus sobre os perigos da política do sinédrio judeu...

Rafael então se afastou e disse-lhe:

— Não! Eu não sou o grande emissário da Boa Nova do Terceiro Milênio. Eu sou apenas o anunciador. Virá no futuro alguém muito maior que eu, que unirá todas as religiões e promoverá definitivamente o Universalismo Crístico na Terra. Ele já me apareceu duas vezes em desdobramento espiritual.

Francisco sorriu e falou:

— Eu só conheço você até o momento, portanto depositarei toda a minha fé naquilo que vejo.

O anjo anunciador então colocou a mão direita sobre o ombro do generoso amigo e falou:

— Venha conosco! A sua mente já se sintonizou com a luz do futuro. Nós precisaremos de trabalhadores para construir a transformação espiritual para a Nova Era. Poucos já viram a luz como você.

Os olhos de Francisco brilharam, mas ele respondeu:

— Não, meu irmão! Meu lugar ainda é aqui. Nesta casa de Deus existem ainda muitas almas boas que não compreenderão a sua mensagem e nem por isso deixarão de ser dignas do amor divino. Além do mais, já estou muito velho para mudanças.

O jovem rapaz segurou forte a mão dele e disse-lhe, com empolgação:

— Nós somos espíritos imortais! Não existe idade para fazermos um novo começo. Temos a vida eterna pela frente.

Rafael olhou em seus olhos com determinação e falou:

— Venha conosco.

Francisco ficou fortemente inclinado e disse:

— Agora não. Depois, quem sabe?

Rafael entendeu a mensagem oculta do amigo e falou:

— Eu vou embora feliz, porque você é um homem digno e honrado. Apesar de tudo o que aconteceu, estou com a alma leve porque sei que o meu trabalho continua e deixei aqui um grande irmão.

Francisco sorriu com o reconhecimento e respondeu:

— Eu estarei acompanhando os seus passos e se eu ouvir a voz de Deus dizendo: "Vá! Aqui você já cumpriu a sua missão!", eu então irei!

Rafael ficou muito feliz com aquelas palavras e se retirou pela última vez daquela casa em que irradiou o amor de Deus aos seus semelhantes por vários anos.

Ele aguardou os seus amigos terminarem as suas atividades, meditando na praça em frente. Quando eles chegaram, ele falou sorrindo:

— Acabei de ser convidado a encerrar as minhas atividades no centro espírita.

Laura se impressionou e perguntou:

— E você está assim, sorridente?

Rafael olhou para o céu e respondeu:

— Eu estou feliz porque agora tenho certeza de que a minha missão na Terra independe das religiões e de suas estruturas burocráticas, e também porque deixo nessa casa um grande amigo que soube me tratar como a um verdadeiro irmão. Francisco é um grande homem!

Consigo sentir em meu coração a vibração de amor de todas as pessoas que auxiliei nos vários anos trabalhando pela mensagem do Cristo nesse local. Isso me alegra muito.

O anunciador da Boa Nova do Terceiro Milênio refletiu por um instante e concluiu:

— O mal não está nas religiões, e sim em seus adeptos que a obscurecem com a treva que habita em seus corações. Entretanto devemos sempre perdoar e compreender a limitação de nossos irmãos. Se Jesus assim o fez, do alto da cruz, por que deveríamos agir de forma diferente?

17
Reunião com os líderes religiosos

Alguns dias depois Paulo entrou no quarto do filho e falou:

— Rafael, acabei de receber um telefonema lhe convidando para uma reunião com os líderes religiosos da cidade de São Paulo. Eles querem a sua presença na quarta-feira à noite para debaterem as ideias que você está divulgando.

O jovem adolescente estava redigindo serenamente um texto no computador e ficou paralisado por alguns instantes, perdido em seus pensamentos. Ele olhou para o teto, pensou e depois disse ao pai, com um brilho no olhar:

— Meu pai, essa reunião é realmente muito importante. Mas por que justo na quarta, que é quando realizo as minhas palestras para o público? Isso é muito importante para mim.

Paulo não tinha pensado nisso e falou:

— Bom! Isso agora não vem ao caso. As palestras para o público você pode realizar toda semana, mas a atenção desse importante grupo de religiosos não sei quando você terá novamente. Será imprudência da sua parte reclamar do dia.

Rafael fez um gesto concordando, mas era possível perceber o aperto em seu coração. Paulo não deu atenção a isso e prosseguiu:

— Quem me ligou foi aquele seu amigo que não quer se identificar. Ele disse que já está tudo organizado e que esse encontro será ali mesmo no auditório do Ibirapuera. Certamente ele verá uma forma de avisar ao público que você falará especialmente aos líderes religiosos na próxima quarta. O seu público entenderá!

Rafael então se levantou e ficou observando o horizonte através da janela, como se estivesse procurando respostas no infinito.

Paulo ficou em silêncio por alguns instantes e depois perguntou:

— Meu filho, você quer saber quem é esse benfeitor que está ajudando a multiplicar o alcance de sua mensagem? Eu dei uns telefonemas e descobri a sua identidade. Você não vai acreditar!

Rafael demorou alguns instantes para responder e depois

disse, sem tirar o olhar da janela:

— Não, meu pai! Eu quero respeitar a sua decisão. Se ele deseja se manter no anonimato é porque tem as suas razões. O que me importa são apenas as suas ações. Eu sei que Deus, o Juiz Supremo, não precisa de nossos "rótulos" para nos identificar no momento em que formos colher o que plantamos nessa vida. O meu amigo oculto também deve pensar assim.

Paulo entendeu o recado do filho e se retirou, alegando que deveria deixá-lo descansar.

Na noite de quarta-feira Rafael se dirigiu para o Auditório Ibirapuera, que fica bem próximo do ginásio. Lá ele percebeu que um grande público o aguardava.

Ele se voltou para Tadeu, que estava ao seu lado, e falou:

— Creio que o público não foi avisado de meu compromisso com os líderes religiosos hoje...

Tadeu concordou com um gesto sereno, e disse:

— É difícil avisar sem colocar um anúncio na televisão ou nos jornais. Muitos não devem ter tido acesso ao comunicado, ou não acreditaram no aviso.

Rafael olhou para o amigo e falou:

— Venha comigo.

Ambos então se dirigiram rapidamente para o ginásio. Érica e Laura perceberam a movimentação dos dois e os seguiram. Aquele comecinho de noite estava especialmente agradável. Apesar do calor, uma brisa de chuva já anunciava uma noite fresca.

Chegando próximo do público, que já se aglomerava em frente ao ginásio, Rafael chamou a atenção de todos:

— Meus amigos, hoje terei de falar aos líderes religiosos de nossa cidade no auditório. Mas quem desejar esperar para mais uma de nossas reuniões de esclarecimento espiritual, assim que esta reunião estiver encerrada, pedirei para abrirem os portões do palco para a "plateia externa". Se tiverem paciência para esperar, estarei com vocês em breve.

O auditório do Ibirapuera possui uma plateia interna para oitocentas pessoas e, atrás do palco, existe uma porta com vinte metros de largura que abre o palco para uma plateia externa, ao ar livre, nas costas do auditório.

As pessoas aplaudiram e Rafael retornou rapidamente para o auditório, quase correndo, com a multidão seguindo os seus passos. Tadeu se aproximou do amigo e falou:

— Você está louco, Rafael! Você tem ideia de quantas horas pode demorar esse encontro com os líderes religiosos?

Rafael olhou para o amigo com um semblante sério e respondeu:

— Tadeu, eu tenho um mau pressentimento sobre esse encontro. Não sinto uma boa vibração pairando no ar. Creio que a reunião não se estenderá por mais de duas horas.

O amigo fiel do anunciador sacudiu os ombros e encerrou o assunto.

— Bom! Se você está dizendo...

Enquanto Rafael passava rapidamente por baixo da arrojada cobertura da entrada do auditório, o público tomava o seu lugar no amplo gramado que dava para a porta externa, que se encontrava fechada naquele momento.

Ao chegar no palco do auditório, Rafael viu Eduardo e o seu pai dando explicações para os líderes religiosos que já estavam se enervando com o breve atraso do expositor. Rafael sorriu ao ver o semblante de preocupação do amigo, que só relaxou ao vê-lo. Eduardo então disse, um tanto nervoso:

— Onde você estava, Rafael? Essa talvez seja a mais importante apresentação de sua vida e você se atrasa.

O jovem profeta colocou as mãos nos ombros do amigo e falou:

— Não dê tanta importância a esse momento! Os instantes mais gratificantes da vida são os mais simples. Jesus mudou o mundo falando ao povo do mar da Galiléia, e não sendo ironizado pelos líderes religiosos de Jerusalém.

Rafael meditou por alguns instantes e depois prosseguiu, com um tom profético:

— Somos precursores da Nova Era. Estamos delineando os primeiros traços dessa obra de arte do futuro. Não espere demais de quem ainda está com o coração escravizado ao paradigma da vida atual. Lembre-se de que Judas Iscariotes esperou demais dos juízes do sinédrio judeu e se arrependeu... E ele mesmo não tinha real noção da missão do Mestre, fato que passou para a posteridade como uma traição... mas essa não era a sua intenção.

Eduardo entendeu as colocações e falou:

— Entendo o que você quer dizer. Mas acho que você deveria ter um pensamento positivo com relação a essa reunião. O seu negativismo pode influenciar na captação deles. Não entre na mesma sintonia em que eles se encontram. Tente reverter esse sentimento ruim que está em seu peito.

O introspectivo amigo deu uns tapinhas no peito de Rafael, que sorriu para ele e falou:

— Sábias palavras, Eduardo. Vou me esforçar ao máximo para falar a eles, assim como falarei depois ao grande público que está atrás desse portão.

Eduardo sorriu e disse, com admiração:

— Não creio... Tem gente ali?

Rafael abraçou o amigo com grande empolgação.

— Vá ver você mesmo, enquanto me preparo para falar aos que estão aqui.

Eduardo correu como uma criança para espiar, com espanto, a imensa aglomeração que já se encontrava do lado de fora do auditório, enquanto Rafael se dirigia ao centro do palco. O anunciador da Nova Era então olhou para aquele público que se encontrava sentado de braços cruzados, em evidente sinal de negação a sua mensagem, muitos com semblantes sérios, demonstrando nítida indignação de ter de ouvir aquele insolente jovem que tentava, e estava conseguindo, derrubar o status quo religioso que perdura há tantos séculos na Terra.

Ele logo percebeu que a sua intuição não o enganara. Mas prometeu a si mesmo que falaria àquele público com o mesmo carinho que dedicara especialmente às crianças em suas últimas reuniões.

Antes de iniciar a sua exposição, ele se lembrou das palavras de Jesus: "deixai vir a mim as criancinhas, porque é delas o Reino dos Céus". E disse para si mesmo, com os olhos úmidos, quase em estado de prece:

— Sim, Mestre Jesus! Eu entendo como ninguém essas suas sábias palavras. O homem, com o passar dos anos, fica cada vez mais impregnado com as suas crenças e refratário a novas... Como servir a esse público o elixir da Verdade Espiritual da Nova Era, se seus cálices estão transbordando de um saber ultrapassado do qual eles não desejam abrir mão? A mínima gota que eu derramar em suas consciências transbordará, causando-lhes aflição e desconforto.

Por isso é tão importante a reencarnação do espírito. Somente retornando em outra vida, com a mente limpa, sem crenças preconcebidas, é que o espírito pode sorver uma nova verdade relativa, avançando na busca da verdade absoluta que está somente nas mãos de Deus. Raros são aqueles que abrem mão de suas convicções antigas para aceitar uma mais avançada na mesma existência. Foi assim com Moisés no deserto, que teve de esperar o nascimento e o amadurecimento de uma nova geração para entrar na Terra Prometida com uma nova Israel de pés puros. É assim nos dias de hoje com o nascimento das crianças Índigo. Faz parte do ciclo de evolução espiritual no mundo das formas...

Rafael parecia perdido nesses pensamentos quando foi afrontado por um dos espectadores, que levantou as mãos e gritou:

— Sim! E então... Esperaremos as suas palavras até que horas?

O jovem instrutor, que tinha idade espiritual mais avançada que todos ali presentes, despertou de sua viagem silenciosa e se desculpou dizendo:

— Desculpem o atraso. Eu estava somente realizando uma pequena prece de agradecimento ao Pai...

A afirmação serena de Rafael esfriou os ânimos e fez o público perceber que a reunião era de caráter espiritual, e como tal deveria ser tratada. Alguns até se envergonharam, lembrando que o hábito da oração a cada dia estava mais distante de seus corações, voltados somente para a burocrática administração de suas religiões.

O anunciador da Nova Era então se levantou, tomou um gole de água e ficou observando a plateia, que ocupava somente as primeiras sete fileiras. Havia ali umas 200 pessoas. No meio daquele ambiente carregado ele viu um pequeno foco de luz. Era o seu amigo Francisco, que estava junto com alguns representantes de sua religião.

Ele pôde observar também os demais líderes das religiões tradicionais. Eles estavam usando as indumentárias típicas de seus cultos, como se estivessem desejando realizar uma demonstração de poder ou então querendo afirmar as suas convicções religiosas inabaláveis. Alguns outros vestiam terno e gravata, que era uma vestimenta a que Rafael também possuía algumas reservas, por representar a cada dia mais os interesses mesquinhos do mundo material.

O anunciador da Nova Era se lembrou então das torcidas organizadas de times de futebol e sorriu discretamente. Depois ele recordou os grandes mestres da humanidade, que compreendiam que o amor era a verdadeira religião.

Rafael vestia uma calça jeans, camiseta branca e tênis, bem diferente da velha geração, tão acostumada à pompa, ao terno e gravata e ao posicionamento formal perante a vida.

Em seguida ele começou a falar.

— Os grandes mestres da espiritualidade nos informam que a chegada do terceiro milênio indica o fim da era regida pela mensagem amorosa de Jesus e demais avatares da Terra e o início do ciclo de Aquário, período em que a humanidade terá novas metas a alcançar em sua senda evolutiva.

Após o período de transição para a Nova Era, somente os espíritos eleitos através da conquista do amor e das demais virtudes obterão o ingresso para prosseguirem reencarnando na Terra, enquanto os rebeldes que não se enquadrarem dentro do perfeito código moral trazido pelos grandes sábios de todas as religiões serão exilados para um mundo de ordem inferior, onde realizarão as suas experiências reencarnatórias futuras, sempre lamentando o paraíso perdido, assim como descrito na lenda bíblica a respeito de Adão e Eva. Esse cenário convida-nos a profundas reflexões...

Se nós estamos aqui encarnados nesse crucial momento de evolução de nossa humanidade (e temos consciência disso) é porque assumimos um compromisso com a Alta Espiritualidade antes de reencarnarmos no sentido de promover a evolução das religiões, preparando-as para a mentalidade da Era de Aquário, ou seja, direcionando-as para uma verdadeira consciência espiritual (liberta de dogmas e rituais exteriores) e procurando voltá-las para uma sincera e exclusiva busca do amor e da sabedoria incondicionais.

O que resume a nossa presença na "Terra física", ou seja, estarmos reencarnados no mundo material, é a necessária conquista de "evolução" não somente no campo espiritual mas em todos os sentidos. É fundamental que nos tornemos pessoas melhores a cada dia para nos libertarmos da barbárie rumo a um nível superior de civilidade que se assemelha ao Reino dos Céus pregado por Jesus em suas maravilhosas parábolas evangélicas.

O jovem sábio fez uma breve pausa e depois prosseguiu:

— Durante a era passada, procuramos desenvolver, em sucessivas encarnações, o amor crístico, ou seja, a benevolência, a brandura, a fé, a paciência, a tolerância, o perdão, a caridade, o respeito mútuo. Porém, a Nova Era convidará os eleitos para novos desafios, muitos deles de ordem racional e intelectual, procurando o Entendimento Divino através do estabelecimento de relações lógicas. A resposta já não mais será: "É assim porque Deus quis". Seremos constantemente convocados a obter respostas sobre o engenhoso mecanismo das vidas física e espiritual, convidados a sermos co-criadores, junto com o Pai Celestial, como já é possível vislumbrar através dos ensaios científicos sobre engenharia genética e clonagem.

O maior desafio dos espiritualistas será, portanto, construir a ponte entre espiritualismo e materialismo, que jamais deveriam ter sido dissociados. Será necessário que venhamos a construir um novo modelo religioso que evolua junto com a humanidade física. Isso fará com que a sociedade gradualmente abandone o seu materialismo e seu ceticismo, tão prejudiciais à eterna busca da evolução.

O Espiritismo, codificado por Allan Kardec, já deu um grande passo nesse sentido, promovendo uma modernização do entendimento espiritual à sua época. Mas com os grandes saltos científicos atuais é imprescindível que os estudos espiritualistas assim procedam também, haja vista o plano espiritual ser muito mais evoluído que o nosso limitado mundo físico.

Por causa disto, os grandes mestres nos orientam, nesse primeiro momento, para a busca de um universalismo religioso, com o objetivo de unirmos forças para a construção desse novo modelo espiritual, que será, na verdade, uma grande filtragem de todas as religiões, obtendo o que há de melhor em cada uma, para depois buscarmos, através de estudos e experimentações, uma libertação total das amarras religiosas que escravizam a humanidade, em vez de libertá-la.

Assim sendo o que tenho proposto não é um sincretismo religioso. A tolerância e respeito a todos os credos religiosos é um principio que já deveria ter sido atingido na Era que está se encerrando, como já citamos. A religião universal da Nova Era não deverá ser apenas um multiculturalismo, onde todos pensarão conforme a sua religião e serão respeitados por isto. Este padrão religioso já foi definido e parcialmente conquistado nos dias atuais.

A proposta para a Nova Era é libertar-se de tradições, ritos e dogmas que foram importantes e necessários em seu tempo, promovendo a evolução de seus adeptos, mas que hoje em dia apenas afastam as mentalidades modernas das religiões. O ceticismo de muitos jovens hoje em dia reside em seu descrédito quanto aos métodos religiosos ultrapassados, e não em sua falta de fé e respeito aos assuntos de ordem espiritual. Talvez esses espíritos recentemente encarnados sejam até mais evoluídos do que os espiritualistas mais esclarecidos, só que as suas mentes sagazes aguardam a compreensão espiritual da Nova Era, mais moderna, racional e esclarecedora.

Rafael respirou fundo e concluiu dizendo:

— O novo padrão espiritual do terceiro milênio, o Universalismo Crístico, deve ser visto não como uma "salada de religiões", mas como a união de todos aqueles que sentem a luz de Deus em seus corações convidando-os à construção de um mundo melhor amparado por uma visão espiritual libertadora. Devemos lembrar sempre que "evolução" significa "movimento ou deslocamento gradual e progressivo em determinada direção". No nosso caso, em direção à luz e ao amor do Cristo.

Ele refletiu por mais alguns breves instantes e voltou a falar, sob o olhar atônito da plateia:

— "Para mim, as diferentes religiões são lindas flores, provenientes do mesmo jardim. Ou são ramos da mesma árvore majestosa. Portanto, são todas verdadeiras." Essa frase que acabo de dizer-lhes foi proferida por uma das mais importantes personalidades do século 20: Mahatma Gandhi.

E se formos analisar o perfil dele e dos demais mestres espirituais, veremos que eles estavam acima das religiões, preocupados mais com a espiritualização do mundo do que com lutas ideológicas.

Hoje já percebemos um trabalho orquestrado, em nível mundial, para implementarmos o programa de unificação religiosa para a Nova Era. E o mais importante, é que as pessoas em geral já anseiam por isso em seus corações. E é exatamente isso que fará com que esse sonho se torne realidade.

O anjo iluminado olhou para todos com carinho e concluiu:

— É isso que estamos propondo! Através de uma metodologia clara baseada em três alicerces principais, que estão contidos nesse panfleto explicativo que todos receberam. Eu sei que é uma mudança considerável em suas crenças particulares, mas creio que o mundo merece essa chance de realmente se espiritualizar através da união de todos.

Se pudermos contar com o apoio das religiões no sentido de estimular os seus adeptos a começarem a pensar nessa nova forma de espiritualização, já estaremos dando um grande salto em nossa caminhada. Não é necessário nesse momento abrir mão de suas religiões, pois a mudança deve ser gradual. Só o que lhes peço é apoio e que vocês se irmanem conosco na busca da construção do Universalismo Crístico para as gerações futuras.

Ele então ergueu as mãos e disse, de forma despretensiosa:

— Bom! É apenas isso que estamos divulgando!

A plateia manteve-se em silêncio, meditando sobre aquelas ideias que acabara de ouvir. Os bispos e cardeais acomodaram as suas longas e impecáveis vestes, o rabino da comunidade judaica ajeitou o "kipá" em sua cabeça, o "Imam", líder da mesquita islâmica, observou as palavras de Rafael com estranheza, o pai-de-santo acariciou os seus colares com a mente distante e o monge budista alinhou a sua veste laranja como se meditasse nas montanhas do Tibete. Enquanto isso os pastores evangélicos apertaram o nó da gravata e os teosofistas e espíritas se acomodaram nas cadeiras, com um leve desconforto, como se outro estivesse executando o trabalho que a eles cabia.

Todos procuravam inconscientemente uma forma de frear aquela revolução que estava chegando pelas mãos daquele carismático jovem. De uma certa forma, o sucesso do Universalismo Crístico significará, no final de seu processo, a extinção do domínio das religiões sobre os fiéis.

Por este motivo, não demorou muito para que os líderes religiosos realizassem a sua primeira colocação contrária:

— Meu jovem, o povo não quer se aprofundar espiritualmente e não deseja mudar as coisas como estão. A tradição é algo muito forte. Ela passa de pai para filho e vem norteando a cultura religiosa da humanidade há séculos. Quem lhe fez pensar que a geração futura será diferente? Cada pessoa tem a sua mentalidade e esta é fruto do meio em que vive. Não cremos nessa teoria de que "anjos" vão encarnar na Terra e terão o alto padrão de consciência que você alega.

Rafael ouviu com atenção a colocação e respondeu com respeito:

— Concordo que é difícil, para quem ainda não parou para observar, crer nessas mudanças. Hoje em dia percebemos notável mudança comportamental em nossos jovens, o que demonstra se tratarem de espíritos com consciência mais abrangente.

Mal Rafael terminou de falar e ouviu a seguinte manifestação:

— Isso é fruto somente da sociedade moderna. A tecnologia e o mundo moderno é que provocaram essa nova relação do homem com o mundo.

O jovem rapaz fez um gesto de concordância e replicou:

— Mas será que é o mundo que está mudando os jovens, ou os jovens é que estão mudando o mundo? Vocês já pararam para pensar nisso? Quem são os seus fiéis seguidores? Qual é o perfil deles? Vocês crêem que as gerações futuras terão esse mesmo perfil? Vocês acreditam mesmo que os filhos de seus fiéis seguirão a crença dos pais?

A nossa mensagem é basicamente para as gerações futuras. Concordo que ela talvez não se ajuste com perfeição à mentalidade atual, mas, para o futuro, não tenho dúvida alguma. Se continuarmos com esse modelo religioso o homem se afastará cada vez mais da busca de Deus. Isso será inevitável! E talvez possamos entrar em um grave colapso social a partir disso. Atrasar a chegada do Universalismo Crístico é condenar a humanidade a um perigoso processo de estagnação espiritual.

Um outro espectador levantou-se e falou:

— O homem tem se afastado da palavra de Deus porque é tentado pelo demônio e não percebe!

Rafael sacudiu a cabeça, com autoridade, e falou:

— O demônio não existe, o que existe é a ignorância humana que se deixa levar por seus instintos atávicos, simplesmente porque não consegue perceber a sua essência divina. E por que isso acontece? Porque as religiões já não conseguem mais tocar o coração da humanidade moderna e fazê-la ver que ela é mais do que o corpo físico.

Mais um assistente então se manifesta:

— Você tem que respeitar as nossas crenças! O que você está cometendo é um crime constitucional.

Rafael levantou-se, impressionado, e falou, com convicção:

— Em nenhum momento ofendi as religiões ou as desmereci. Apenas quero provocar uma reflexão dos fiéis e convidá-los a dar um passo além. As religiões, na minha forma de ver, são como as antigas máquinas de escrever. Elas prestaram notável contribuição ao homem, mas hoje em dia os computadores pessoais é que nos auxiliam por serem mais adequados à época em que vivemos.

Daqui a algumas décadas as religiões continuarão a ser respeitadas e lembradas com carinho pela humanidade, entretanto um novo modelo de compreensão espiritual é que conduzirá o progresso da civilização de nosso mundo. Lamento lhes dizer isso... mas trata-se de algo inevitável!

Uma indignação generalizada se desencadeou na plateia. E mais um protesto se fez ouvir:

— Quem você pensa que é para falar com tanta certeza? Chama-nos de "donos da verdade". Mas e você, o que faz?

Rafael pediu desculpas e disse:

— Lamento por esse excesso de minha parte. Mas é que às vezes o futuro parece tão claro em minha mente, como se eu tivesse a capacidade de profetizar. Essa reunião que estou tendo aqui com vocês, eu já a tinha visto em minhas meditações. E inclusive o resultado dela também não me será surpresa.

No meio da plateia então se ouviu um grito:

— Você vai perder o Céu! Falso profeta!

Rafael se surpreendeu com aquela atitude tão passional em um grupo que deveria representar as religiões e falou:

— Como é que quem prega o amor, a liberdade e o desprendimento pode ser um falso profeta? A mensagem de Jesus era mais parecida com essa que lhes apresento do que com a estrutura arcaica das religiões. Eu vejo mais regras do que amor nas religiões, percebo mais encarceramento dogmático do que liberdade de expressão e observo jogo de interesse em vez de desprendimento pelo bem do próximo.

O debate começou a esquentar e um outro líder sectário falou, em alto e bom tom:

— Não abriremos mão dos fundamentos de nossa crença e lutaremos contra o que você propõe!

Rafael ergueu as mãos, em sinal conciliatório, e falou:

— Meus irmãos, somos todos filhos do mesmo Pai e cremos na mesma regra básica: "ame ao seu próximo como a si mesmo".

Eu estou aqui apenas propondo uma metodologia de debate. Caso vocês me provem que as suas crenças são absolutamente inquestionáveis, me conformarei.

Mais uma exaltação na plateia:

— Religião é questão de foro íntimo! Não precisa ser provada. Cada um crê naquilo que lhe traz conforto.

Rafael meneou a cabeça e falou:

— Concordo com vocês. Mas insisto em dizer que as gerações futuras não pensarão assim. Não sejam míopes. Analisem as crianças e os jovens de hoje, alguns já estão em outra frequência... muito mais avançada que a nossa.

De repente um homem muito idoso se ergue e diz:

— Meu filho, você é muito jovem e não pode perceber a importância de nossas instituições religiosas. Não é uma questão de ser verdade ou não; elas são reguladoras da vida social da humanidade. As pessoas esperam que elas estejam lá para conduzi-las e consolá-las, só isso. A religião é uma necessidade cultural e social, acima de tudo.

Rafael se surpreendeu com aquela colocação e falou:

— Mas pelo que entendi você não crê no que prega. É isso mesmo!

O homem ficou um pouco perdido e confirmou:

— Você é muito jovem para entender isso... Com o passar do tempo não encontramos todas as repostas para atestar com segurança as nossas crenças. Por isso a nossa fé é tão importante. Você entenderá isso somente quando seus cabelos ficarem grisalhos.

Rafael ficou impressionado e disse:

— Por isso que a fé deve ser raciocinada, e não baseada em um testemunho cego... Acho que nem em mil anos vou entender como vocês se submetem a algo em que não encontram lógica e sensatez. Deus para mim é a Sabedoria Perfeita e facilmente compreensível para quem deseja encontrar a Luz. Jamais crerei naquilo que não concordo ou não consigo entender. Não preciso que meu cabelo embranqueça para chegar a essa conclusão.

Outra voz se ergue na plateia e diz:

— Eu estive em uma de suas primeiras reuniões e questionei daquela vez que a nossa crença religiosa não está vinculada a crer em uma necessidade de evolução. Deus nos criou como a Sua obra divina. Não precisamos evoluir, mas sim adorá-Lo acima de todas as coisas. A nossa fé em nosso Senhor Jesus Cristo é que nos salvará. Logo essa sua tese de que espíritos mais avançados surgirão no futuro para mim é inválida. Eu seguirei com a minha fé e não darei apoio algum as suas ideias.

Rafael concordou com um gesto sereno e falou:

— É um direito que lhe cabe. E obrigado pela sinceridade.

Um outro mais exaltado então diz

— Meu filho, essa sua "brincadeira" está indo longe demais. Aonde você pretende chegar? Viemos até aqui para ver se tiramos essas ideias fantasiosas da sua cabeça. Isso é um sonho de adolescente. Algo descabido! E muitas pessoas já estão querendo pensar como você. Isso não é bom para a nossa sociedade. Os fiéis precisam de controle... Jamais vão desejar caminhar por seus próprios pés.

Rafael abaixou a cabeça, um tanto chateado, e respondeu:

— Meus irmãos, lamento informar, mas pretendo ir com o Universalismo Crístico até o fim do mundo. Eis o ideal de minha vida. E vou lutar por ele até que a humanidade inteira o conheça. Se o mundo vai querer segui-lo? Essa é uma decisão de cada um. A minha proposta é dar a todos a opção de conhecer a verdade e a liberdade. Caberá a cada um decidir se deseja aceitar ou não. Se desejam sentir o vento da liberdade beijando os seus rostos e balançando os seus cabelos ou se preferem optar pelo encarceramento nos escuros calabouços religiosos. A espiritualidade liberta; a religiosidade aprisiona a alma!

A plateia ficou em absoluto silêncio. Até que um deles se levantou, talvez o mais ancião de todos, e disse, depois de um profundo suspiro:

— Isso que você prega é uma ilusão! E como todo sonho, um dia acaba.

Em seguida ele girou sobre os calcanhares e saiu do auditório com largos passos. Um após o outro os espectadores foram se levantando e se retirando, sem nada dizer.

Alguns deles, ao saírem, olhavam para Rafael com respeito e admiração, sinalizando que não podiam se manifestar abertamente por causa da hierarquia de suas religiões. Essas almas sinceras no futuro trabalhariam em silêncio dentro de suas organizações religiosas pela mudança de que tomaram conhecimento naquele dia inesquecível.

Em poucos instantes, o pequeno público presente na plateia interna havia se retirado. O último a sair foi Francisco, o diretor da sua antiga casa espírita. Ele apenas fez um sinal ao longe, desejando sorte e força para o jovem amigo. Francisco sabia que aquele não era momento para conversas. Rafael estava muito abatido e em profundo estado de reflexão.

A reunião fracassara. O anunciador da Boa Nova do terceiro milênio encontrava-se desolado, sentado em uma cadeira e com o olhar voltado para o horizonte. Os seus amigos nada disseram. Apenas compartilhavam com ele daquele momento de dor. Sim!

Os líderes espirituais, aqueles que eram responsáveis pelo futuro espiritual de milhões de pessoas, ainda estavam aprisionados ao seu ego.

Ele tentava entender o que dera errado. Não lutara fervorosamente pela verdade? Não tentara estabelecer uma mensagem de concórdia entre as religiões para promover a verdadeira espiritualização da humanidade? Por que a resistência dos anciãos que deveriam demonstrar sabedoria em vez da infantilidade tão comum entre as crianças?

Rafael não saberia responder. Nem mesmo os seus amigos, irmãos de ideal. Uma lágrima tentou escapulir de seus olhos, mas ele resolveu resistir. Levantou-se, respirou fundo e abraçou os companheiros de luta espiritual sem dizer uma única palavra.

Não era hora de analisar a situação. Só restava retornar para a casa e descansar. O seu corpo e alma necessitavam de repouso. Amanhã seria outro dia e o projeto do Universalismo Crístico na Terra não poderia parar. Ele sabia que isso era o mesmo que apagar a vida em seu coração. A morte de seu ideal seria o mesmo que o seu próprio fim.

Entretanto, naquele instante, Eduardo começou a abrir a ampla porta de 20 metros que separa o palco da plateia externa. Só então Rafael se lembrou de que havia pedido ao público para esperá-lo do lado de fora. E, para sua surpresa, todos estavam lá, em silêncio absoluto para não perturbar a reunião que ali dentro se desenrolava.

No entanto, quando a multidão percebeu a lenta abertura da porta do palco, todos começaram a aplaudir e assoviar com grande empolgação. Rafael caminhou ao outro extremo do palco, que dava para os jardins do parque, e sorriu, desanuviando a sua mente. Ele então aplaudiu o imenso público, com um largo sorriso no rosto, retribuindo o gesto carinhoso do grande público. Era impossível calcular a quantidade de pessoas. Talvez 5 mil mentes libertas estavam ali presentes. Era um mar de gente.

Rafael observou a multidão, as belas árvores ao fundo, a lua cheia no céu, parcialmente encoberta pelas nuvens, e aquela agradável e refrescante brisa que prenunciava uma chuva desde o início da tarde. Ele viu também algumas meninas sentadas sobre os ombros dos amigos ou namorados.

Além da nova geração, ele observou várias pessoas de várias idades, desde jovens adultos até idosos, mas que possuíam também uma alma progressista. Espíritos livres, que não aceitam cabresto! Isso tudo o renovou de uma forma única! O abatimento desaparecera e uma grande alegria inundou o seu coração idealista.

Do lado de fora havia uma outra energia, bem diferente da do ambiente carregado que percebera dentro do teatro! Uma grande festa de confraternização entre almas livres se desenrolava aos seus olhos, alimentando-o de maravilhosa esperança.

Rafael pôde perceber a ação dos espíritos de luz abençoando o público e cantando de alegria pela libertação espiritual daquele grupo. Ele apenas disse para si mesmo, com os olhos úmidos: "Obrigado, Meu Deus! Muito obrigado. Eu farei o sonho se tornar realidade. Eu prometo".

Em seguida ele se virou para os amigos e disse:

— Eis a minha gente!

Érica, Laura, Tadeu e Eduardo sorriram. O seu pai, que estava mais atrás, apenas fez um sinal positivo, com um largo sorriso no rosto.

Rafael voltou-se novamente para a imensa plateia ao ar livre e percebeu que em meio a ela estavam duas vans de emissoras de rádio e televisão. Ele fez um gesto afirmativo com a cabeça e pensou:

— Gabriel, Gabriel, onde você estiver, nesse nosso imenso país, espero que esteja recebendo as mesmas bênçãos que eu. Que Deus o abençoe e ilumine, meu irmão e mestre!

Depois ele ergueu os braços e falou para a plateia:

— Meus amigos, que alegria em vê-los aqui nessa noite maravilhosa. Na semana passada algumas pessoas disseram que me ouvir era uma alegria para a alma. Hoje sou eu quem diz isso! Vê-los e ouvi-los encheu meu coração de ânimo para continuarmos nessa maravilhosa tarefa que Deus nos outorgou.

Ele respirou fundo e prosseguiu com determinação:

— Eu tenho ouvido de algumas pessoas que a nossa mensagem de transformação para o terceiro milênio é apenas um sonho. Uma ilusão de um jovem adolescente. E isso me entristece deveras, não pela descrença, mas porque eles duvidam que o mundo pode se modificar pela vontade de muitos. Essas pessoas crêem que nós não temos forças para transformar a realidade que nos cerca.

Mas podemos conquistar isso! E nós sabemos a fórmula. Só teremos um mundo melhor quando o amor vencer a ambição. E isso é algo que temos de construir diariamente. Temos de fazer a nossa parte.

Rafael suspirou e continuou:

— Só uma sincera espiritualização nos fará ver o mundo com esses olhos. Por isto aposto tanto no Universalismo Crístico que tem por finalidade romper com o mundo das ilusões e libertar o homem da alienação espiritual.

Nós vivemos em um mundo consumista, que possui valores imediatistas. Seremos eternamente infelizes e insatisfeitos enquanto depositarmos nossas esperanças nesse modelo social. Por isso convido todos vocês a se libertarem dessa grande ilusão e voltarem os seus olhos para os necessitados do mundo, aqueles que passam fome, os excluídos da sociedade.

Lembremo-nos também dos povos em guerra, onde vidas e sonhos são destruídos. É muito comum vermos pessoas hoje em dia deprimidas e desiludidas porque apostam toda a sua vida nessa estrutura social falida. Lembrem-se de que somos irmãos e precisamos nos auxiliar mutuamente. O homem é, por natureza, um ser social. Todo aquele que realiza uma ação comunitária está alimentando também a própria alma. Ser útil é algo que não tem preço e é melhor do que qualquer antidepressivo!

Mas quando falo em realizar ações comunitárias, me refiro àquelas que despertam consciências. Nós devemos ensinar a pescar, e não apenas dar o peixe. É necessário oferecer condições estruturais para os excluídos caminharem por si. E a partir do momento em que suas necessidades básicas estiverem satisfeitas poderão finalmente trabalhar o seu eu interior de forma mais tranquila e consciente. Exigir espiritualização sincera de quem passa fome é uma insensatez!

Rafael meditou alguns instantes, enquanto caminhava de um lado ao outro do palco, respirando vigorosamente aquela brisa refrescante. E depois prosseguiu:

— Meus amigos! Um outro mundo é possível! Um mundo que não seja voltado para os interesses do ego, mas para o bem da família universal. Nossos irmãos estão morrendo na África e aqui no Brasil. No mundo inteiro...

Alguns vivem na opulência, em um mundo ilusório, enquanto a dura realidade assola uma multidão de miseráveis. Vamos abandonar o castelo de ilusões que criamos, vamos para as ruas construir uma sociedade espiritualizada e igualitária, consciente de seu papel no mundo.

E vocês podem me perguntar: mas como ajudar? Não é difícil, bastam mutirões para oferecer novas oportunidades de vida a quem precisa. Unam-se! Façam parcerias. Cada um dando 10, 20 reais por mês poderá ajudar uma família necessitada a se reerguer, até que ela possa andar por suas próprias pernas. Ninguém nasce para ser carregado no colo, salvo raras exceções, quando há alguma incapacidade física.

Ele meditou por um instante e depois voltou a falar:

— Sejam tutores educacionais de crianças sem condições de custear os seus estudos. Ofereçam a elas o maior dos bens:

a educação!

Existem várias formas de cooperar, portanto vamos arregaçar as mangas e trabalhar por um mundo novo, livre da ganância e do individualismo. Nós não precisamos esperar os governos burocratas para fazer a nossa parte, mas devemos cobrá-los sempre e a todo instante. Vamos eleger os nossos governantes e legisladores pelo voto consciente. Se não encontrarmos na lista de candidatos pessoas dignas, vamos nos candidatar e lutar para derrubar esse sistema social e político medíocre no qual vivemos.

Não podemos ficar apenas reclusos em nossos "mundos", consumindo enlatados sem saber o caminho que fazem até chegar às nossas mãos.

A melhor luta é a da não-violência ensinada por Gandhi e da autoconscientização em busca do mundo que queremos para nós e nossos filhos. Devemos realizar um trabalho não contra as guerras; pensar nelas somente as alimenta. Mas sim realizar um esforço pró-ativo em favor da paz!

É importante termos consciência de não consumir produtos que alimentem regimes de trabalho escravo. Temos de refletir também sobre a questão do sacrifício de animais para se conseguirem peles ou couro para a industria da moda; temos de pensar nos testes laboratoriais em animais; temos de evitar a alimentação carnívora – esta deverá ser página virada para a humanidade do futuro, mais evoluída e consciente.

Com o tempo o homem perceberá que deve preservar o seu "templo sagrado", o próprio corpo, do impacto vibracional causado pela morte traumática do animal que ele ingere sem consciência. Ou vocês crêem que os filés chegam às suas mesas sem morte e sofrimento de animais indefesos, que possuem também direito à vida? Eles também são seres sencientes, como nós! Além disso, devemos refletir sobre a energia degradante que intoxica o organismo humano através de vícios como o fumo e o álcool.

É importante refletir sobre as fontes de energia limpa também. O planeta está precisando urgente de uma trégua para recuperação. Nós estamos matando a nossa mãe: a Terra! E isso igualmente faz parte de uma nova compreensão espiritual da humanidade. Nós somos seres integrais: espírito e corpo. E devemos ter uma consciência integral também, tanto espiritual como ecológica: respeito aos animais, à natureza, à dignidade humana.

Rafael respirou por alguns instantes e depois voltou a falar com empolgação. Naquele instante alguns serenos pingos de chuva começaram a cair, aliviando a quente noite. O público agradeceu a benção divina com aplausos e assovios:

— Não pense que se desprender de seus bens o tornará pobre, pois assim você realmente será pobre. Pense e seu desejo será atendido! Faça o contrário, viva com paixão pela vida e com o ideal de construir um mundo melhor no coração. Dê espaço na sua vida para amar e amparar ao próximo e Deus lhe dará em dobro. Ajude seus irmãos! Seja generoso, material e espiritualmente.

Rafael fechou o semblante e falou com teatralidade:

— Represe a energia e ela apodrecerá em suas mãos. Deixe-a fluir e ela se tornará luz para o mundo e para você.

O público, muito emocionado com as palavras carismáticas do jovem iluminado, aplaudiu-o de forma frenética. O seu pai, que estava quase ao seu lado, demonstrou-se impressionado com a genialidade do filho e não conseguiu conter as lágrimas.

Depois o anunciador da Nova Era prosseguiu, sob forte inspiração do Alto:

— A mente voltada para o ideal crístico gera saúde, harmonia e paz. O contrário estabelece um padrão de doença, caos e depressão, que nem todos os médicos da Terra poderão curar.

O público então o aplaudiu mais uma vez, se deliciando com as palavras de Rafael e com o frescor da chuva, que agora começava a se intensificar. Ele então falou brincando:

— Estou com inveja de vocês. A vontade que tenho é de "mergulhar" nessa chuva.

A plateia riu, divertindo-se, e ele ouviu algumas vozes gritarem: "Venha! Pule e o receberemos de braços abertos". Rafael sorriu e disse, com carinho:

— Daqui a pouco!

Em seguida, voltou a falar com descontração:

— Quem quer ser livre levante a mão, por favor? Eu estou à procura de homens e mulheres com a consciência livre!

A multidão ergueu os braços, fascinada pelo magnetismo de Rafael. Algumas jovens, nos ombros dos namorados, pulavam de alegria com os dois braços levantados. Quem assistisse de longe poderia crer que se tratava de um grande show de rock, e não de algo que revolucionaria a forma como o homem vê as questões espirituais.

Rafael então observou com alegria a manifestação do público. Agora todos balançavam os braços, irradiando amor.

— Ser livre não é me seguir, mas seguir a sua própria consciência em um processo sincero de busca da espiritualidade e do autoconhecimento, assim como propomos no Universalismo Crístico.

A plateia sorriu e gritou "Viva!". O anjo então olhou para os amigos que estavam no canto do palco e os chamou para abraçá-los. Érica então ficou sob seu braço, como um pequeno pássaro protegido pelo seu amor. Ele então disse a todos, em alto e bom som, através do microfone:

— Vocês todos estão acordados e eu posso sentir isso! Ninguém aqui nessa noite está dormindo o sono profundo da alienação espiritual. E só posso dizer-lhes: Deus os abençoe por isso! Vocês são almas livres!

O público então enlouqueceu e começou a gritar o nome de Rafael, como se ele fosse um astro de rock ou um famoso jogador de futebol. Ele sorriu com o carinho e prosseguiu:

— Amigos, vamos sair do conforto de nossas casas e atuar no mundo, pois o mundo precisa de almas como vocês. Se cremos que o nosso lar é o nosso paraíso sagrado, vamos transformar o mundo nesse mesmo paraíso. O macro e o microcosmo são duas faces de uma mesma moeda.

Nós temos força para construir um mundo novo, só temos de nos unir. A união faz a força! Jamais vamos aceitar que nos digam o contrário! O mundo é mental! Ele pode ser moldado conforme os nossos pensamentos e desejos. Façamos uma revolução em nossas vidas, e isso se alastrará mais rápido do que fogo em palha seca.

Joguem fora pensamentos negativos e depressivos, e construam uma mentalidade positiva e transformadora. Esse mundo deve ser nosso, dos que que trabalham em nome de Deus e não da sintonia do ódio e das negatividades. Somos filhos de Deus. Nascemos para ser vencedores. Esse é o nosso destino! Só temos que tomar consciência disso.

Se adquirirmos uma verdadeira consciência espiritual, compreendendo verdadeiramente o objetivo da vida criada por Deus, poderemos nos modificar, triunfar sobre as nossas falhas morais e construir um mundo novo, mais fraterno e humano.

Precisamos vencer os nossos bloqueios para melhor servir em nome do Cristo! Só assim poderemos criar um mundo sem preconceitos e que luta por um resgate dos valores essenciais para a iluminação da alma.

Rafael refletiu por mais alguns instantes e depois voltou a falar, impondo significativa entonação em sua voz:

— Eu quero para a minha vida uma existência que valha a pena ser vivida... Meus amigos, eu quero fazer diferença nesse mundo, e não viver apenas para atender as minhas necessidades e as de minha família. O mundo precisa de uma nova mentalidade, mais fraterna e com aspecto igualitário. Precisamos pensar e agir nesse sentido! Cada vez mais as novas gerações terão essa visão desde o nascimento.

Nós podemos e devemos construir essa forma de pensar em nossas vidas já! Necessitamos acordar desse terrível sono profundo que é a indiferença com relação à sorte alheia.

Rafael olhou para o público e disse brincando:

— Vocês já despertaram... Eu sinto a energia...

Ele então fez sinal para o público fazer barulho. E foi prontamente atendido. Naquele momento a chuva apertou e caiu sobre a plateia de forma intensa.

— Eu quero lavar a minha alma também. Participar desse batismo espiritual maravilhoso que vocês estão vivendo. Eu já vou aí!

O público aplaudiu e ele prosseguiu dizendo:

— Irmãos se dão as mãos! Por que não podemos fazer isso com relação à família universal? Todos somos irmãos, filhos de um mesmo Pai. Vamos nos abraçar. Abracem-se! O abraço é um maravilhoso bálsamo para a alma.

As pessoas então começaram a se abraçar, em meio à intensa chuva, e desejar felicidade uns aos outros. Sobre o palco os amigos e pessoas ali presentes fizeram o mesmo. Depois Rafael começou a abraçá-los em pensamento, estendendo os braços e abraçando a si mesmo. E disse-lhes, mais uma vez, com profundo carisma em sua voz:

— Eu preciso de vocês. Não posso mudar o mundo sozinho.

A plateia foi ao delírio e começou a gritar:

— Desce! Desce! Desce!

Rafael falou mais uma vez ao microfone dizendo:

— Eu quero sim abraçá-los pessoalmente porque vocês são meus irmãos, filhos do meu Pai, e eu os amo de coração.

Ele então olhou para os amigos e os chamou com um sinal. Todos os jovens desceram e caminharam em meio à multidão, abraçando um a um em meio à chuva intensa. O público foi ao delírio, pois não acreditava que ele realmente faria isso.

A emoção foi imensa. Só não era possível ver as lágrimas sinceras dos anjos escorrendo pelos seus semblantes porque a água da chuva lavou-os completamente, da cabeça aos pés. As pessoas tocavam em seus longos cabelos, rostos e braços, sedentos da paz e da luz que habitavam o coração daqueles jovens brilhantes. Uma energia mágica envolveu a todos naquele fim de noite de verão.

Os jovens iluminados então colocavam a mão no próprio coração e depois no das pessoas, mostrando-lhes que todos são filhos de Deus e poderiam alcançar o grau de pureza que eles já tinham obtido por sua própria evolução durante centenas de encarnações.

Tadeu aproximou-se, então, de Rafael e disse-lhe ao ouvido:

— Que festa maravilhosa, hein?! Só falta uma empolgante música de fundo para a alegria ser completa.

Rafael sorriu, piscou o olho para o amigo e respondeu:

— Não falta, não! Eu estou com a minha na cabeça. Escolha a sua, meu eterno amigo. Lembre-se: o mundo é mental! Construa a sua realidade dentro de si que é apenas uma questão de tempo para que ela aconteça. O mundo é como queremos que ele seja. Basta crer nisso!

Naquele instante, então, uma das equipes de reportagem que cobriam o evento ligou os alto-falantes do veículo e tocou uma música que possuía uma energia especial para aquele momento. O público então foi à loucura!

O anunciador da Nova Era sorriu e disse para o amigo, com um tom espirituoso, quase jocoso:

— Que coincidência! É justamente a música que está na minha cabeça.

Tadeu colocou a mão na cabeça e falou:

— Você está brincando! Isso não é possível.

Rafael meneou a cabeça e disse-lhe com seriedade, enquanto prosseguia abraçando o público:

— É por isso que você não consegue!

O anjo iluminado então deixou o amigo preso aos seus pensamentos e prosseguiu, atendendo a todos com carinho. A cada passo que dava, ele abraçava-os e dizia com alegria: "Bem-vindos ao novo mundo!".

Poucos momentos antes ele tinha ouvido da boca dos burocratas religiosos: "Nada vai mudar. Isso é uma ilusão".

Na verdade essa tarefa não depende de uma só pessoa que se chame Rafael, Gabriel ou Jesus. Depende de todos nós. Depende de mim, depende de você que está segurando esse livro nas mãos agora. Sim! De você mesmo!

O mundo é feito de pensamentos materializados. Faça a sua parte para concretizar na Terra um mundo novo com uma maior consciência espiritual, mais humano e mais fraterno. E que Deus abençoe você pelo seu despertar.

Epílogo

Na manhã seguinte, os amigos de Rafael chegaram cedo em sua casa. Imaginaram que talvez fossem encontrá-lo ainda dormindo, porque o sol recém havia despontado no horizonte. Mas não: ele estava em posição de iogue, meditando no quiosque do jardim. Aquele era um local sagrado para ele. Rafael havia perdido o sono às quatro da madrugada e resolvera meditar.

Os seus amigos então se aproximaram e se colocaram na mesma posição de Rafael para refletirem em conjunto. Formou-se então um pentagrama divino, com o anunciador no topo, voltado para os amigos, Érica e Eduardo nas pontas superiores, e Tadeu e Laura nos vértices inferiores. Eles conheciam o mecanismo científico-espiritual para o "despertar" conjunto de energias através dessa mística formação, que representa o amor, a virtude e o dever e é símbolo do homem integral: espírito e corpo.

Não demorou muito para os cinco jovens entrarem em sintonia perfeita. Logo uma luz fulgurante começou a irradiar-se de seus corações. Todos estavam de olhos fechados, mas perceberam o momento mágico através da terceira visão: o olho da alma! Um leve sorriso de satisfação, então, emoldurou os seus lábios, demonstrando que estavam cientes do êxito obtido.

Maria os observava de longe, com os olhos repletos de lágrimas. Paulo e sua esposa perceberam a estranha atitude da empregada e foram conferir. Ao olharem para o quiosque nada perceberam das luzes majestosas que os envolviam, no entanto uma incrível sensação de bem-estar e felicidade os arrebatou até as lágrimas.

Maria apenas sussurrou para os patrões, profundamente comovida:

— Eles são anjos de Deus que desceram ao mundo para iluminar-nos. Eu não tenho dúvida disso.

Paulo concordou com um gesto sereno e disse:

— Sim, Maria! Você tem razão. Agora vamos cuidar de nossos afazeres e deixá-los trabalhar. Não sei como o meu filho faz o que faz. Mas isso não importa. O que importa é o resultado de seu trabalho. Se com 17 anos ele já consegue realizar tudo o que presenciamos nos últimos tempos, o que podemos esperar dele quando chegar à idade madura?

Verônica estava extremamente sensibilizada com a energia gerada pelos jovens e começou a chorar de forma copiosa. O seu marido a abraçou e ela disse, com a voz entrecortada:

— Paulo, me perdoe por todas as coisas ruins que sempre fiz você passar... O meu coração estava em trevas e eu não conseguia perceber o verdadeiro amor de Deus.

Ela colocou as mãos sobre a boca e completou, com a garganta asfixiada pelas lágrimas:

— Como pude ter sido tão tola... Eu gerei um anjo, e não tive grandeza até agora para perceber isso. Ele precisou fazer fora de casa o que fazia dentro para que eu me desse conta de sua natureza divina. Eu precisei que 11 mil pessoas o aplaudissem de pé para reconhecer a criatura absolutamente incomum que foi gerada em mim.

Paulo a abraçou e falou, profundamente comovido:

— Meu amor, agradeça a Deus por ter despertado a tempo. Veja ao seu redor quantas pessoas "dormem", como nos diz Rafael. Você estava "dormindo", mas agora "despertou" e está bem lúcida. Agradeçamos ao Criador por isso.

Maria sorriu e falou com serenidade:

— Sim! Agradeçamos a Deus e a Jesus.

Os três então entraram na casa e os jovens ficaram meditando ainda por mais 50 minutos. A energia que geravam atravessava o planeta e atingia os povos de todas as nações. Bilhões de seres encarnados e desencarnados foram trespassados por esse raio de absoluto amor.

Almas sensíveis, de todos os povos do mundo, de forma incompreensível para eles começaram a receber a intuição do Universalismo Crístico em seus corações, sem conceber o seu nome, sua metodologia, seus princípios ou alicerces básicos. Mas a ideia central de amor universal, respeito a todas as crenças e busca individual de sua espiritualidade, libertando-se de dogmas, envolveu a todos, estimulando-os ao progresso espiritual.

Algum tempo depois, os cinco abriram os olhos e se mantiveram nas mesmas posições. Apenas se entreolharam sem nada dizer, como se estivessem aguardando algo mais. Até que um anjo de extrema beleza e pureza materializou-se entre eles e falou com um tom de voz divino:

— Eu sou Gabriel! Aquele para o qual o vosso trabalho abrirá portas. Não vos agastais pela intransigência dos poderosos. A mensagem de Deus sempre inicia o seu brotar pelas almas mais simples e desprendidas. Foi assim quando Jesus trouxe ao mundo a Boa Nova de seu Reino. Os líderes religiosos O desprezaram e o levaram à cruz infame, mas a Sua mensagem venceu no coração dos homens de Boa Vontade.

O anjo iluminado caminhou de forma elegante e se posicionou no centro do pentagrama. A sua túnica branca irradiava uma luz de inesquecível pureza, que interpenetrava os cinco jovens, envolvendo-os em sentimentos inimagináveis à entorpecida humanidade terrena.

Gabriel percebeu o pensamento de gratidão deles e ofertou-lhes um franco sorriso. Os seus dentes brilhavam como se fossem pérolas maravilhosas.

Em seguida ele voltou a falar, com uma serenidade envolta em profunda sabedoria. A sua voz era mansa e suave, um sopro do céu.

— É dando que se recebe; aquele que muito dá, muito receberá. Deus vos abençoe por todo o amor que tendes dedicado à causa da Boa Nova do terceiro milênio.

Ontem as instituições religiosas mais uma vez provaram que o verdadeiro templo do homem está em seu coração. Rituais de natureza exterior e estruturas religiosas burocráticas jamais realizarão aquilo que só uma alma sincera que desperta para a verdadeira busca interior pode fazer.

Nós estamos descendo ao mundo para trazer uma nova visão espiritual para a humanidade, em nível popular, e a nossa mensagem exige uma real e definitiva participação do ser. O homem deve libertar a luz crística que existe dentro de si e abandonar o mau hábito de colocar a sua ventura espiritual em mãos alheias.

Conhece-te a ti mesmo! Eis o lema do espiritualista da Nova Era. Desenvolve a fé raciocinada e aprende que a verdadeira caminhada se realiza pela via interna: a auto-reflexão. Quando aprendemos a nos conhecer melhor, percebemos que a vida é uma bela construção divina, na qual nós devemos fazer a nossa parte.

Gabriel abençoou cada um com um significativo olhar e prosseguiu:

— O homem espiritualizado compreende que possui um papel no mundo. E ele só se sentirá completo quando esse papel for executado com êxito. A cada passo que conquista na busca de descobrir a si mesmo, mais ele deseja irradiar isso aos seus semelhantes, espargindo o seu amor e desejo de construir um mundo melhor, preservando a vida e a natureza.

Ele compreende que a construção física é uma sala de aula para o aprendizado do espírito imortal, que deve ser devolvida em melhores condições do que a recebeu quando retornar à Vida Maior. Além disso, ele passa a compreender que deve tratar os seus irmãos de caminhada com todo amor e respeito que desejaria sempre receber. Ao sábio espiritualizado, os sentimentos obscuros da alma perdem todo o sentido.

Gabriel ergueu as mãos para o céu e nesse instante uma torrente de luz desceu sobre eles. O anjo então disse:

— Meus irmãos! A luta não é entre o Bem e o Mal, mas sim do conhecimento contra a ignorância. Façam de suas vidas um roteiro de luz, exemplificando a todo instante o caminho do amor e da paz, sempre procurando despertar naqueles que convivem convosco a importância de se libertar da alienação espiritual. Nosso Mestre Jesus falou nos com sabedoria que se conhecermos a verdade, ela nos libertará. Não sossegaremos enquanto a humanidade for escrava da alienação espiritual. Eis a nossa missão na Terra!

Gabriel então voltou-se para Rafael e disse com segurança:

— E não vos preocupeis com a negativa dos burocratas religiosos, da falta de apoio da imprensa e da alienação coletiva humana, que lota com facilidade um estádio de futebol, mas observa com tédio qualquer manifestação espiritual de expansão da consciência. Em breve surgirá uma nova humanidade na Terra e seremos lembrados como os pioneiros que desbravaram a selva da inconsciência humana. As novas gerações transitarão pela estrada que asfaltaremos com muito suor e à custa de muita incompreensão. Hoje somos taxados de visionários ou loucos, mas no futuro seremos lembrados como os profetas da Nova Era. Tende fé!

Os cinco jovens apenas agradeceram intimamente as palavras do anjo com uma expressão de inenarrável felicidade por serem protagonistas daquele momento e daquele ideal glorioso. Eles fizeram um sinal afirmativo com a cabeça e disseram a uma só voz, com grande emoção:

— Que assim seja!

Lentamente então o anjo iluminado os abençoou e seu corpo começou a ficar cada vez mais etéreo, a ponto de Rafael conseguir ver através de Gabriel a aproximação de seu pai que chegava envolvido em forte excitação.

Paulo se aproximou com timidez, quase como se fosse uma criança acanhada com medo de atrapalhar um grupo de adultos. Os jovens agora tinham um semblante típico de grandes sábios, o que o impressionou extraordinariamente.

Ao perceber o gesto sereno e amável do filho, autorizando-o a falar, ele disse, com uma expressão de incredulidade:

— Rafael, eu recebi uma ligação de seu tio e ele me falou que lá no centro do Brasil, onde ele mora, apareceu um jovem magnífico que está sensibilizando a todos com ideias semelhantes as suas. Ele anda realizando curas como se fosse o próprio Jesus...

Rafael meditou por alguns instantes e perguntou ao pai:

— E como ele se chama?

Paulo, com os olhos úmidos, simplesmente respondeu:

— Gabriel!

O anunciador da Nova Era na Terra se levantou, apoiou a mão em uma das colunas do quiosque e ficou observando o astro rei subindo mais e mais nos céus, como se fosse o prenúncio da chegada de um novo ciclo. Ele então apenas disse, enquanto os dourados raios do sol beijavam o seu belo rosto:

— Vai começar a Nova Era na Terra...[1]

[1] Nota: Lembramos que o nome nessa encarnação e o local de nascimento do espírito missionário Gabriel, que já está reencarnado na Terra, não foram revelados pela Alta Espiritualidade com o objetivo de evitar um assédio desnecessário e improdutivo. Os leitores devem procurar se espelhar na mensagem desses espíritos iluminados, não cultuá-los. Mais informações sobre a sua missão podem ser obtidas pela leitura do livro *A História de um Anjo*, Roger Bottini Paranhos, **EDITORA DO CONHECIMENTO.**

UNIVERSALISMO CRÍSTICO
foi confeccionado em impressão digital, em março de 2025
Conhecimento Editorial Ltda
(19) 3451-5440 — conhecimento@edconhecimento.com.br
Impresso em Luxcream 70g - StoraEnso